—— 法律法规大字实用版系列 ——

中华人民共和国民法典合同编

·大字实用版·

法律出版社法规中心 编

北京

图书在版编目(CIP)数据

中华人民共和国民法典合同编：大字实用版／法律出版社法规中心编. －－北京：法律出版社，2023
（法律法规大字实用版系列）
ISBN 978－7－5197－7897－2

Ⅰ.①中… Ⅱ.①法… Ⅲ.①合同法－汇编－中国 Ⅳ.①D923.69

中国国家版本馆 CIP 数据核字(2023)第 092235 号

中华人民共和国民法典合同编（大字实用版）　　法律出版社　　责任编辑　董　昱　赵雪慧
ZHONGHUA RENMIN GONGHEGUO MINFADIAN　　　　　　　　编
HETONGBIAN(DAZI SHIYONGBAN)　　　　　　　　　　法规中心　　装帧设计　汪奇峰　臧晓飞

出版发行　法律出版社	开本　A5
编辑统筹　法规出版分社	印张　12　　字数　282 千
责任校对　张红蕊	版本　2023 年 12 月第 1 版
责任印制　耿润瑜	印次　2023 年 12 月第 1 次印刷
经　　销　新华书店	印刷　保定市中画美凯印刷有限公司

地址：北京市丰台区莲花池西里 7 号(100073)
网址：www.lawpress.com.cn　　　　　　销售电话：010－83938349
投稿邮箱：info@lawpress.com.cn　　　　客服电话：010－83938350
举报盗版邮箱：jbwq@lawpress.com.cn　　咨询电话：010－63939796
版权所有・侵权必究

书号：ISBN 978－7－5197－7897－2　　　　定价：42.00 元
凡购买本社图书，如有印装错误，我社负责退换。电话：010－83938349

编辑出版说明

"法者，天下之准绳也。"在法治社会，人们与其生活的社会发生的所有关系，莫不以法律为纽带和桥梁。人与人之间即是各种法律关系的总和。为帮助广大读者学法、知法、守法、用法，我们组织专业力量精心编写了"法律法规大字实用版系列"丛书。本丛书具有以下特点：

1. 专业。出版机构专业：成立于1954年的法律出版社，是全国首家法律专业出版机构，有专业的法律编辑队伍和标准的法律文本资源。内容专业：书中的名词解释、实用问答理据权威、精准专业；典型案例均来自最高人民法院、最高人民检察院发布的指导案例、典型案例以及地方法院发布的经典案例，在实践中起到指引法官"同案同判"的作用，具有很强的参考性。

2. 全面。全书以主体法为编写主线，在法条下辅之以条文主旨、名词解释、实用问答、典型案例，囊括了该条的标准理论阐释和疑难实务问题，帮助读者全面构建该条的立体化知识体系。

3. 实用。实用问答模块以一问一答的方式解答实务中的疑难问题，读者可按图索骥获取解决实务问题的答案；典型案例模块精选与条文密切相关的经典案例，在书中呈现裁判要旨，读者可按需扫描案例二维码获取案例全文。

4. 易读。采用大字排版、双色印刷，易读不累，清晰疏朗，提升了阅读体验感；波浪线标注条文重点，帮助读者精准捕捉条文要义。

书中可能尚存讹误，不当之处，尚祈读者批评指正。

法律出版社法规中心

2023 年 12 月

目　　录

中华人民共和国民法典（节录）

第三编　合　　同

第一分编　通则 …………………………………… 002
　第一章　一般规定 ……………………………… 002
　　第四百六十三条　合同编调整范围 …………… 002
　　第四百六十四条　合同定义和身份关系协议法律适用 …… 003
　　第四百六十五条　依法成立的合同效力和合同相对性 …… 004
　　第四百六十六条　合同解释 …………………… 004
　　第四百六十七条　非典型合同及特定涉外合同的法
　　　　　　　　　　律适用 …………………… 006
　　第四百六十八条　非因合同产生的债权债务关系的
　　　　　　　　　　法律适用 ………………… 006
　第二章　合同的订立 …………………………… 008
　　第四百六十九条　合同订立形式 ……………… 008
　　第四百七十条　合同主要条款与示范文本 …… 009
　　第四百七十一条　合同订立方式 ……………… 010
　　第四百七十二条　要约的定义和条件 ………… 010

第四百七十三条	要约邀请	010
第四百七十四条	要约生效时间	010
第四百七十五条	要约撤回	011
第四百七十六条	要约不得撤销情形	012
第四百七十七条	撤销要约的条件	012
第四百七十八条	要约失效	012
第四百七十九条	承诺的定义	013
第四百八十条	承诺的方式	013
第四百八十一条	承诺到达时间	013
第四百八十二条	承诺期限起算点	013
第四百八十三条	合同成立时间	014
第四百八十四条	承诺生效时间	015
第四百八十五条	承诺撤回	016
第四百八十六条	逾期承诺的法律效果	016
第四百八十七条	因传递迟延造成的逾期承诺的法律效果	016
第四百八十八条	承诺对要约内容的实质性变更	017
第四百八十九条	承诺对要约内容的非实质性变更	017
第四百九十条	采用书面形式订立的合同的成立时间	017
第四百九十一条	签订确认书的合同及电子合同成立时间	017
第四百九十二条	合同成立地点	018
第四百九十三条	书面合同成立地点	018
第四百九十四条	强制缔约义务	018
第四百九十五条	预约合同	018
第四百九十六条	格式条款	021

第四百九十七条　格式条款无效的情形 ……… 022
　　第四百九十八条　格式条款的解释 …………… 022
　　第四百九十九条　悬赏广告 …………………… 022
　　第五百条　缔约过失责任 ……………………… 022
　　第五百零一条　当事人保密义务 ……………… 023
第三章　合同的效力 ……………………………… 024
　　第五百零二条　合同生效时间 ………………… 024
　　第五百零三条　被代理人以默示方式对无权代理合
　　　　　　　　　同的追认 ……………………… 029
　　第五百零四条　超越权限订立的合同的效力 … 030
　　第五百零五条　超越经营范围订立的合同的效力 … 034
　　第五百零六条　免责条款效力 ………………… 034
　　第五百零七条　解决争议方法条款的效力 …… 035
　　第五百零八条　合同效力援引规定 …………… 037
第四章　合同的履行 ……………………………… 038
　　第五百零九条　合同履行原则 ………………… 038
　　第五百一十条　合同没有约定或者约定不明的补救
　　　　　　　　　措施 …………………………… 039
　　第五百一十一条　合同约定不明确时如何履行 … 039
　　第五百一十二条　电子合同标的交付的时间 … 040
　　第五百一十三条　政府定价、政府指导价 …… 040
　　第五百一十四条　金钱之债中对于履行币种约定不
　　　　　　　　　　明时的处理 ………………… 041
　　第五百一十五条　选择之债中选择权的归属与移转 … 041
　　第五百一十六条　选择权的行使 ……………… 041
　　第五百一十七条　按份之债 …………………… 042

第五百一十八条　连带之债 …………………… 042

第五百一十九条　连带债务人的份额确定及追偿权 …… 042

第五百二十条　连带债务涉他效力 ……………… 043

第五百二十一条　连带债权的内外部关系 ……… 044

第五百二十二条　利益第三人合同 ……………… 044

第五百二十三条　由第三人履行的合同 ………… 045

第五百二十四条　第三人代为履行 ……………… 046

第五百二十五条　同时履行抗辩权 ……………… 047

第五百二十六条　先履行抗辩权 ………………… 049

第五百二十七条　不安抗辩权 …………………… 050

第五百二十八条　不安抗辩权的效力 …………… 051

第五百二十九条　因债权人原因致债务履行困难时的处理 …………………………… 051

第五百三十条　债务人提前履行债务 …………… 051

第五百三十一条　债务人部分履行债务 ………… 051

第五百三十二条　当事人姓名等变化对合同履行的影响 ……………………………… 051

第五百三十三条　情势变更 ……………………… 052

第五百三十四条　合同监管 ……………………… 054

第五章　合同的保全 ……………………………… 055

第五百三十五条　债权人代位权行使要件 ……… 055

第五百三十六条　保存行为 ……………………… 058

第五百三十七条　债权人代位权行使效果 ……… 058

第五百三十八条　无偿处分时的债权人撤销权行使 …… 060

第五百三十九条　有偿行为情形下的债权人撤销权行使 ……………………………… 060

第五百四十条　债权人撤销权行使范围及必要费用
　　　　　　　　　承担 ·· 061
　　第五百四十一条　债权人撤销权行使期间 ················ 062
　　第五百四十二条　债权人撤销权行使效果 ················ 063
第六章　合同的变更和转让 ·· 064
　　第五百四十三条　协议变更合同 ······························· 064
　　第五百四十四条　变更不明确推定为未变更 ············· 064
　　第五百四十五条　债权转让 ······································· 064
　　第五百四十六条　债权转让通知 ································ 065
　　第五百四十七条　债权转让时从权利一并变动 ·········· 065
　　第五百四十八条　债权转让时债务人抗辩权 ············· 066
　　第五百四十九条　债权转让时债务人抵销权 ············· 066
　　第五百五十条　债权转让增加的履行费用的负担 ······ 066
　　第五百五十一条　债务转移 ······································· 066
　　第五百五十二条　债务加入 ······································· 067
　　第五百五十三条　债务转移时新债务人抗辩和抵销 ··· 068
　　第五百五十四条　债务转移时从债务一并转移 ·········· 069
　　第五百五十五条　合同权利义务一并转让 ················ 069
　　第五百五十六条　合同权利义务一并转让的法律适用 ······ 069
第七章　合同的权利义务终止 ··· 070
　　第五百五十七条　债权债务终止情形 ························ 070
　　第五百五十八条　后合同义务 ···································· 071
　　第五百五十九条　债权的从权利消灭 ························ 071
　　第五百六十条　债的清偿抵充顺序 ···························· 071
　　第五百六十一条　费用、利息和主债务的抵充顺序 ··· 072
　　第五百六十二条　合同约定解除 ································ 072

第五百六十三条　合同法定解除 …………………… 073

第五百六十四条　解除权行使期限 …………………… 075

第五百六十五条　合同解除程序 …………………… 076

第五百六十六条　合同解除的效力 …………………… 078

第五百六十七条　合同终止后有关结算和清理条款效力 …………………… 078

第五百六十八条　债务法定抵销 …………………… 078

第五百六十九条　债务约定抵销 …………………… 081

第五百七十条　标的物提存的条件 …………………… 081

第五百七十一条　提存成立及提存对债务人效力 …………………… 082

第五百七十二条　提存通知 …………………… 082

第五百七十三条　提存期间风险、孳息和提存费用 …… 082

第五百七十四条　提存物的受领及受领权消灭 ………… 083

第五百七十五条　债务免除 …………………… 083

第五百七十六条　债权债务混同 …………………… 083

第八章　违约责任 …………………… 084

第五百七十七条　违约责任基本规则 …………………… 084

第五百七十八条　预期违约责任 …………………… 085

第五百七十九条　金钱债务继续履行 …………………… 085

第五百八十条　非金钱债务继续履行责任及违约责任 … 086

第五百八十一条　替代履行 …………………… 087

第五百八十二条　瑕疵履行的补救措施 …………………… 087

第五百八十三条　违约损害赔偿责任 …………………… 089

第五百八十四条　损害赔偿范围 …………………… 089

第五百八十五条　约定违约金 …………………… 092

第五百八十六条　定金担保 …………………… 096

- 第五百八十七条　定金罚则 ········· 097
- 第五百八十八条　违约金与定金竞合 ········· 098
- 第五百八十九条　拒绝受领和受领迟延 ········· 098
- 第五百九十条　不可抗力 ········· 098
- 第五百九十一条　减损规则 ········· 098
- 第五百九十二条　双方违约和与有过错 ········· 099
- 第五百九十三条　第三人原因造成违约时违约责任承担 ········· 099
- 第五百九十四条　国际贸易合同诉讼时效和仲裁时效 ····· 099

第二分编　典型合同 ········· 100
第九章　买卖合同 ········· 100
- 第五百九十五条　买卖合同的概念 ········· 100
- 第五百九十六条　买卖合同的内容 ········· 101
- 第五百九十七条　出卖人无权处分行为的法律后果 ··· 103
- 第五百九十八条　出卖人基本义务 ········· 105
- 第五百九十九条　出卖人交付有关单证和资料的义务 ········· 106
- 第六百条　知识产权标的物买卖中的知识产权归属 ····· 107
- 第六百零一条　买卖合同出卖人交付期限 ·············· 108
- 第六百零二条　买卖合同未约定标的物交付期限或者约定不明确如何处理 ············ 109
- 第六百零三条　出卖人交付标的物的地点 ·············· 110
- 第六百零四条　买卖标的物毁损、灭失风险承担的基本规则 ············ 110
- 第六百零五条　买卖标的物因买受人原因交付迟延时风险转移 ············ 111

第六百零六条 路货买卖中的标的物风险转移 …………… 111
第六百零七条 标的物交付给承运人后标的物风险转移 …………… 112
第六百零八条 买受人不接收标的物时标的物毁损、灭失的风险承担 …………… 112
第六百零九条 不交付标的物的单证和资料不影响标的物的风险转移 …………… 113
第六百一十条 出卖人根本违约时的风险承担 …………… 113
第六百一十一条 买受人承担风险与出卖人违约责任的关系 …………… 113
第六百一十二条 出卖人的权利担保义务 …………… 113
第六百一十三条 出卖人的权利担保义务免除 …………… 116
第六百一十四条 买受人就标的物的权利缺陷行使中止支付价款权 …………… 116
第六百一十五条 买卖标的物应当符合约定质量要求 …………… 117
第六百一十六条 对标的物质量要求没有约定或约定不明时的处理 …………… 117
第六百一十七条 标的物质量不符合要求时买受人的权利 …………… 118
第六百一十八条 减免瑕疵担保责任的例外 …………… 118
第六百一十九条 出卖人对标的物的包装方式 …………… 119
第六百二十条 买受人对标的物的检验义务 …………… 119
第六百二十一条 买受人检验标的物的异议通知 …………… 119
第六百二十二条 约定的检验期限或者质量保证期过短情形 …………… 120

第六百二十三条	检验期限未约定时标的物的数量和外观瑕疵检验	121
第六百二十四条	出卖人向第三人履行的情形下的检验标准	121
第六百二十五条	出卖人的回收义务	121
第六百二十六条	买受人支付价款及其支付方式	124
第六百二十七条	买受人支付标的物价款的地点	125
第六百二十八条	买受人支付标的物价款的时间	125
第六百二十九条	出卖人多交标的物如何处理	125
第六百三十条	买卖合同标的物孳息归属	125
第六百三十一条	主物与从物在解除合同时的效力	126
第六百三十二条	数物同时出卖时的合同解除	127
第六百三十三条	分批交付标的物的合同解除	127
第六百三十四条	分期付款买卖合同	128
第六百三十五条	凭样品买卖合同	130
第六百三十六条	凭样品买卖合同的隐蔽瑕疵处理	131
第六百三十七条	试用买卖合同中的试用期限	132
第六百三十八条	试用买卖的效力	132
第六百三十九条	试用买卖使用费的负担	132
第六百四十条	试用期间标的物灭失风险的承担	132
第六百四十一条	买卖合同中标的物所有权保留	133
第六百四十二条	出卖人的取回权	133
第六百四十三条	买受人回赎权及出卖人再出卖权	135
第六百四十四条	招标投标买卖	136
第六百四十五条	拍卖	137
第六百四十六条	买卖合同准用于其他有偿合同	138

第六百四十七条　易货交易合同的法律适用 ……………… 139

第十章　供用电、水、气、热力合同 …………… 140

第六百四十八条　供用电合同概念以及供电人强制缔约义务 …………………………… 140

第六百四十九条　供用电合同内容 ……………… 140

第六百五十条　供用电合同履行地点 …………… 141

第六百五十一条　供电人的安全供电义务及其违约责任 …………………………………… 141

第六百五十二条　供电人因故中断供电时的通知义务 …………………………………… 142

第六百五十三条　因自然灾害等原因断电时供电人的抢修义务 ………………………… 143

第六百五十四条　用电人支付电费的义务和逾期支付电费的违约责任 ……………… 143

第六百五十五条　用电人用电义务及其违约责任 … 144

第六百五十六条　供用水、气、热力合同参照适用供用电合同 ………………………… 145

第十一章　赠与合同 …………………………… 146

第六百五十七条　赠与合同概念 ………………… 146

第六百五十八条　赠与的任意撤销及其限制 ……… 146

第六百五十九条　赠与财产办理有关法律手续 …… 147

第六百六十条　受赠人的交付请求权以及赠与人的赔偿责任 ……………………………… 148

第六百六十一条　附义务赠与 …………………… 149

第六百六十二条　赠与人对赠与财产的瑕疵担保责任 …………………………………… 149

第六百六十三条　赠与人的法定撤销情形及撤销权行使期间 ………… 149

第六百六十四条　赠与人的继承人或者法定代理人的法定撤销情形及撤销权行使期间 ………… 150

第六百六十五条　撤销权的行使效力 ………… 150

第六百六十六条　赠与人可以不再履行赠与义务的法定情形 ………… 150

第十二章　借款合同 ………… 152

第六百六十七条　借款合同定义 ………… 152

第六百六十八条　借款合同形式和内容 ………… 152

第六百六十九条　借款人提供真实情况的义务 ………… 153

第六百七十条　借款利息不得预先扣除 ………… 154

第六百七十一条　贷款人未按照约定提供借款以及借款人未按照约定收取借款的后果 ………… 154

第六百七十二条　贷款人对借款使用情况的监督 ………… 155

第六百七十三条　借款人未按照约定用途使用借款的责任 ………… 155

第六百七十四条　借款人支付利息的期限 ………… 155

第六百七十五条　还款期限 ………… 156

第六百七十六条　借款人逾期返还借款的责任 ………… 157

第六百七十七条　借款人提前返还借款 ………… 159

第六百七十八条　借款展期 ………… 160

第六百七十九条　借款合同成立时间 ………… 161

第六百八十条　借款利率和利息 ………… 161

第十三章　保证合同 ……………………………………… 163

第一节　一般规定 …………………………………… 163

第六百八十一条　保证合同概念 …………………… 163

第六百八十二条　保证合同的附从性以及保证合同被确认无效后的民事责任分配 ……… 164

第六百八十三条　不得担任保证人的主体范围 …… 164

第六百八十四条　保证合同内容 …………………… 164

第六百八十五条　保证合同订立的具体方式 ……… 165

第六百八十六条　保证方式 ………………………… 166

第六百八十七条　一般保证及先诉抗辩权 ………… 166

第六百八十八条　连带责任保证 …………………… 167

第六百八十九条　反担保 …………………………… 167

第六百九十条　最高额保证 ………………………… 168

第二节　保证责任 …………………………………… 168

第六百九十一条　保证范围 ………………………… 168

第六百九十二条　保证期间 ………………………… 169

第六百九十三条　保证期间届满的法律效果 ……… 169

第六百九十四条　保证债务诉讼时效 ……………… 170

第六百九十五条　主债权债务合同变更对保证人保证责任影响 …………………………… 170

第六百九十六条　债权转让对保证责任的影响 …… 170

第六百九十七条　债务承担对保证责任的影响 …… 171

第六百九十八条　一般保证人的免责 ……………… 171

第六百九十九条　共同保证 ………………………… 171

第七百条　保证人对债务人追偿权及相关权利 …… 171

第七百零一条　保证人享有债务人对债权人抗辩权 …… 174

第七百零二条　抵销权和撤销权范围内的免责 ……… 174
第十四章　租赁合同 ……… 175
第七百零三条　租赁合同概念 ……… 175
第七百零四条　租赁合同的主要内容 ……… 175
第七百零五条　租赁最长期限 ……… 176
第七百零六条　租赁合同登记备案对合同效力的影响
 ……… 176
第七百零七条　租赁合同的形式 ……… 177
第七百零八条　出租人交付租赁物的义务和对租赁
　　　　　　　物的瑕疵担保责任 ……… 178
第七百零九条　承租人按约定使用租赁物的义务 ……… 179
第七百一十条　承租人按约定使用租赁物的免责义务
 ……… 179
第七百一十一条　承租人未按约定使用租赁物的责任
 ……… 180
第七百一十二条　出租人的维修义务 ……… 180
第七百一十三条　出租人不履行维修义务的法律后果
 ……… 181
第七百一十四条　承租人妥善保管租赁物的义务 ……… 181
第七百一十五条　承租人对租赁物进行改善或增设
　　　　　　　　他物 ……… 181
第七百一十六条　承租人对租赁物的转租 ……… 184
第七百一十七条　转租期限 ……… 184
第七百一十八条　视为出租人同意转租 ……… 186
第七百一十九条　次承租人的代位清偿权 ……… 187
第七百二十条　租赁物的收益归属 ……… 188

第七百二十一条　租金支付期限 …………………… 188
第七百二十二条　承租人违反支付租金义务的法律后果 …………………………………………… 188
第七百二十三条　出租人的权利瑕疵担保责任 ……… 189
第七百二十四条　非承租人原因致使租赁物无法使用时承租人解除权 …………………… 189
第七百二十五条　买卖不破租赁 ……………………… 191
第七百二十六条　房屋承租人优先购买权 …………… 193
第七百二十七条　委托拍卖情况下房屋承租人的优先购买权 ………………………………… 193
第七百二十八条　出租人妨害承租人行使优先购买权的法律后果 ………………………… 194
第七百二十九条　租赁物毁损、灭失时承租人的请求权 …………………………………………… 195
第七百三十条　　租赁期限没有约定或约定不明确的法律后果 ………………………………… 197
第七百三十一条　租赁物质量不合格时承租人的解除权 …………………………………………… 198
第七百三十二条　房屋承租人死亡后租赁关系的处理 ………………………………………………… 199
第七百三十三条　租赁期限届满承租人返还租赁物 … 200
第七百三十四条　租赁期限届满承租人继续使用租赁物及房屋承租人的优先承租权 …… 200

第十五章　融资租赁合同 …………………………… 201
第七百三十五条　融资租赁合同概念 ………………… 201
第七百三十六条　融资租赁合同的内容和形式 ……… 202

第七百三十七条	融资租赁虚假表示合同无效	202
第七百三十八条	租赁物经营许可对合同效力影响	203
第七百三十九条	融资租赁标的物的交付	204
第七百四十条	承租人的拒绝受领权	204
第七百四十一条	承租人行使索赔权	205
第七百四十二条	承租人行使索赔权利时租金支付义务	206
第七百四十三条	索赔失败的责任承担	207
第七百四十四条	出租人不得擅自变更买卖合同内容	207
第七百四十五条	出租人对租赁物享有所有权	208
第七百四十六条	融资租赁合同租金构成	209
第七百四十七条	租赁物质量瑕疵担保责任	209
第七百四十八条	出租人保证承租人占有和使用租赁物	211
第七百四十九条	租赁物致人损害的责任承担	211
第七百五十条	承租人对租赁物所负保管、使用、维修义务	211
第七百五十一条	融资租赁中的风险负担规则	212
第七百五十二条	承租人支付租金义务	212
第七百五十三条	承租人违约出租人可以解除融资租赁合同	213
第七百五十四条	出租人和承租人均可解除融资租赁合同的情形	213
第七百五十五条	融资租赁合同因买卖合同解除、被确认无效或者被撤销而解除后	

	的损失赔偿问题 ……………………	214
第七百五十六条	租赁物意外毁损、灭失导致融资租赁合同解除的法律后果	214
第七百五十七条	租赁期限届满租赁物归属 ……	214
第七百五十八条	承租人请求部分返还租赁物价值 …	215
第七百五十九条	支付象征性价款后租赁物归属 ……	216
第七百六十条	融资租赁合同无效时租赁物归属 ……	216

第十六章 保理合同 ………………………………… 217

第七百六十一条	保理合同概念 …………………	217
第七百六十二条	保理合同内容和形式 …………	219
第七百六十三条	虚构应收账款 …………………	220
第七百六十四条	保理人发出转让通知表明身份义务 ………………………………	222
第七百六十五条	基础交易合同协商变更或者终止对保理人的效力 ………………	222
第七百六十六条	有追索权保理 …………………	222
第七百六十七条	无追索权保理 …………………	224
第七百六十八条	保理中应收账款债权重复转让 …	224
第七百六十九条	保理适用债权转让规则 ………	225

第十七章 承揽合同 ………………………………… 226

第七百七十条	承揽合同的定义和承揽的主要种类 …	226
第七百七十一条	承揽合同的内容 ………………	228
第七百七十二条	承揽人独立完成主要工作 ……	228
第七百七十三条	承揽人对辅助性工作的责任 …	229
第七百七十四条	由承揽人提供材料时的主要义务 ……	230
第七百七十五条	由定作人提供材料时双方当事人	

　　　　　　　的义务 ………………………………………… 230
　第七百七十六条　定作人要求不合理时双方当事人
　　　　　　　的义务 ………………………………………… 232
　第七百七十七条　定作人中途变更工作要求的法律
　　　　　　　责任 …………………………………………… 232
　第七百七十八条　定作人协助义务 ……………………… 232
　第七百七十九条　定作人监督检验承揽工作 …………… 232
　第七百八十条　工作成果交付 …………………………… 233
　第七百八十一条　承揽人工作成果不符合质量要求
　　　　　　　将承担违约责任 ……………………………… 233
　第七百八十二条　定作人支付报酬的期限 ……………… 235
　第七百八十三条　承揽人留置权及同时履行抗辩权 …… 236
　第七百八十四条　承揽人对材料和工作成果的保管
　　　　　　　责任 …………………………………………… 237
　第七百八十五条　承揽人保密义务 ……………………… 237
　第七百八十六条　共同承揽人连带责任 ………………… 237
　第七百八十七条　定作人任意解除权 …………………… 238
第十八章　建设工程合同 ……………………………………… 239
　第七百八十八条　建设工程合同定义和种类 …………… 239
　第七百八十九条　建设工程合同的形式 ………………… 239
　第七百九十条　工程招标投标要求 ……………………… 240
　第七百九十一条　建设工程合同发包、承包和分包 …… 240
　第七百九十二条　订立国家重大建设工程合同 ………… 242
　第七百九十三条　建设工程合同无效时对承包人补
　　　　　　　偿 ……………………………………………… 242
　第七百九十四条　勘察、设计合同的内容 ……………… 243

第七百九十五条　施工合同的内容 …………………… 244

第七百九十六条　建设工程监理 ……………………… 245

第七百九十七条　发包人的检查权 …………………… 246

第七百九十八条　隐蔽工程 …………………………… 246

第七百九十九条　建设工程的竣工验收 ……………… 247

第八百条　勘察人、设计人对勘察、设计的责任 …… 248

第八百零一条　施工人建设工程质量责任 …………… 249

第八百零二条　合理使用期限内质量保证责任 ……… 250

第八百零三条　发包人未按约定的时间和要求提供
　　　　　　　相关物资的违约责任 ……………… 251

第八百零四条　因发包人原因造成工程停建、缓建
　　　　　　　所应承担责任 ……………………… 251

第八百零五条　因发包人原因造成勘察、设计的返
　　　　　　　工、停工或者修改设计所应承担责任
　　　　　　　………………………………………… 252

第八百零六条　合同解除及后果处理的规定 ………… 252

第八百零七条　发包人未支付工程价款的责任 ……… 252

第八百零八条　适用承揽合同 ………………………… 254

第十九章　运输合同 …………………………………… 255

　第一节　一般规定 …………………………………… 255

第八百零九条　运输合同定义 ………………………… 255

第八百一十条　承运人强制缔约义务 ………………… 256

第八百一十一条　承运人安全运输义务 ……………… 256

第八百一十二条　承运人合理运输义务 ……………… 256

第八百一十三条　支付票款或者运输费用 …………… 257

第二节 客运合同 ·································· 257

第八百一十四条 客运合同成立时间 ············· 257

第八百一十五条 旅客乘运义务的一般规定 ········ 258

第八百一十六条 旅客办理退票或者变更乘运手续 ······ 259

第八百一十七条 行李携带及托运要求 ············· 259

第八百一十八条 禁止旅客携带危险物品、违禁物品
·································· 259

第八百一十九条 承运人的告知义务和旅客的协助
义务 ···························· 259

第八百二十条 承运人按照约定运输的义务 ······· 259

第八百二十一条 承运人变更服务标准的后果 ······ 260

第八百二十二条 承运人救助义务 ················· 260

第八百二十三条 旅客人身伤亡责任 ··············· 261

第八百二十四条 旅客随身携带物品毁损、灭失的
责任承担 ························ 261

第三节 货运合同 ·································· 261

第八百二十五条 托运人如实申报义务 ············· 261

第八百二十六条 托运人办理审批、检验等手续的
义务 ···························· 263

第八百二十七条 托运人包装货物义务 ············· 263

第八百二十八条 运输危险货物 ··················· 264

第八百二十九条 托运人变更或者解除运输合同的
权利 ···························· 265

第八百三十条 提货 ··························· 266

第八百三十一条 收货人检验货物 ················· 267

第八百三十二条 承运人对货损的赔偿责任 ········· 268

第八百三十三条　确定货物赔偿额 ………………… 269

第八百三十四条　相继运输责任承担 ……………… 271

第八百三十五条　货物因不可抗力灭失的运费处理 … 271

第八百三十六条　承运人留置权 …………………… 272

第八百三十七条　承运人提存货物 ………………… 272

第四节　多式联运合同 273

第八百三十八条　多式联运经营人应当负责履行或者组织履行合同 ……………………… 273

第八百三十九条　多式联运经营人责任承担 ……… 274

第八百四十条　多式联运单据 ……………………… 274

第八百四十一条　托运人承担过错责任 …………… 275

第八百四十二条　多式联运经营人赔偿责任的法律适用 …………………………………… 276

第二十章　技术合同 …………………………… 277

第一节　一般规定 …………………………… 277

第八百四十三条　技术合同定义 …………………… 277

第八百四十四条　订立技术合同的原则 …………… 277

第八百四十五条　技术合同主要条款 ……………… 278

第八百四十六条　技术合同价款、报酬及使用费 … 278

第八百四十七条　职务技术成果的财产权权属 …… 279

第八百四十八条　非职务技术成果的财产权权属 … 282

第八百四十九条　技术成果的人身权归属 ………… 283

第八百五十条　技术合同无效情形 ………………… 283

第二节　技术开发合同 ……………………… 285

第八百五十一条　技术开发合同概念及合同形式 … 285

第八百五十二条　委托开发合同的委托人义务 …… 287

第八百五十三条　委托开发合同的研究开发人义务 …… 288

第八百五十四条　委托开发合同的违约责任 ………… 288

第八百五十五条　合作开发合同的当事人主要义务 … 288

第八百五十六条　合作开发合同的违约责任 ………… 289

第八百五十七条　技术开发合同解除 …………………… 289

第八百五十八条　技术开发合同风险负担及通知义务
……………………………………………… 289

第八百五十九条　委托开发合同的技术成果归属 …… 290

第八百六十条　合作开发合同的技术成果归属 ………… 290

第八百六十一条　技术秘密成果归属与分享 …………… 291

第三节　技术转让合同和技术许可合同 …………………… 292

第八百六十二条　技术转让合同和技术许可合同定义
……………………………………………… 292

第八百六十三条　技术转让合同和技术许可合同类
型和形式 ………………………………… 293

第八百六十四条　技术转让合同和技术许可合同的
限制性条款 ……………………………… 295

第八百六十五条　专利实施许可合同限制 …………… 296

第八百六十六条　专利实施许可合同许可人主要义务
……………………………………………… 296

第八百六十七条　专利实施许可合同被许可人主要
义务 ……………………………………… 296

第八百六十八条　技术秘密让与人和许可人主要义务
……………………………………………… 297

第八百六十九条　技术秘密受让人和被许可人主要
义务 ……………………………………… 297

第八百七十条　技术转让合同让与人和技术许可合同许可人保证义务 …… 297

第八百七十一条　技术转让合同受让人和技术许可合同被许可人保密义务 …… 297

第八百七十二条　许可人和让与人违约责任 …… 298

第八百七十三条　被许可人和受让人违约责任 …… 298

第八百七十四条　受让人和被许可人侵权责任 …… 298

第八百七十五条　后续技术成果的归属与分享 …… 298

第八百七十六条　其他知识产权的转让和许可 …… 299

第八百七十七条　技术进出口合同或者专利、专利申请合同法律适用 …… 299

第四节　技术咨询合同和技术服务合同 …… 300

第八百七十八条　技术咨询合同和技术服务合同定义 …… 300

第八百七十九条　技术咨询合同委托人义务 …… 301

第八百八十条　技术咨询合同受托人义务 …… 301

第八百八十一条　技术咨询合同的违约责任和决策风险责任 …… 302

第八百八十二条　技术服务合同委托人义务 …… 302

第八百八十三条　技术服务合同受托人义务 …… 303

第八百八十四条　技术服务合同的违约责任 …… 303

第八百八十五条　创新技术成果归属 …… 303

第八百八十六条　工作费用的负担 …… 304

第八百八十七条　技术中介合同和技术培训合同法律适用 …… 304

第二十一章　保管合同 ······ 307

- 第八百八十八条　保管合同定义 ······ 307
- 第八百八十九条　保管费 ······ 307
- 第八百九十条　保管合同成立时间 ······ 307
- 第八百九十一条　保管人出具保管凭证义务 ······ 308
- 第八百九十二条　保管人妥善保管义务 ······ 308
- 第八百九十三条　寄存人告知义务 ······ 308
- 第八百九十四条　保管人亲自保管保管物义务 ······ 309
- 第八百九十五条　保管人不得使用或者许可第三人使用保管物的义务 ······ 309
- 第八百九十六条　保管人返还保管物及通知寄存人的义务 ······ 309
- 第八百九十七条　保管人赔偿责任 ······ 310
- 第八百九十八条　寄存人声明义务 ······ 310
- 第八百九十九条　领取保管物 ······ 310
- 第九百条　返还保管物及其孳息 ······ 310
- 第九百零一条　消费保管合同 ······ 311
- 第九百零二条　保管费支付期限 ······ 311
- 第九百零三条　保管人留置权 ······ 311

第二十二章　仓储合同 ······ 312

- 第九百零四条　仓储合同定义 ······ 312
- 第九百零五条　仓储合同成立时间 ······ 313
- 第九百零六条　危险物品和易变质物品的储存 ······ 313
- 第九百零七条　保管人验收义务以及损害赔偿 ······ 314
- 第九百零八条　保管人出具仓单、入库单义务 ······ 314
- 第九百零九条　仓单应记载事项 ······ 314

第九百一十条　仓单性质和转让 …… 315
第九百一十一条　存货人或者仓单持有人有权检查仓储物或者提取样品 …… 315
第九百一十二条　保管人的通知义务 …… 315
第九百一十三条　保管人的催告义务和紧急处置权 …… 315
第九百一十四条　储存期限不明确时仓储物提取 …… 316
第九百一十五条　储存期限届满仓储物提取 …… 316
第九百一十六条　逾期提取仓储物 …… 317
第九百一十七条　保管人的损害赔偿责任 …… 317
第九百一十八条　适用保管合同 …… 317

第二十三章　委托合同 …… 318

第九百一十九条　委托合同概念 …… 318
第九百二十条　委托权限 …… 318
第九百二十一条　委托费用的预付和垫付 …… 319
第九百二十二条　受托人应当按照委托人的指示处理委托事务 …… 319
第九百二十三条　受托人亲自处理委托事务 …… 319
第九百二十四条　受托人的报告义务 …… 320
第九百二十五条　受托人以自己名义从事受托事务的法律效果 …… 320
第九百二十六条　委托人介入权和第三人选择权 …… 320
第九百二十七条　受托人转移利益 …… 321
第九百二十八条　委托人支付报酬 …… 321
第九百二十九条　受托人的赔偿责任 …… 322
第九百三十条　委托人的赔偿责任 …… 322
第九百三十一条　委托人另行委托他人处理事务 …… 322

- 第九百三十二条　共同委托 …… 322
- 第九百三十三条　委托合同解除 …… 322
- 第九百三十四条　委托合同终止 …… 323
- 第九百三十五条　受托人继续处理委托事务 …… 323
- 第九百三十六条　受托人的继承人等的义务 …… 323

第二十四章　物业服务合同 …… 324

- 第九百三十七条　物业服务合同定义 …… 324
- 第九百三十八条　物业服务合同内容和形式 …… 325
- 第九百三十九条　物业服务合同的约束力 …… 326
- 第九百四十条　前期物业服务合同法定终止条件 …… 326
- 第九百四十一条　物业服务转委托的条件和限制性条款 …… 326
- 第九百四十二条　物业服务人的主要义务 …… 327
- 第九百四十三条　物业服务人信息公开义务 …… 327
- 第九百四十四条　业主支付物业费义务 …… 328
- 第九百四十五条　业主告知、协助义务 …… 329
- 第九百四十六条　业主合同任意解除权 …… 329
- 第九百四十七条　物业服务人的续聘 …… 329
- 第九百四十八条　不定期物业服务合同 …… 329
- 第九百四十九条　物业服务人的移交义务及法律责任 …… 330
- 第九百五十条　物业服务合同终止后继续提供服务的相关规定 …… 331

第二十五章　行纪合同 …… 332

- 第九百五十一条　行纪合同定义 …… 332
- 第九百五十二条　行纪人承担费用的义务 …… 333

第九百五十三条　行纪人的保管义务 …………… 333

第九百五十四条　行纪人处置委托物的义务 …… 334

第九百五十五条　行纪人依照委托人指定价格买卖
的义务 …………………………… 334

第九百五十六条　行纪人的介入权 ……………… 334

第九百五十七条　委托人及时受领、取回和处分委
托物及行纪人提存委托物 ……… 334

第九百五十八条　行纪人的直接履行义务 ……… 335

第九百五十九条　行纪人的报酬请求权及留置权 … 335

第九百六十条　参照适用委托合同 ……………… 336

第二十六章　中介合同 …………… 337

第九百六十一条　中介合同定义 ………………… 337

第九百六十二条　中介人报告义务 ……………… 338

第九百六十三条　中介人报酬请求权 …………… 339

第九百六十四条　中介人必要费用请求权 ……… 340

第九百六十五条　委托人私下与第三人订立合同后
果 ………………………………… 340

第九百六十六条　参照适用委托合同 …………… 341

第二十七章　合伙合同 …………… 342

第九百六十七条　合伙合同定义 ………………… 342

第九百六十八条　合伙人履行出资义务 ………… 343

第九百六十九条　合伙财产 ……………………… 343

第九百七十条　合伙事务的决定和执行 ………… 344

第九百七十一条　执行合伙事务报酬 …………… 345

第九百七十二条　合伙的利润分配与亏损分担 … 345

第九百七十三条　合伙人的连带责任及追偿权 … 346

第九百七十四条 合伙人转让其财产份额 …………… 346

第九百七十五条 合伙人权利代位 …………… 347

第九百七十六条 合伙期限 …………… 348

第九百七十七条 合伙合同终止 …………… 348

第九百七十八条 合伙剩余财产分配顺序 …………… 348

第三分编 准合同 …………… 350

第二十八章 无因管理 …………… 350

第九百七十九条 无因管理构成要件及管理人主要权利 …………… 350

第九百八十条 不适当无因管理制度 …………… 351

第九百八十一条 管理人适当管理义务 …………… 351

第九百八十二条 管理人通知义务 …………… 352

第九百八十三条 管理人报告和交付义务 …………… 352

第九百八十四条 受益人追认的法律效果 …………… 352

第二十九章 不当得利 …………… 353

第九百八十五条 不当得利定义 …………… 353

第九百八十六条 善意得利人返还义务免除 …………… 354

第九百八十七条 恶意得利人返还责任 …………… 354

第九百八十八条 第三人返还义务 …………… 354

中华人民共和国民法典（节录）

- 2020年5月28日第十三届全国人民代表大会第三次会议通过
- 2020年5月28日中华人民共和国主席令第45号公布
- 自2021年1月1日起施行

第三编 合　　同

第一分编 通　　则

第一章 一　般　规　定

◆ **第四百六十三条　合同编调整范围**[*]

本编调整因合同产生的民事关系。

📖 实用问答

政府机关参与的合同，是否适用《民法典》合同编？

答：对于政府机关参与的合同，应当区别不同情况分别处理。（1）政府机关作为平等的主体与对方签订的合同，如购买办公用品的合同，属于一般的合同关系，适用《民法典》合同编。（2）属于行政管理关系的协议，如有关综合治理、计划生育、环境保护等的协议，不是民事关系，不适用《民法典》合同编。（3）政府的采购

[*] 条文主旨为编者所加，下同。

活动。对政府的采购行为加以规范的目的主要在于提高政府采购资金的使用效益，维护国家利益和社会公共利益，促进廉政建设等。但这种规范，主要是对政府的采购行为加以约束，并不是约束对方。对于政府采购行为本身，由《政府采购法》来规范，而政府与对方之间订立的政府采购合同要适用《民法典》合同编。《政府采购法》第 43 条第 1 款明确规定："政府采购合同适用合同法。采购人和供应商之间的权利和义务，应当按照平等、自愿的原则以合同方式约定。"《政府采购法》第 5 章专门对政府采购合同作了规定，就政府采购合同的订立、履行、变更等作了有针对性的规定。政府采购合同既要适用《民法典》合同编，也要适用这些规定。(4) 关于指令性任务或国家订货任务的问题。我国实行社会主义市场经济体制，指令性计划不是《民法典》合同编普遍适用的基本原则。根据抢险救灾、疫情防控以及保证国防重点建设等需要，在个别情况下，国家需要下达指令性任务或国家订货任务，为此，在《民法典》合同编关于合同的订立一章中规定，国家根据抢险救灾、疫情防控或者其他需要下达国家订货任务、指令性任务的，有关民事主体之间应当依照有关法律、行政法规规定的权利和义务订立合同。

◆ **第四百六十四条　合同定义和身份关系协议法律适用**

合同是民事主体之间设立、变更、终止民事法律关系的协议。

婚姻、收养、监护等有关身份关系的协议，适用有关该身份关系的法律规定；没有规定的，可以根据其性质参照适用本编规定。

📝 名词解释

民事主体 民事主体包括自然人、法人和非法人组织三类。"自然人"就是通常意义上的人,民法上使用这个概念,主要是与法人相区别;不仅包括中国公民,还包括我国领域内的外国人和无国籍人。法人是具有民事权利能力和民事行为能力,依法独立享有民事权利和承担民事义务的组织;分为营利法人、非营利法人、特别法人等,特别法人包括机关法人、农村集体经济组织法人、城镇农村的合作经济组织法人、基层群众性自治组织法人。非法人组织是不具有法人资格,但是能够依法以自己的名义从事民事活动的组织;包括个人独资企业、合伙企业、不具有法人资格的专业服务机构等。

◆ 第四百六十五条 依法成立的合同效力和合同相对性

依法成立的合同,受法律保护。

依法成立的合同,仅对当事人具有法律约束力,但是法律另有规定的除外。

◆ 第四百六十六条 合同解释

当事人对合同条款的理解有争议的,应当依据本法第一百四十二条第一款的规定,确定争议条款的含义。

合同文本采用两种以上文字订立并约定具有同等效力的,对各文本使用的词句推定具有相同含义。各文本使用的词句不一致的,应当根据合同的相关条款、性质、目的以及诚信原则等予以解释。

> 实用问答

1. 如何确定争议条款的含义？

答：根据《最高人民法院关于适用〈中华人民共和国民法典〉合同编通则若干问题的解释》第1条第1款、第2款的规定，人民法院依据《民法典》第142条第1款、第466条第1款的规定解释合同条款时，应当以词句的通常含义为基础，结合相关条款、合同的性质和目的、习惯以及诚信原则，参考缔约背景、磋商过程、履行行为等因素确定争议条款的含义。有证据证明当事人之间对合同条款有不同于词句的通常含义的其他共同理解，一方主张按照词句的通常含义理解合同条款的，人民法院不予支持。

2. 对合同条款有两种以上解释，可能影响该条款效力的，如何确定解释规则？

答：根据《最高人民法院关于适用〈中华人民共和国民法典〉合同编通则若干问题的解释》第1条第3款的规定，对合同条款有两种以上解释，可能影响该条款效力的，人民法院应当选择有利于该条款有效的解释；属于无偿合同的，应当选择对债务人负担较轻的解释。

3. 哪些情形属于《民法典》所称的"交易习惯"？

答：根据《最高人民法院关于适用〈中华人民共和国民法典〉合同编通则若干问题的解释》第2条第1款的规定，下列情形，不违反法律、行政法规的强制性规定且不违背公序良俗的，人民法院可以认定为《民法典》所称的"交易习惯"：（1）当事人之间在交易活动中的惯常做法；（2）在交易行为当地或者某一领域、某一行业通常采用并为交易对方订立合同时所知道或者应当知道的做法。

4. 认定"交易习惯"时，由谁承担举证责任？

答：根据《最高人民法院关于适用〈中华人民共和国民法典〉合同编通则若干问题的解释》第2条第2款的规定，对于交易习惯，由提出主张的当事人一方承担举证责任。

◆ **第四百六十七条　非典型合同及特定涉外合同的法律适用**

本法或者其他法律没有明文规定的合同，适用本编通则的规定，并可以参照适用本编或者其他法律最相类似合同的规定。

在中华人民共和国境内履行的中外合资经营企业合同、中外合作经营企业合同、中外合作勘探开发自然资源合同，适用中华人民共和国法律。

◆ **第四百六十八条　非因合同产生的债权债务关系的法律适用**

非因合同产生的债权债务关系，适用有关该债权债务关系的法律规定；没有规定的，适用本编通则的有关规定，但是根据其性质不能适用的除外。

名词解释

非因合同产生的债权债务关系　非因合同产生的债权债务关系包括侵权之债、无因管理之债、不当得利之债以及因法律的其他规定产生的债权债务关系。合同、侵权行为、无因管理、不当得利是债发生的主要原因，除此以外，法律的其他规定也会引起债的发生，使民事主体依法享有债权。如《民法典》总则编第26条规定，父母对未成年子女负有抚养、教育和保护的义务。成年子女对父母负有赡养、扶助和保护的义务。《民法典》婚姻家庭编第1067条规定，父母不履行抚养义务的，未成年子女或者不能独立生活的成年子女，有要求父母给付抚养费的权利。成年子女不履行赡养义务的，缺乏劳动能力或者生活困难的父母，有要求成年子女给付赡养费的权利。这些情况下，未成年子女或不能独立生活的成年子女和缺乏劳动能力或生活困难的父母依据法律的规定享有债权。

实用问答

非因合同产生的债权债务关系，如何适用法律？

答：非因合同产生的债权债务关系，首先适用有关该债权债务关系的法律规定。具体来说，对于侵权之债，《民法典》侵权责任编对侵权之债作了较为系统的规定。其他法律如《产品质量法》《消费者权益保护法》《民用航空法》等，对相关领域的侵权之债也作出了相关规定。对于因侵权产生的债权债务关系首先适用《民法典》侵权责任编和其他有关法律对侵权责任所作的规定。《民法典》合同编第3分编准合同对无因管理和不当得利的一般性规则作了规定，对因无因管理和不当得利产生的债权债务关系，首先适用《民法典》合同编第3分编准合同的有关规定。对于因法律的其他规定，例如与婚姻家庭有关的法律规定而产生的给付抚养费或者赡养费的债权债务关系，首先适用这些法律的有关规定。

第二章　合同的订立

◆ **第四百六十九条　合同订立形式**

当事人订立合同，可以采用书面形式、口头形式或者其他形式。

书面形式是合同书、信件、电报、电传、传真等可以有形地表现所载内容的形式。

以电子数据交换、电子邮件等方式能够有形地表现所载内容，并可以随时调取查用的数据电文，视为书面形式。

名词解释

数据电文　将各种通过电子方式传达信息的手段称作"数据电文"。具体而言，数据电文是指经由电子手段、光学手段或类似手段生成、储存或传递的信息，这些手段包括但不限于电子数据交换（EDI）、电子邮件、电报、电传或传真。

电子数据交换　电子数据交换又称"电子资料通联"，是一种在公司、企业间传输订单、发票等商业文件进行贸易的电子化手段。它通过计算机通信网络，将贸易、运输、保险、银行和海关等行业信息，用一种国际公认的标准格式，在各有关部门或者公司、企业之间完成数据的交换与处理，实现以贸易为中心的全部过程。

◆ **第四百七十条　合同主要条款与示范文本**

合同的内容由当事人约定，一般包括下列条款：
（一）当事人的姓名或者名称和住所；
（二）标的；
（三）数量；
（四）质量；
（五）价款或者报酬；
（六）履行期限、地点和方式；
（七）违约责任；
（八）解决争议的方法。
当事人可以参照各类合同的示范文本订立合同。

实用问答

1. 当事人对合同是否成立存在争议时，如何认定合同是否成立？

答：根据《最高人民法院关于适用〈中华人民共和国民法典〉合同编通则若干问题的解释》第 3 条第 1 款的规定，当事人对合同是否成立存在争议，人民法院能够确定当事人姓名或者名称、标的和数量的，一般应当认定合同成立。但是，法律另有规定或者当事人另有约定的除外。

2. 认定有争议的合同成立后，对合同欠缺的内容如何确定？

答：根据《最高人民法院关于适用〈中华人民共和国民法典〉合同编通则若干问题的解释》第 3 条第 1 款、第 2 款的规定，当事人对合同是否成立存在争议，人民法院在能够确定当事人姓名或者名称、标的和数量时，认定合同已经成立的，对合同欠缺的内容，人民法院应当依据《民法典》第 510 条、第 511 条等规定予以确定。

◆ **第四百七十一条　合同订立方式**

当事人订立合同，可以采取要约、承诺方式或者其他方式。

◆ **第四百七十二条　要约的定义和条件**

要约是希望与他人订立合同的意思表示，该意思表示应当符合下列条件：

（一）内容具体确定；

（二）表明经受要约人承诺，要约人即受该意思表示约束。

◆ **第四百七十三条　要约邀请**

要约邀请是希望他人向自己发出要约的表示。拍卖公告、招标公告、招股说明书、债券募集办法、基金招募说明书、商业广告和宣传、寄送的价目表等为要约邀请。

商业广告和宣传的内容符合要约条件的，构成要约。

◆ **第四百七十四条　要约生效时间**

要约生效的时间适用本法第一百三十七条的规定。

实用问答

要约何时生效？

答：要约属于有相对人的意思表示，要约生效的时间自然应当适用《民法典》总则编第137条的规定。要约生效的时间可以从以下几个方面理解：

一是以对话方式发出的要约。所谓以对话方式发出的要约，是指要约人采取使相对方可以同步受领的方式进行意思表示，如面对面交谈、电话等方式。在以这种方式进行的意思表示中，要约人作出意思表示和相对人受领意思表示是同步进行的，没有时间差。因此，要约人作出意思表示、相对人知道其内容时，要约生效。

二是以非对话方式发出的要约。对于以非对话方式发出的要约，要约人作出意思表示的时间与相对人受领意思表示的时间不同步，二者之间存在时间差。非对话的意思表示在现实生活中存在的形式多样，如传真、信函等。以非对话方式作出的意思表示，于到达相对人时生效。这里的"到达"并不意味着相对人必须亲自收到，只要进入相对人通常的地址、住所或者能够控制的地方（如信箱）即可视为到达，意思表示被相对人的代理人收到也可以视为"到达"。

三是以非对话方式作出的采用数据电文形式的要约。可以分三个层次对以数据电文形式发出的要约的生效时间予以理解：（1）对以非对话方式发出的采用数据电文形式的要约，相对人指定特定系统接收数据电文的，该数据电文进入该特定系统时生效。（2）未指定特定系统的，相对人知道或者应当知道该数据电文进入其系统时要约生效。（3）当事人对采用数据电文形式发出的要约的生效时间另有约定的，按照其约定。

◆ **第四百七十五条　要约撤回**

要约可以撤回。要约的撤回适用本法第一百四十一条的规定。

名词解释

要约的撤回　这是指在要约发出之后、生效以前，要约人欲使该要约不发生法律效力而作出的意思表示。撤回要约的条件是撤回要约的通知在要约到达受要约人之前或者同时到达受要约人。因此，要约人如欲撤回要约，必须选择以快于要约的方式向受要约人发出撤回的通知，使之能在要约到达之前或者同时到达受要约人。

◆ 第四百七十六条　要约不得撤销情形

要约可以撤销，但是有下列情形之一的除外：

（一）要约人以确定承诺期限或者其他形式明示要约不可撤销；

（二）受要约人有理由认为要约是不可撤销的，并已经为履行合同做了合理准备工作。

名词解释

要约的撤销　这是指要约人在要约发生法律效力之后、受要约人作出承诺之前，欲使该要约失去法律效力的意思表示。

◆ 第四百七十七条　撤销要约的条件

撤销要约的意思表示以对话方式作出的，该意思表示的内容应当在受要约人作出承诺之前为受要约人所知道；撤销要约的意思表示以非对话方式作出的，应当在受要约人作出承诺之前到达受要约人。

◆ 第四百七十八条　要约失效

有下列情形之一的，要约失效：

（一）要约被拒绝；

（二）要约被依法撤销；

（三）承诺期限届满，受要约人未作出承诺；
（四）受要约人对要约的内容作出实质性变更。

名词解释

要约失效　要约失效也称要约消灭或者要约终止，指要约丧失法律效力，要约人与受要约人均不再受其约束。要约人不再承担接受承诺的义务，受要约人亦不再享有通过承诺使合同得以成立的权利。

◆ 第四百七十九条　承诺的定义

承诺是受要约人同意要约的意思表示。

◆ 第四百八十条　承诺的方式

承诺应当以通知的方式作出；但是，根据交易习惯或者要约表明可以通过行为作出承诺的除外。

◆ 第四百八十一条　承诺到达时间

承诺应当在要约确定的期限内到达要约人。

要约没有确定承诺期限的，承诺应当依照下列规定到达：

（一）要约以对话方式作出的，应当即时作出承诺；

（二）要约以非对话方式作出的，承诺应当在合理期限内到达。

◆ 第四百八十二条　承诺期限起算点

要约以信件或者电报作出的，承诺期限自信件载明的日期或者电报交发之日开始计算。信件未载明日期的，自投寄该信件的邮戳日期开始计算。要约以电话、传真、电子邮件等快速通讯方式作出的，承诺期限自要约到达受要约人时开始计算。

◆ **第四百八十三条　合同成立时间**

承诺生效时合同成立，但是法律另有规定或者当事人另有约定的除外。

实用问答

1. 采取招标方式订立的合同，何时成立？

答：根据《最高人民法院关于适用〈中华人民共和国民法典〉合同编通则若干问题的解释》第4条第1款的规定，采取招标方式订立合同，当事人请求确认合同自中标通知书到达中标人时成立的，人民法院应予支持。合同成立后，当事人拒绝签订书面合同的，人民法院应当依据招标文件、投标文件和中标通知书等确定合同内容。

2. 采取现场拍卖、网络拍卖等公开竞价方式订立的合同，何时成立？

答：根据《最高人民法院关于适用〈中华人民共和国民法典〉合同编通则若干问题的解释》第4条第2款的规定，采取现场拍卖、网络拍卖等公开竞价方式订立合同，当事人请求确认合同自拍卖师落槌、电子交易系统确认成交时成立的，人民法院应予支持。合同成立后，当事人拒绝签订成交确认书的，人民法院应当依据拍卖公告、竞买人的报价等确定合同内容。

> 典型案例

某物业管理有限公司与某研究所
房屋租赁合同纠纷案[1]

裁判要点：招投标程序中，中标通知书送达后，一方当事人不履行订立书面合同的义务，相对方请求确认合同自中标通知书到达中标人时成立的，人民法院应予支持。

◆ **第四百八十四条　承诺生效时间**

以通知方式作出的承诺，生效的时间适用本法第一百三十七条的规定。

承诺不需要通知的，根据交易习惯或者要约的要求作出承诺的行为时生效。

> 实用问答

以通知方式作出的承诺，何时生效？

答：对于以通知方式作出的承诺的生效时间，应当区分承诺是以对话方式作出的还是以非对话方式作出的，分别对待。（1）承诺是以对话方式作出的，即受要约人通过面对面交谈、电话等方式向要约人作出承诺的，受要约人作出承诺和要约人受领承诺是同步进

---

[1]《最高人民法院发布民法典合同编通则司法解释相关典型案例》，载最高人民法院网 2023 年 12 月 5 日，https://www.court.gov.cn/zixun/xiangqing/419392.html。

行的，没有时间差。受要约人作出承诺并使要约人知道时即发生效力。（2）承诺是以非对话方式作出的，比如受要约人通过信函、传真、电子邮件等方式向要约人作出承诺的，受要约人作出承诺的时间与要约人受领承诺的时间不同步，二者之间存在时间差。以非对话方式作出的承诺的生效时间应当为"到达要约人时"。

◆ **第四百八十五条　承诺撤回**

承诺可以撤回。承诺的撤回适用本法第一百四十一条的规定。

名词解释

承诺的撤回　这是指受要约人阻止承诺发生法律效力的意思表示。承诺是一种能够产生法律效果的意思表示，承诺作出后如果要撤回必须满足一定的条件，即撤回意思表示的通知应当在意思表示到达相对人前或者与意思表示同时到达相对人。

◆ **第四百八十六条　逾期承诺的法律效果**

受要约人超过承诺期限发出承诺，或者在承诺期限内发出承诺，按照通常情形不能及时到达要约人的，为新要约；但是，要约人及时通知受要约人该承诺有效的除外。

◆ **第四百八十七条　因传递迟延造成的逾期承诺的法律效果**

受要约人在承诺期限内发出承诺，按照通常情形能够及时到达要约人，但是因其他原因致使承诺到达要约人时超过承诺期限的，除要约人及时通知受要约人因承诺超过期限不接受该承诺外，该承诺有效。

◆ **第四百八十八条　承诺对要约内容的实质性变更**

　　承诺的内容应当与要约的内容一致。受要约人对要约的内容作出实质性变更的，为新要约。有关合同标的、数量、质量、价款或者报酬、履行期限、履行地点和方式、违约责任和解决争议方法等的变更，是对要约内容的实质性变更。

◆ **第四百八十九条　承诺对要约内容的非实质性变更**

　　承诺对要约的内容作出非实质性变更的，除要约人及时表示反对或者要约表明承诺不得对要约的内容作出任何变更外，该承诺有效，合同的内容以承诺的内容为准。

◆ **第四百九十条　采用书面形式订立的合同的成立时间**

　　当事人采用合同书形式订立合同的，自当事人均签名、盖章或者按指印时合同成立。在签名、盖章或者按指印之前，当事人一方已经履行主要义务，对方接受时，该合同成立。

　　法律、行政法规规定或者当事人约定合同应当采用书面形式订立，当事人未采用书面形式但是一方已经履行主要义务，对方接受时，该合同成立。

◆ **第四百九十一条　签订确认书的合同及电子合同成立时间**

　　当事人采用信件、数据电文等形式订立合同要求签订确认书的，签订确认书时合同成立。

　　当事人一方通过互联网等信息网络发布的商品或者服务信息符合要约条件的，对方选择该商品或者服务并提交订单成功时合同成立，但是当事人另有约定的除外。

◆ 第四百九十二条　合同成立地点

承诺生效的地点为合同成立的地点。

采用数据电文形式订立合同的，收件人的主营业地为合同成立的地点；没有主营业地的，其住所地为合同成立的地点。当事人另有约定的，按照其约定。

◆ 第四百九十三条　书面合同成立地点

当事人采用合同书形式订立合同的，最后签名、盖章或者按指印的地点为合同成立的地点，但是当事人另有约定的除外。

◆ 第四百九十四条　强制缔约义务

国家根据抢险救灾、疫情防控或者其他需要下达国家订货任务、指令性任务的，有关民事主体之间应当依照有关法律、行政法规规定的权利和义务订立合同。

依照法律、行政法规的规定负有发出要约义务的当事人，应当及时发出合理的要约。

依照法律、行政法规的规定负有作出承诺义务的当事人，不得拒绝对方合理的订立合同要求。

◆ 第四百九十五条　预约合同

当事人约定在将来一定期限内订立合同的认购书、订购书、预订书等，构成预约合同。

当事人一方不履行预约合同约定的订立合同义务的，对方可以请求其承担预约合同的违约责任。

实用问答

1. 如何认定预约合同是否成立？

答：根据《最高人民法院关于适用〈中华人民共和国民法典〉合同编通则若干问题的解释》第6条的规定，当事人以认购书、订购书、预订书等形式约定在将来一定期限内订立合同，或者为担保在将来一定期限内订立合同交付了定金，能够确定将来所要订立合同的主体、标的等内容的，人民法院应当认定预约合同成立。当事人通过签订意向书或者备忘录等方式，仅表达交易的意向，未约定在将来一定期限内订立合同，或者虽然有约定但是难以确定将来所要订立合同的主体、标的等内容，一方主张预约合同成立的，人民法院不予支持。当事人订立的认购书、订购书、预订书等已就合同标的、数量、价款或者报酬等主要内容达成合意，符合《最高人民法院关于适用〈中华人民共和国民法典〉合同编通则若干问题的解释》第3条第1款规定的合同成立条件，未明确约定在将来一定期限内另行订立合同，或者虽然有约定但是当事人一方已实施履行行为且对方接受的，人民法院应当认定本约合同成立。

2. 预约合同生效后，当事人一方拒绝订立本约合同或者在磋商订立本约合同时违背诚信原则导致未能订立本约合同的，能否认定该当事人不履行预约合同约定的义务？

答：根据《最高人民法院关于适用〈中华人民共和国民法典〉合同编通则若干问题的解释》第7条的规定，预约合同生效后，当事人一方拒绝订立本约合同或者在磋商订立本约合同时违背诚信原则导致未能订立本约合同的，人民法院应当认定该当事人不履行预约合同约定的义务。人民法院认定当事人一方在磋商订立本约合同时是否违背诚信原则，应当综合考虑该当事人在磋商时提出的条件是否明显背离预约合同约定的内容以及是否已尽合理努力进行协商等因素。

3. 预约合同生效后，当事人一方不履行订立本约合同的义务的，对方能否请求其赔偿因此造成的损失？

答：根据《最高人民法院关于适用〈中华人民共和国民法典〉合同编通则若干问题的解释》第8条的规定，预约合同生效后，当事人一方不履行订立本约合同的义务，对方请求其赔偿因此造成的损失的，人民法院依法予以支持。上述规定的损失赔偿，当事人有约定的，按照约定；没有约定的，人民法院应当综合考虑预约合同在内容上的完备程度以及订立本约合同的条件的成就程度等因素酌定。

典型案例

某通讯公司与某实业公司房屋买卖合同纠纷案[①]

裁判要点：判断当事人之间订立的合同是本约还是预约的根本标准应当是当事人是否有意在将来另行订立一个新的合同，以最终明确双方之间的权利义务关系。即使当事人对标的、数量以及价款等内容进行了约定，但如果约定将来一定期间仍须另行订立合同，就应认定该约定是预约而非本约。当事人在签订预约合同后，已经实施交付标的物或者支付价款等履行行为，应当认定当事人以行为的方式订立了本约合同。

---

① 《最高人民法院发布民法典合同编通则司法解释相关典型案例》，载最高人民法院网2023年12月5日，https://www.court.gov.cn/zixun/xiangqing/419392.html。

◆ **第四百九十六条　格式条款**

格式条款是当事人为了重复使用而预先拟定，并在订立合同时未与对方协商的条款。

采用格式条款订立合同的，提供格式条款的一方应当遵循公平原则确定当事人之间的权利和义务，并采取合理的方式提示对方注意免除或者减轻其责任等与对方有重大利害关系的条款，按照对方的要求，对该条款予以说明。提供格式条款的一方未履行提示或者说明义务，致使对方没有注意或者理解与其有重大利害关系的条款的，对方可以主张该条款不成为合同的内容。

实用问答

1. 当事人仅以合同系依据合同示范文本制作或者双方已明确约定合同条款不属于格式条款为由主张该条款不是格式条款的，应如何认定？

答：根据《最高人民法院关于适用〈中华人民共和国民法典〉合同编通则若干问题的解释》第 9 条第 1 款的规定，合同条款符合《民法典》第 496 条第 1 款规定的情形，当事人仅以合同系依据合同示范文本制作或者双方已经明确约定合同条款不属于格式条款为由主张该条款不是格式条款的，人民法院不予支持。

2. 从事经营活动的当事人一方能否仅以未实际重复使用为由主张其预先拟定且未与对方协商的合同条款不是格式条款？

答：根据《最高人民法院关于适用〈中华人民共和国民法典〉合同编通则若干问题的解释》第 9 条第 2 款的规定，从事经营活动的当事人一方仅以未实际重复使用为由主张其预先拟定且未与对方协商的合同条款不是格式条款的，人民法院不予支持。但是，有证据证明该条款不是为了重复使用而预先拟定的除外。

◆ 第四百九十七条　格式条款无效的情形

有下列情形之一的，该格式条款无效：

（一）具有本法第一编第六章第三节和本法第五百零六条规定的无效情形；

（二）提供格式条款一方不合理地免除或者减轻其责任、加重对方责任、限制对方主要权利；

（三）提供格式条款一方排除对方主要权利。

◆ 第四百九十八条　格式条款的解释

对格式条款的理解发生争议的，应当按照通常理解予以解释。对格式条款有两种以上解释的，应当作出不利于提供格式条款一方的解释。格式条款和非格式条款不一致的，应当采用非格式条款。

◆ 第四百九十九条　悬赏广告

悬赏人以公开方式声明对完成特定行为的人支付报酬的，完成该行为的人可以请求其支付。

◆ 第五百条　缔约过失责任

当事人在订立合同过程中有下列情形之一，造成对方损失的，应当承担赔偿责任：

（一）假借订立合同，恶意进行磋商；

（二）故意隐瞒与订立合同有关的重要事实或者提供虚假情况；

（三）有其他违背诚信原则的行为。

◆ **第五百零一条　当事人保密义务**

当事人在订立合同过程中知悉的商业秘密或者其他应当保密的信息，无论合同是否成立，不得泄露或者不正当地使用；泄露、不正当地使用该商业秘密或者信息，造成对方损失的，应当承担赔偿责任。

第三章　合同的效力

◆ **第五百零二条　合同生效时间**

依法成立的合同，自成立时生效，但是法律另有规定或者当事人另有约定的除外。

依照法律、行政法规的规定，合同应当办理批准等手续的，依照其规定。未办理批准等手续影响合同生效的，不影响合同中履行报批等义务条款以及相关条款的效力。应当办理申请批准等手续的当事人未履行义务的，对方可以请求其承担违反该义务的责任。

依照法律、行政法规的规定，合同的变更、转让、解除等情形应当办理批准等手续的，适用前款规定。

实用问答

1. 合同依法成立后，负有报批义务的当事人不履行报批义务或者履行报批义务不符合合同的约定或者法律、行政法规的规定的，可能产生什么后果？

答：根据《最高人民法院关于适用〈中华人民共和国民法典〉合同编通则若干问题的解释》第12条的规定，合同依法成立后，负有报批义务的当事人不履行报批义务或者履行报批义务不符合同的约定或者法律、行政法规的规定，对方请求其继续履行报批义务的，人民法院应予支持；对方主张解除合同并请求其承担违反报批义务的赔偿责任的，人民法院应予支持。人民法院判决当事人一方履行报批义务后，其仍不履行，对方主张解除合同并参照违反合同的违约责任请求其承担赔偿责任的，人民法院应予支持。合同获得批准前，当事人一方起诉请求对方履行合同约定的主要义务，经释明后拒绝变更诉讼请求的，人民法院应当判决驳回其诉讼请求，但是不影响其另行提起诉讼。负有报批义务的当事人已经办理申请批准等手续或者已经履行生效判决确定的报批义务，批准机关决定不予批准，对方请求其承担赔偿责任的，人民法院不予支持。但是，因迟延履行报批义务等可归责于当事人的原因导致合同未获批准，对方请求赔偿因此受到的损失的，人民法院应当依据《民法典》第157条的规定处理。

2. 能否因合同已备案或者已获批准等，而认定合同有效？

答：根据《最高人民法院关于适用〈中华人民共和国民法典〉合同编通则若干问题的解释》第13条的规定，合同存在无效或者可撤销的情形，当事人以该合同已在有关行政管理部门办理备案、已经批准机关批准或者已依据该合同办理财产权利的变更登记、移转登记等为由主张合同有效的，人民法院不予支持。

3. 当事人之间就同一交易订立多份合同，其中存在虚假意思表示订立的合同的，如何认定合同效力？

答：根据《最高人民法院关于适用〈中华人民共和国民法典〉合同编通则若干问题的解释》第14条第1款、第2款的规定，当事人之间就同一交易订立多份合同，人民法院应当认定其中以虚假意思表示订立的合同无效。当事人为规避法律、行政法规的强制性规定，以虚假意思表示隐藏真实意思表示的，人民法院应当依据《民法典》第153条第1款的规定认定被隐藏合同的效力；当事人为规避法律、行政法规关于合同应当办理批准等手续的规定，以虚假意思表示隐藏真实意思表示的，人民法院应当依据《民法典》第502条第2款的规定认定被隐藏合同的效力。依据上述规定认定被隐藏合同无效或者确定不发生效力的，人民法院应当以被隐藏合同为事实基础，依据《民法典》第157条的规定确定当事人的民事责任。但是，法律另有规定的除外。

4. 当事人就同一交易订立的多份合同均系真实意思表示，且不存在其他影响合同效力情形的，如何认定合同内容是否发生变更？

答：根据《最高人民法院关于适用〈中华人民共和国民法典〉合同编通则若干问题的解释》第14条第3款的规定，当事人就同一交易订立的多份合同均系真实意思表示，且不存在其他影响合同效力情形的，人民法院应当在查明各合同成立先后顺序和实际履行情况的基础上，认定合同内容是否发生变更。法律、行政法规禁止变更合同内容的，人民法院应当认定合同的相应变更无效。

5. 合同使用的名称与合同的实际内容不符的，如何认定当事人之间的实际民事法律关系？

答：根据《最高人民法院关于适用〈中华人民共和国民法典〉合同编通则若干问题的解释》第15条的规定，人民法院认定当事人之间的权利义务关系，不应当拘泥于合同使用的名称，而应当根据合同约定的内容。当事人主张的权利义务关系与根据合同内容认定的权利义务关系不一致的，人民法院应当结合缔约背景、交易目的、交易结构、履行行为以及当事人是否存在虚构交易标的等事实认定当事人之间的实际民事法律关系。

6. 在哪些情形下，虽然合同违反法律、行政法规的强制性规定，但合同有效？

答：根据《最高人民法院关于适用〈中华人民共和国民法典〉

合同编通则若干问题的解释》第 16 条的规定，合同虽然违反法律、行政法规的强制性规定，有下列情形之一，由行为人承担行政责任或者刑事责任能够实现强制性规定的立法目的的，人民法院可以依据《民法典》第 153 条第 1 款关于"该强制性规定不导致该民事法律行为无效的除外"的规定认定该合同不因违反强制性规定无效：(1) 强制性规定虽然旨在维护社会公共秩序，但是合同的实际履行对社会公共秩序造成的影响显著轻微，认定合同无效将导致案件处理结果有失公平公正；(2) 强制性规定旨在维护政府的税收、土地出让金等国家利益或者其他民事主体的合法利益而非合同当事人的民事权益，认定合同有效不会影响该规范目的的实现；(3) 强制性规定旨在要求当事人一方加强风险控制、内部管理等，对方无能力或者无义务审查合同是否违反强制性规定，认定合同无效将使其承担不利后果；(4) 当事人一方虽然在订立合同时违反强制性规定，但是在合同订立后其已经具备补正违反强制性规定的条件却违背诚信原则不予补正；(5) 法律、司法解释规定的其他情形。

7. 在哪些情形下，虽然合同不违反法律、行政法规的强制性规定，但合同无效？

答：根据《最高人民法院关于适用〈中华人民共和国民法典〉合同编通则若干问题的解释》第 17 条第 1 款的规定，合同虽然不违反法律、行政法规的强制性规定，但是有下列情形之一，人民法院应当依据《民法典》第 153 条第 2 款的规定认定合同无效：(1) 合同影响政治安全、经济安全、军事安全等国家安全的；(2) 合同影响社会稳定、公平竞争秩序或者损害社会公共利益等违背社会公共秩序的；(3) 合同背离社会公德、家庭伦理或者有损人格尊严等违背善良风俗的。

8. 如何确定合同违背公序良俗？

答：根据《最高人民法院关于适用〈中华人民共和国民法典〉

合同编通则若干问题的解释》第 17 条第 2 款的规定，人民法院在认定合同是否违背公序良俗时，应当以社会主义核心价值观为导向，综合考虑当事人的主观动机和交易目的、政府部门的监管强度、一定期限内当事人从事类似交易的频次、行为的社会后果等因素，并在裁判文书中充分说理。当事人确因生活需要进行交易，未给社会公共秩序造成重大影响，且不影响国家安全，也不违背善良风俗的，人民法院不应当认定合同无效。

9. 合同是否会因违反法律、行政法规的强制性规定而无效？

答： 根据《最高人民法院关于适用〈中华人民共和国民法典〉合同编通则若干问题的解释》第 16 条第 2 款的规定，法律、行政法规的强制性规定旨在规制合同订立后的履行行为，当事人以合同违反强制性规定为由请求认定合同无效的，人民法院不予支持。但是，合同履行必然导致违反强制性规定或者法律、司法解释另有规定的除外。

典型案例

某甲银行和某乙银行合同纠纷案①

裁判要点： 案涉交易符合以票据贴现为手段的多链条融资交易的基本特征。案涉《回购协议》是双方虚假意思表示，目的是借用银行承兑汇票买入返售的形式为某甲银行向实际用资人提供资金通道，真实合意是资金通道合同。在资金通道合同项下，各方当事人的权利义务是，过

---

① 《最高人民法院发布民法典合同编通则司法解释相关典型案例》，载最高人民法院网 2023 年 12 月 5 日，https://www.court.gov.cn/zixun/xiangqing/419392.html。

桥行提供资金通道服务，由出资银行提供所需划转的资金并支付相应的服务费，过桥行无交付票据的义务，但应根据其过错对出资银行的损失承担相应的赔偿责任。

◆ **第五百零三条　被代理人以默示方式对无权代理合同的追认**

无权代理人以被代理人的名义订立合同，被代理人已经开始履行合同义务或者接受相对人履行的，视为对合同的追认。

实用问答

以转让或者设定财产权利为目的订立的无权处分合同，效力如何？

答：根据《最高人民法院关于适用〈中华人民共和国民法典〉合同编通则若干问题的解释》第19条的规定，以转让或者设定财产权利为目的订立的合同，当事人或者真正权利人仅以让与人在订立合同时对标的物没有所有权或者处分权为由主张合同无效的，人民法院不予支持；因未取得真正权利人事后同意或者让与人事后未取得处分权导致合同不能履行，受让人主张解除合同并请求让与人承担违反合同的赔偿责任的，人民法院依法予以支持。上述规定的合同被认定有效，且让与人已经将财产交付或者移转登记至受让人，真正权利人请求认定财产权利未发生变动或者请求返还财产的，人民法院应予支持。但是，受让人依据《民法典》第311条等规定善意取得财产权利的除外。

◆ **第五百零四条　超越权限订立的合同的效力**

法人的法定代表人或者非法人组织的负责人超越权限订立的合同，除相对人知道或者应当知道其超越权限外，该代表行为有效，订立的合同对法人或者非法人组织发生效力。

实用问答

1. 法定代表人、负责人未取得授权而以法人、非法人组织的名义订立合同的，未尽到合理审查义务的相对人能否主张该合同对法人、非法人组织发生效力并由其承担违约责任？

答：根据《最高人民法院关于适用〈中华人民共和国民法典〉合同编通则若干问题的解释》第20条第1款的规定，法律、行政法规为限制法人的法定代表人或者非法人组织的负责人的代表权，规定合同所涉事项应当由法人、非法人组织的权力机构或者决策机构决议，或者应当由法人、非法人组织的执行机构决定，法定代表人、负责人未取得授权而以法人、非法人组织的名义订立合同，未尽到合理审查义务的相对人主张该合同对法人、非法人组织发生效力并由其承担违约责任的，人民法院不予支持，但是法人、非法人组织有过错的，可以参照《民法典》第157条的规定判决其承担相应的赔偿责任。相对人已尽到合理审查义务，构成表见代表的，人民法院应当依据《民法典》第504条的规定处理。

2. 合同所涉事项未超越法律、行政法规规定的法定代表人或者负责人的代表权限，但是超越法人、非法人组织的章程或者权力机构等对代表权的限制的，相对人能否主张该合同对法人、非法人组织发生效力并由其承担违约责任？

答：根据《最高人民法院关于适用〈中华人民共和国民法典〉

合同编通则若干问题的解释》第 20 条第 2 款的规定，合同所涉事项未超越法律、行政法规规定的法定代表人或者负责人的代表权限，但是超越法人、非法人组织的章程或者权力机构等对代表权的限制，相对人主张该合同对法人、非法人组织发生效力并由其承担违约责任的，人民法院依法予以支持。但是，法人、非法人组织举证证明相对人知道或者应当知道该限制的除外。

3. 法人、非法人组织的工作人员就超越其职权范围的事项以法人、非法人组织的名义订立合同的，相对人能否主张该合同对法人、非法人组织发生效力并由其承担违约责任？

答：根据《最高人民法院关于适用〈中华人民共和国民法典〉合同编通则若干问题的解释》第 21 条第 1 款的规定，法人、非法人组织的工作人员就超越其职权范围的事项以法人、非法人组织的名义订立合同，相对人主张该合同对法人、非法人组织发生效力并由其承担违约责任的，人民法院不予支持。但是，法人、非法人组织有过错的，人民法院可以参照《民法典》第 157 条的规定判决其承担相应的赔偿责任。前述情形，构成表见代理的，人民法院应当依据《民法典》第 172 条的规定处理。

4. 在哪些情形下，人民法院应当认定法人、非法人组织的工作人员在订立合同时超越其职权范围？

答：根据《最高人民法院关于适用〈中华人民共和国民法典〉合同编通则若干问题的解释》第 21 条的规定，合同所涉事项有下列情形之一的，人民法院应当认定法人、非法人组织的工作人员在订立合同时超越其职权范围：（1）依法应当由法人、非法人组织的权力机构或者决策机构决议的事项；（2）依法应当由法人、非法人组织的执行机构决定的事项；（3）依法应当由法定代表人、负责人代表法人、非法人组织实施的事项；（4）不属于通常情形下依其职权可以处理的事项。

合同所涉事项未超越依据上述规定确定的职权范围，但是超越法人、非法人组织对工作人员职权范围的限制，相对人主张该合同对法人、非法人组织发生效力并由其承担违约责任的，人民法院应予支持。但是，法人、非法人组织举证证明相对人知道或者应当知道该限制的除外。法人、非法人组织承担民事责任后，向故意或者有重大过失的工作人员追偿的，人民法院依法予以支持。

5. 法定代表人、负责人或者工作人员以法人、非法人组织的名义订立合同且未超越权限的，法人、非法人组织能否仅以合同加盖的印章不是备案印章或者系伪造的印章为由主张该合同对其不发生效力？

答： 根据《最高人民法院关于适用〈中华人民共和国民法典〉合同编通则若干问题的解释》第22条第1款、第4款的规定，法定代表人、负责人或者工作人员以法人、非法人组织的名义订立合同且未超越权限，法人、非法人组织仅以合同加盖的印章不是备案印章或者系伪造的印章为由主张该合同对其不发生效力的，人民法院不予支持。法定代表人、负责人或者工作人员在订立合同时虽然超越代表或者代理权限，但是依据《民法典》第504条的规定构成表见代表，或者依据《民法典》第172条的规定构成表见代理的，人民法院应当认定合同对法人、非法人组织发生效力。

6. 合同系以法人、非法人组织的名义订立，但是仅有法定代表人、负责人或者工作人员签名或者按指印而未加盖法人、非法人组织的印章的，如何认定合同的效力？

答： 根据《最高人民法院关于适用〈中华人民共和国民法典〉合同编通则若干问题的解释》第22条第2款、第4款的规定，合同系以法人、非法人组织的名义订立，但是仅有法定代表人、负责人或者工作人员签名或者按指印而未加盖法人、非法人组织的印章，相对人能够证明法定代表人、负责人或者工作人员在订立合同时未超越权限的，人民法院应当认定合同对法人、非法人组织发生效力。但是，当事人约定以加盖印章作为合同成立条件的除外。法定代表人、负责人或者工作人员在订立合同时虽然超越代表或者代理权限，但是依据《民法典》第504条的规定构成表见代表，或者依据《民法典》第172条的规定构成表见代理的，人民法院应当认定合同对法人、非法人组织发生效力。

7. 合同仅加盖法人、非法人组织的印章而无人员签名或者按指印的，如何认定合同的效力？

答：根据《最高人民法院关于适用〈中华人民共和国民法典〉合同编通则若干问题的解释》第22条第3款、第4款的规定，合同仅加盖法人、非法人组织的印章而无人员签名或者按指印，相对人能够证明合同系法定代表人、负责人或者工作人员在其权限范围内订立的，人民法院应当认定该合同对法人、非法人组织发生效力。法定代表人、负责人或者工作人员在订立合同时虽然超越代表或者代理权限，但是依据《民法典》第504条的规定构成表见代表，或者依据《民法典》第172条的规定构成表见代理的，人民法院应当认定合同对法人、非法人组织发生效力。

8. 法定代表人、负责人或者代理人与相对人恶意串通，以法人、非法人组织的名义订立合同的，法人、非法人组织能否主张不承担民事责任及请求法定代表人、负责人或者代理人与相对人承担连带赔偿责任？

答：根据《最高人民法院关于适用〈中华人民共和国民法典〉合同编通则若干问题的解释》第23条第1款的规定，法定代表人、负责人或者代理人与相对人恶意串通，以法人、非法人组织的名义订立合同，损害法人、非法人组织的合法权益，法人、非法人组织主张不承担民事责任的，人民法院应予支持。法人、非法人组织请求法定代表人、负责人或者代理人与相对人对因此受到的损失承担连带赔偿责任的，人民法院应予支持。

◆ **第五百零五条　超越经营范围订立的合同的效力**

当事人超越经营范围订立的合同的效力，应当依照本法第一编第六章第三节和本编的有关规定确定，不得仅以超越经营范围确认合同无效。

◆ **第五百零六条　免责条款效力**

合同中的下列免责条款无效：
（一）造成对方人身损害的；
（二）因故意或者重大过失造成对方财产损失的。

典型案例

最高人民法院发布八起涉体育纠纷民事典型案例之二：
齐某与某文化公司、郝某健康权纠纷案
——体育活动培训协议的免责条款依法无效[①]

要旨：体育活动培训协议有关除非培训公司存在故意或者重大

---

① 《涉体育纠纷民事典型案例》，载最高人民法院网 2023 年 6 月 21 日，https：//www.court.gov.cn/zixun/xiangqing/404172.html。

过失,其不承担责任的约定将培训公司承担责任的情形仅限于存在故意或者重大过失,属于"造成对方人身损害的"免责条款无效情形,此约定依法无效。

◆ 第五百零七条　解决争议方法条款的效力

合同不生效、无效、被撤销或者终止的,不影响合同中有关解决争议方法的条款的效力。

名词解释

合同不生效　这是《民法典》相对于原《合同法》新增加的,典型的情形包括两种:一是依照《民法典》第502条规定须办理批准等手续生效的合同,当事人未办理批准等手续,虽然报批等义务条款以及相关条款独立生效,但合同整体不生效;二是附生效条件的合同,所附条件确定无法具备,合同确定不发生效力。

有关解决争议方法的条款　这主要包括以下几种形式:(1)仲裁条款。我国对合同争议采取或仲裁或诉讼的制度,仲裁条款有排除诉讼管辖的效力。如果当事人在合同中订有仲裁条款,则当事人在发生争议时,不能向人民法院提出诉讼。(2)选择受诉法院的条款。当事人选择受诉人民法院的条款,不受合同效力的影响。(3)选择检验、鉴定机构的条款。当事人可以在合同中约定,若对标的物质量或技术的品种发生争议,在提交仲裁或者诉讼前,应当将标的物送交双方认可的机构或科研单位检验或鉴定。这种解决争议方法的约定出于双方自愿,不涉及合同的实体权利和义务,应当承认其效力。(4)法律适用条款。依照《涉外民事关系法律适用法》第41条的规定,对于具有涉外因素的合同争议,当事人可以协议选择合同适用的法律。当然，外国法律的适用将损害我国社会公共利益的，应当适用我国法律。当事人就法律适用条款所达成的协议的效力具有独立性，不受合同效力的影响。

> **实用问答**

1. 合同不成立、无效、被撤销或者确定不发生效力，将产生哪些法律后果？

答：根据《最高人民法院关于适用〈中华人民共和国民法典〉合同编通则若干问题的解释》第 24 条的规定，合同不成立、无效、被撤销或者确定不发生效力，当事人请求返还财产，经审查财产能够返还的，人民法院应当根据案件具体情况，单独或者合并适用返还占有的标的物、更正登记簿册记载等方式；经审查财产不能返还或者没有必要返还的，人民法院应当以认定合同不成立、无效、被撤销或者确定不发生效力之日该财产的市场价值或者以其他合理方式计算的价值为基准判决折价补偿。除上述规定的情形外，当事人还请求赔偿损失的，人民法院应当结合财产返还或者折价补偿的情况，综合考虑财产增值收益和贬值损失、交易成本的支出等事实，按照双方当事人的过错程度及原因力大小，根据诚信原则和公平原则，合理确定损失赔偿额。合同不成立、无效、被撤销或者确定不发生效力，当事人的行为涉嫌违法且未经处理，可能导致一方或者双方通过违法行为获得不当利益的，人民法院应当向有关行政管理部门提出司法建议。当事人的行为涉嫌犯罪的，应当将案件线索移送刑事侦查机关；属于刑事自诉案件的，应当告知当事人可以向有管辖权的人民法院另行提起诉讼。

2. 合同不成立、无效、被撤销或者确定不发生效力的，如何返还价款、计算利息？

答：根据《最高人民法院关于适用〈中华人民共和国民法典〉

合同编通则若干问题的解释》第 25 条的规定，合同不成立、无效、被撤销或者确定不发生效力，有权请求返还价款或者报酬的当事人一方请求对方支付资金占用费的，人民法院应当在当事人请求的范围内按照中国人民银行授权全国银行间同业拆借中心公布的一年期贷款市场报价利率（LPR）计算。但是，占用资金的当事人对于合同不成立、无效、被撤销或者确定不发生效力没有过错的，应当以中国人民银行公布的同期同类存款基准利率计算。

双方互负返还义务，当事人主张同时履行的，人民法院应予支持；占有标的物的一方对标的物存在使用或者依法可以使用的情形，对方请求将其应支付的资金占用费与应收取的标的物使用费相互抵销的，人民法院应予支持，但是法律另有规定的除外。

◆ **第五百零八条　合同效力援引规定**

本编对合同的效力没有规定的，适用本法第一编第六章的有关规定。

第四章　合同的履行

> **第五百零九条　合同履行原则**
>
> 当事人应当按照约定全面履行自己的义务。
>
> 当事人应当遵循诚信原则,根据合同的性质、目的和交易习惯履行通知、协助、保密等义务。
>
> 当事人在履行合同过程中,应当避免浪费资源、污染环境和破坏生态。

实用问答

当事人一方未根据法律规定或者合同约定履行非主要债务的,对方能否请求继续履行该债务并赔偿因怠于履行该债务造成的损失或者解除合同?

答:根据《最高人民法院关于适用〈中华人民共和国民法典〉合同编通则若干问题的解释》第26条的规定,当事人一方未根据法律规定或者合同约定履行开具发票、提供证明文件等非主要债务,对方请求继续履行该债务并赔偿因怠于履行该债务造成的损失的,人民法院依法予以支持;对方请求解除合同的,人民法院不予支持,但是不履行该债务致使不能实现合同目的或者当事人另有约定的除外。

◆ **第五百一十条　合同没有约定或者约定不明的补救措施**

合同生效后,当事人就质量、价款或者报酬、履行地点等内容没有约定或者约定不明确的,可以协议补充;不能达成补充协议的,按照合同相关条款或者交易习惯确定。

◆ **第五百一十一条　合同约定不明确时如何履行**

当事人就有关合同内容约定不明确,依据前条规定仍不能确定的,适用下列规定:

(一)质量要求不明确的,按照强制性国家标准履行;没有强制性国家标准的,按照推荐性国家标准履行;没有推荐性国家标准的,按照行业标准履行;没有国家标准、行业标准的,按照通常标准或者符合合同目的的特定标准履行。

(二)价款或者报酬不明确的,按照订立合同时履行地的市场价格履行;依法应当执行政府定价或者政府指导价的,依照规定履行。

(三)履行地点不明确,给付货币的,在接受货币一方所在地履行;交付不动产的,在不动产所在地履行;其他标的,在履行义务一方所在地履行。

(四)履行期限不明确的,债务人可以随时履行,债权人也可以随时请求履行,但是应当给对方必要的准备时间。

(五)履行方式不明确的,按照有利于实现合同目的的方式履行。

(六)履行费用的负担不明确的,由履行义务一方负担;因债权人原因增加的履行费用,由债权人负担。

◆ **第五百一十二条　电子合同标的交付的时间**

通过互联网等信息网络订立的电子合同的标的为交付商品并采用快递物流方式交付的，收货人的签收时间为交付时间。电子合同的标的为提供服务的，生成的电子凭证或者实物凭证中载明的时间为提供服务时间；前述凭证没有载明时间或者载明时间与实际提供服务时间不一致的，以实际提供服务的时间为准。

电子合同的标的物为采用在线传输方式交付的，合同标的物进入对方当事人指定的特定系统且能够检索识别的时间为交付时间。

电子合同当事人对交付商品或者提供服务的方式、时间另有约定的，按照其约定。

◆ **第五百一十三条　政府定价、政府指导价**

执行政府定价或者政府指导价的，在合同约定的交付期限内政府价格调整时，按照交付时的价格计价。逾期交付标的物的，遇价格上涨时，按照原价格执行；价格下降时，按照新价格执行。逾期提取标的物或者逾期付款的，遇价格上涨时，按照新价格执行；价格下降时，按照原价格执行。

名词解释

政府定价　这是指由政府价格主管部门或者其他有关部门按照定价权限和范围制定的价格。合同交易中，价格通常按照市场调节价由当事人共同商定。国家对合同交易规定了政府定价的，当事人均应当遵守，一方违反价格管理规定的，另一方可以请求其退还多收的价金。

政府指导价　这是指由政府价格主管部门或者其他有关部门按照定价权限和范围规定基准价及其浮动幅度，指导经营者定价的价格。国家对合同交易规定有政府指导价的，当事人应当在指导价的幅度内商定价格。

◆ **第五百一十四条　金钱之债中对于履行币种约定不明时的处理**

以支付金钱为内容的债，除法律另有规定或者当事人另有约定外，债权人可以请求债务人以实际履行地的法定货币履行。

◆ **第五百一十五条　选择之债中选择权的归属与移转**

标的有多项而债务人只需履行其中一项的，债务人享有选择权；但是，法律另有规定、当事人另有约定或者另有交易习惯的除外。

享有选择权的当事人在约定期限内或者履行期限届满未作选择，经催告后在合理期限内仍未选择的，选择权转移至对方。

◆ **第五百一十六条　选择权的行使**

当事人行使选择权应当及时通知对方，通知到达对方时，标的确定。标的确定后不得变更，但是经对方同意的除外。

可选择的标的发生不能履行情形的，享有选择权的当事人不得选择不能履行的标的，但是该不能履行的情形是由对方造成的除外。

◆ **第五百一十七条　按份之债**

债权人为二人以上，标的可分，按照份额各自享有债权的，为按份债权；债务人为二人以上，标的可分，按照份额各自负担债务的，为按份债务。

按份债权人或者按份债务人的份额难以确定的，视为份额相同。

◆ **第五百一十八条　连带之债**

债权人为二人以上，部分或者全部债权人均可以请求债务人履行债务的，为连带债权；债务人为二人以上，债权人可以请求部分或者全部债务人履行全部债务的，为连带债务。

连带债权或者连带债务，由法律规定或者当事人约定。

◆ **第五百一十九条　连带债务人的份额确定及追偿权**

连带债务人之间的份额难以确定的，视为份额相同。

实际承担债务超过自己份额的连带债务人，有权就超出部分在其他连带债务人未履行的份额范围内向其追偿，并相应地享有债权人的权利，但是不得损害债权人的利益。其他连带债务人对债权人的抗辩，可以向该债务人主张。

被追偿的连带债务人不能履行其应分担份额的，其他连带债务人应当在相应范围内按比例分担。

名词解释

连带债务人的追偿权　这是指一个连带债务人因履行债务、抵销债务等使连带债务人对债权人的债务在一定范围内消灭的，该连带债务人享有向其他连带债务人追偿的权利。连带债务人实际承担的债务须超过自己的债务份额，才能向其他连带债务人行使追偿权，并且行使追偿权的范围限于实际承担债务超过自己份额的部分。连带债务人向债权人履行债务后，债权相应消灭，连带债务人与债权人之间的外部关系转化为该连带债务人与其他连带债务人之间的内部关系。连带债务在外部关系上表现为各债务人对债权人均负有全部清偿的义务，但在内部关系上表现为各债务人按照各自的份额分担债务。

◆ **第五百二十条　连带债务涉他效力**

部分连带债务人履行、抵销债务或者提存标的物的，其他债务人对债权人的债务在相应范围内消灭；该债务人可以依据前条规定向其他债务人追偿。

部分连带债务人的债务被债权人免除的，在该连带债务人应当承担的份额范围内，其他债务人对债权人的债务消灭。

部分连带债务人的债务与债权人的债权同归于一人的，在扣除该债务人应当承担的份额后，债权人对其他债务人的债权继续存在。

债权人对部分连带债务人的给付受领迟延的，对其他连带债务人发生效力。

实用问答

部分连带债务人的债务与债权人的债权同归于一人的，对其他债务人产生什么效力？

答：部分连带债务人的债务与债权人的债权同归于一人的，混同后的债权人（或者发生混同的连带债务人）仍然可以以债权人的地位，向其他连带债务人请求承担连带债务，但是连带债务的数额要扣除发生混同的连带债务人应当承担的内部份额。

◆ 第五百二十一条　连带债权的内外部关系

连带债权人之间的份额难以确定的，视为份额相同。

实际受领债权的连带债权人，应当按比例向其他连带债权人返还。

连带债权参照适用本章连带债务的有关规定。

实用问答

债务人向部分连带债权人履行、抵销债务或者提存标的物对其他连带债权人产生什么效力？

答：债务人向部分连带债权人履行债务、债务人将自己对连带债权人所负债务与部分连带债权人对自己所负债务相抵销或者债务人依法提存标的物，均可使连带债权全部或者部分得到满足，其他连带债权人对债务人的债权在相应范围内消灭。

◆ 第五百二十二条　利益第三人合同

当事人约定由债务人向第三人履行债务，债务人未向第三人履行债务或者履行债务不符合约定的，应当向债权人承担违约责任。

法律规定或者当事人约定第三人可以直接请求债务人向其履行债务，第三人未在合理期限内明确拒绝，债务人未向第三人履行债务或者履行债务不符合约定的，第三人可以请求债务人承担违约责任；债务人对债权人的抗辩，可以向第三人主张。

📄 **实用问答**

1. 向第三人履行的合同，第三人能否请求行使撤销权、解除权等民事权利？

答：根据《最高人民法院关于适用〈中华人民共和国民法典〉合同编通则若干问题的解释》第29条第1款、第2款的规定，《民法典》第522条第2款规定的第三人请求债务人向自己履行债务的，人民法院应予支持；请求行使撤销权、解除权等民事权利的，人民法院不予支持，但是，法律另有规定的除外。合同依法被撤销或者被解除，债务人请求债权人返还财产的，人民法院应予支持。

2. 债务人按照约定向第三人履行债务，第三人拒绝受领的，债权人能否请求债务人向自己履行债务？

答：根据《最高人民法院关于适用〈中华人民共和国民法典〉合同编通则若干问题的解释》第29条第3款的规定，债务人按照约定向第三人履行债务，第三人拒绝受领，债权人请求债务人向自己履行债务的，人民法院应予支持，但是债务人已经采取提存等方式消灭债务的除外。第三人拒绝受领或者受领迟延，债务人请求债权人赔偿因此造成的损失的，人民法院依法予以支持。

◆ **第五百二十三条　由第三人履行的合同**

当事人约定由第三人向债权人履行债务，第三人不履行债务或者履行债务不符合约定的，债务人应当向债权人承担违约责任。

✏️ **名词解释**

由第三人履行的合同　由第三人履行的合同又称第三人负担的合同，指双方当事人约定债务由第三人履行的合同。例如，甲、乙约定，甲欠乙的钱由丙偿付，即是由第三人履行的合同。实践中，第三人之所以向债权人履行债务，多因为债务人与第三人之间存在其他法律关系。例如第三人对债务人负有债务，第三人与债务人对此约定，第三人向债权人履行即可消灭第三人对债务人所负的债务等。由第三人履行的合同，往往具有减少交易环节，提高交易效率的功能。

◆ **第五百二十四条　第三人代为履行**

债务人不履行债务，第三人对履行该债务具有合法利益的，第三人有权向债权人代为履行；但是，根据债务性质、按照当事人约定或者依照法律规定只能由债务人履行的除外。

债权人接受第三人履行后，其对债务人的债权转让给第三人，但是债务人和第三人另有约定的除外。

实用问答

哪些人是对履行债务具有合法利益的第三人？

答：根据《最高人民法院关于适用〈中华人民共和国民法典〉合同编通则若干问题的解释》第30条第1款的规定，下列民事主体，人民法院可以认定为《民法典》第524条第1款规定的对履行债务具有合法利益的第三人：（1）保证人或者提供物的担保的第三人；（2）担保财产的受让人、用益物权人、合法占有人；（3）担保财产上的后顺位担保权人；（4）对债务人的财产享有合法权益且该权益将因财产被强制执行而丧失的第三人；（5）债务人为法人或者非法人组织的，其出资人或者设立人；（6）债务人为自然人的，其近亲属；（7）其他对履行债务具有合法利益的第三人。

典型案例

最高人民法院发布人民法院贯彻实施民法典典型案例（第一批）之六
——某物流有限公司诉吴某运输合同纠纷案[1]

要旨：某物流有限公司与吴某存在运输合同关系，在吴某未及时向货物承运司机结清费用，致使货物被扣留时，某物流有限公司对履行该债务具有合法利益，有权代吴某向承运司机履行。某物流有限公司代为履行后，承运司机对吴某的债权即转让给该公司，故依照《民法典》第524条规定，判决支持某物流有限公司请求吴某支付剩余运费的诉讼请求。

◆ 第五百二十五条 同时履行抗辩权

当事人互负债务，没有先后履行顺序的，应当同时履行。一方在对方履行之前有权拒绝其履行请求。一方在对方履行债务不符合约定时，有权拒绝其相应的履行请求。

名词解释

同时履行抗辩权 这是指在没有先后履行顺序的双务合同中，一方当事人在对方当事人未为履行或者履行不符合约定的情况下，

---

[1] 《人民法院贯彻实施民法典典型案例（第一批）》，载最高人民法院网2022年2月25日，https：//www.court.gov.cn/zixun-xiangqing-347181.html。

享有拒绝对待给付的权利。同时履行抗辩权针对的是当事人互负债务，但是没有先后履行顺序的情况。从公平角度考虑，这种情况下当事人应当同时履行，当事人可以同时履行抗辩权对抗对方当事人的履行请求权。同时履行抗辩权属延期的抗辩权，只是暂时阻止对方当事人请求权的行使，非永久的抗辩权。对方当事人完全履行了合同义务，同时履行抗辩权消灭，当事人应当履行自己的义务。当事人行使同时履行抗辩权致使合同迟延履行的，该当事人不承担违约责任。

实用问答

1. 当事人互负债务的，一方能否以对方没有履行非主要债务为由拒绝履行自己的主要债务？

答：根据《最高人民法院关于适用〈中华人民共和国民法典〉合同编通则若干问题的解释》第31条第1款的规定，当事人互负债务，一方以对方没有履行非主要债务为由拒绝履行自己的主要债务的，人民法院不予支持。但是，对方不履行非主要债务致使不能实现合同目的或者当事人另有约定的除外。

2. 当事人一方起诉请求对方履行债务，被告主张双方同时履行的抗辩且抗辩成立的，人民法院如何判决？

答：根据《最高人民法院关于适用〈中华人民共和国民法典〉合同编通则若干问题的解释》第31条第2款的规定，当事人一方起诉请求对方履行债务，被告依据《民法典》第525条的规定主张双方同时履行的抗辩且抗辩成立，被告未提起反诉的，人民法院应当判决被告在原告履行债务的同时履行自己的债务，并在判项中明确原告申请强制执行的，人民法院应当在原告履行自己的债务后对被告采取执行行为；被告提起反诉的，人民法院应当判决双方同时履行自己的债务，并在判项中明确任何一方申请强制执行的，人民法院应当在该当事人履行自己的债务后对对方采取执行行为。

◆ 第五百二十六条　先履行抗辩权

> 当事人互负债务，有先后履行顺序，应当先履行债务一方未履行的，后履行一方有权拒绝其履行请求。先履行一方履行债务不符合约定的，后履行一方有权拒绝其相应的履行请求。

名词解释

先履行抗辩权　这是指在双务合同中应当先履行的一方当事人未履行或者履行债务不符合约定的，后履行的一方当事人享有拒绝对方履行请求的权利。后履行抗辩权的成立，需具备以下要件：一是双方当事人因同一合同互负债务，在履行上存在关联性。后履行抗辩权不适用于单务合同。二是当事人的债务有先后履行顺序。三是应当先履行的当事人不履行债务或者履行债务不符合约定。四是后履行一方当事人的债务已届履行期。如果后履行一方当事人的债务尚未到期，在对方当事人请求履行时，后履行一方当事人可以主张债务履行期尚未届至的抗辩，无须适用后履行抗辩权制度。后履行抗辩权属延期的抗辩权，只是暂时阻止对方当事人请求权的行使，非永久的抗辩权。对方当事人履行了合同义务，后履行抗辩权消灭，当事人应当履行自己的义务。后履行一方当事人行使后履行抗辩权致使合同迟延履行的，该当事人不承担违约责任，迟延履行的责任由对方承担。后履行一方当事人行使后履行抗辩权，不影响追究应当先履行一方当事人的违约责任。

实用问答

当事人一方起诉请求对方履行债务，被告主张原告应先履行的抗辩且抗辩成立的，人民法院如何判决？

答：根据《最高人民法院关于适用〈中华人民共和国民法典〉合同编通则若干问题的解释》第31条第3款的规定，当事人一方起诉请求对方履行债务，被告依据《民法典》第526条的规定主张原告应先履行的抗辩且抗辩成立的，人民法院应当驳回原告的诉讼请求，但是不影响原告履行债务后另行提起诉讼。

> **第五百二十七条　不安抗辩权**
>
> 应当先履行债务的当事人，有确切证据证明对方有下列情形之一的，可以中止履行：
> （一）经营状况严重恶化；
> （二）转移财产、抽逃资金，以逃避债务；
> （三）丧失商业信誉；
> （四）有丧失或者可能丧失履行债务能力的其他情形。
> 当事人没有确切证据中止履行的，应当承担违约责任。

名词解释

不安抗辩权　这是指双务合同成立后，应当先履行的当事人有确切证据证明对方不能履行义务，或者不履行合同义务的可能性较高时，在对方恢复履行能力或者提供担保之前，有权中止履行合同义务。

◆ **第五百二十八条　不安抗辩权的效力**

当事人依据前条规定中止履行的,应当及时通知对方。对方提供适当担保的,应当恢复履行。中止履行后,对方在合理期限内未恢复履行能力且未提供适当担保的,视为以自己的行为表明不履行主要债务,中止履行的一方可以解除合同并可以请求对方承担违约责任。

◆ **第五百二十九条　因债权人原因致债务履行困难时的处理**

债权人分立、合并或者变更住所没有通知债务人,致使履行债务发生困难的,债务人可以中止履行或者将标的物提存。

◆ **第五百三十条　债务人提前履行债务**

债权人可以拒绝债务人提前履行债务,但是提前履行不损害债权人利益的除外。

债务人提前履行债务给债权人增加的费用,由债务人负担。

◆ **第五百三十一条　债务人部分履行债务**

债权人可以拒绝债务人部分履行债务,但是部分履行不损害债权人利益的除外。

债务人部分履行债务给债权人增加的费用,由债务人负担。

◆ **第五百三十二条　当事人姓名等变化对合同履行的影响**

合同生效后,当事人不得因姓名、名称的变更或者法定代表人、负责人、承办人的变动而不履行合同义务。

◆ 第五百三十三条 情势变更

合同成立后，合同的基础条件发生了当事人在订立合同时无法预见的、不属于商业风险的重大变化，继续履行合同对于当事人一方明显不公平的，受不利影响的当事人可以与对方重新协商；在合理期限内协商不成的，当事人可以请求人民法院或者仲裁机构变更或者解除合同。

人民法院或者仲裁机构应当结合案件的实际情况，根据公平原则变更或者解除合同。

实用问答

1. 如何理解《民法典》第 533 条第 1 款所称的"合同的基础条件发生了当事人在订立合同时无法预见的、不属于商业风险的重大变化"？

答：根据《最高人民法院关于适用〈中华人民共和国民法典〉合同编通则若干问题的解释》第 32 条第 1 款的规定，合同成立后，因政策调整或者市场供求关系异常变动等原因导致价格发生当事人在订立合同时无法预见的、不属于商业风险的涨跌，继续履行合同对于当事人一方明显不公平的，人民法院应当认定合同的基础条件发生了《民法典》第 533 条第 1 款规定的"重大变化"。但是，合同涉及市场属性活跃、长期以来价格波动较大的大宗商品以及股票、期货等风险投资型金融产品的除外。

2. 合同的基础条件发生了《民法典》第 533 条第 1 款规定的重大变化，人民法院如何处理？

答：根据《最高人民法院关于适用〈中华人民共和国民法典〉合同编通则若干问题的解释》第 32 条第 2 款的规定，合同的基础条件发生了《民法典》第533条第1款规定的重大变化，当事人请求变更合同的，人民法院不得解除合同；当事人一方请求变更合同，对方请求解除合同的，或者当事人一方请求解除合同，对方请求变更合同的，人民法院应当结合案件的实际情况，根据公平原则判决变更或者解除合同。

3. 人民法院依据《民法典》第533条的规定判决变更或者解除合同的，如何明确合同变更或者解除的时间？

答：根据《最高人民法院关于适用〈中华人民共和国民法典〉合同编通则若干问题的解释》第32条第3款的规定，人民法院依据《民法典》第533条的规定判决变更或者解除合同的，应当综合考虑合同基础条件发生重大变化的时间、当事人重新协商的情况以及因合同变更或者解除给当事人造成的损失等因素，在判项中明确合同变更或者解除的时间。

4. 当事人可否事先约定排除《民法典》第533条的适用？

答：根据《最高人民法院关于适用〈中华人民共和国民法典〉合同编通则若干问题的解释》第32条第4款的规定，当事人事先约定排除《民法典》第533条适用的，人民法院应当认定该约定无效。

典型案例

某旅游管理公司与某村村民委员会等合同纠纷案[①]

裁判要点： 当事人签订具有合作性质的长期性合同，因政策变化对当事人履行合同产生影响，但该变化不属于订立合同时无法预

[①] 《最高人民法院发布民法典合同编通则司法解释相关典型案例》，载最高人民法院网2023年12月5日，https://www.court.gov.cn/zixun/xiangqing/419392.html。

见的重大变化,按照变化后的政策要求予以调整亦不影响合同继续履行,且继续履行不会对当事人一方明显不公平,该当事人不能依据《民法典》第533条请求变更或者解除合同。该当事人请求终止合同权利义务关系,守约方不同意终止合同,但双方当事人丧失合作可能性导致合同目的不能实现的,属于《民法典》第580条第1款第2项规定的"债务的标的不适于强制履行",应根据违约方的请求判令终止合同权利义务关系并判决违约方承担相应的违约责任。

◆ **第五百三十四条 合同监管**

对当事人利用合同实施危害国家利益、社会公共利益行为的,市场监督管理和其他有关行政主管部门依照法律、行政法规的规定负责监督处理。

第五章　合同的保全

> ◆ **第五百三十五条　债权人代位权行使要件**
>
> 　　因债务人怠于行使其债权或者与该债权有关的从权利，影响债权人的到期债权实现的，债权人可以向人民法院请求以自己的名义代位行使债务人对相对人的权利，但是该权利专属于债务人自身的除外。
>
> 　　代位权的行使范围以债权人的到期债权为限。债权人行使代位权的必要费用，由债务人负担。
>
> 　　相对人对债务人的抗辩，可以向债权人主张。

名词解释

代位权　债务人怠于行使权利，债权人为保全债权，以自己的名义代位行使债务人对相对人的权利。

实用问答

1. 如何理解《民法典》第535条所称的"债务人怠于行使其债权或者与该债权有关的从权利，影响债权人的到期债权实现"？

答：根据《最高人民法院关于适用〈中华人民共和国民法典〉合同编通则若干问题的解释》第33条的规定，债务人不履行其对债权人的到期债务，又不以诉讼或者仲裁方式向相对人主张其享有的债权或者与该债权有关的从权利，致使债权人的到期债权未能实现的，人民法院可以认定为《民法典》第 535 条规定的"债务人怠于行使其债权或者与该债权有关的从权利，影响债权人的到期债权实现"。

2. 哪些权利人民法院可以认定为《民法典》第 535 条第 1 款规定的专属于债务人自身的权利？

答：根据《最高人民法院关于适用〈中华人民共和国民法典〉合同编通则若干问题的解释》第 34 条的规定，下列权利，人民法院可以认定为《民法典》第 535 条第 1 款规定的专属于债务人自身的权利：(1) 抚养费、赡养费或者扶养费请求权；(2) 人身损害赔偿请求权；(3) 劳动报酬请求权，但是超过债务人及其所扶养家属的生活必需费用的部分除外；(4) 请求支付基本养老保险金、失业保险金、最低生活保障金等保障当事人基本生活的权利；(5) 其他专属于债务人自身的权利。

3. 代位权诉讼的管辖法院如何确定？

答：根据《最高人民法院关于适用〈中华人民共和国民法典〉合同编通则若干问题的解释》第 35 条的规定，债权人依据《民法典》第 535 条规定对债务人的相对人提起代位权诉讼的，由被告住所地人民法院管辖，但是依法应当适用专属管辖规定的除外。债务人或者相对人以双方之间的债权债务关系订有管辖协议为由提出异议的，人民法院不予支持。

4. 仲裁协议的存在是否一定会中止代位权诉讼？

答：根据《最高人民法院关于适用〈中华人民共和国民法典〉合同编通则若干问题的解释》第 36 条的规定，债权人提起代位权诉讼后，债务人或者相对人以双方之间的债权债务关系订有仲裁协议为由对法院主管提出异议的，人民法院不予支持。但是，债务人或者相对人在首次开庭前就债务人与相对人之间的债权债务关系申请仲裁的，人民法院可以依法中止代位权诉讼。

5. 债权人向人民法院起诉债务人后，又向同一人民法院对债务人的相对人提起代位权诉讼的，人民法院如何处理？

答：根据《最高人民法院关于适用〈中华人民共和国民法典〉合同编通则若干问题的解释》第38条的规定，债权人向人民法院起诉债务人后，又向同一人民法院对债务人的相对人提起代位权诉讼，属于该人民法院管辖的，可以合并审理。不属于该人民法院管辖的，应当告知其向有管辖权的人民法院另行起诉；在起诉债务人的诉讼终结前，代位权诉讼应当中止。

6. 在代位权诉讼中，债务人对超过债权人代位请求数额的债权部分起诉相对人的，人民法院如何处理？

答：根据《最高人民法院关于适用〈中华人民共和国民法典〉合同编通则若干问题的解释》第39条的规定，在代位权诉讼中，债务人对超过债权人代位请求数额的债权部分起诉相对人，属于同一人民法院管辖的，可以合并审理。不属于同一人民法院管辖的，应当告知其向有管辖权的人民法院另行起诉；在代位权诉讼终结前，债务人对相对人的诉讼应当中止。

7. 实际施工人依据《民法典》第535条的规定提起代位权诉讼，人民法院是否支持？

答：根据《最高人民法院关于审理建设工程施工合同纠纷案件适用法律问题的解释（一）》第44条的规定，实际施工人依据《民法典》第535条规定，以转包人或者违法分包人怠于向发包人行使到期债权或者与该债权有关的从权利，影响其到期债权实现，提起代位权诉讼的，人民法院应予支持。

典型案例

某控股株式会社与某利公司等债权人代位权纠纷案[①]

裁判要点： 在代位权诉讼中，相对人以其与债务人之间的债权债务关系约定了仲裁条款为由，主张案件不属于人民法院受理案件范围的，人民法院不予支持。

◆ 第五百三十六条 保存行为

债权人的债权到期前，债务人的债权或者与该债权有关的从权利存在诉讼时效期间即将届满或者未及时申报破产债权等情形，影响债权人的债权实现的，债权人可以代位向债务人的相对人请求其向债务人履行、向破产管理人申报或者作出其他必要的行为。

◆ 第五百三十七条 债权人代位权行使效果

人民法院认定代位权成立的，由债务人的相对人向债权人履行义务，债权人接受履行后，债权人与债务人、债务人与相对人之间相应的权利义务终止。债务人对相对人的债权或者与该债权有关的从权利被采取保全、执行措施，或者债务人破产的，依照相关法律的规定处理。

[①]《最高人民法院发布民法典合同编通则司法解释相关典型案例》，载最高人民法院网 2023 年 12 月 5 日，https://www.court.gov.cn/zixun/xiangqing/419392.html。

实用问答

代位权诉讼中代位权不成立的，人民法院如何处理？

答：根据《最高人民法院关于适用〈中华人民共和国民法典〉合同编通则若干问题的解释》第40条的规定，代位权诉讼中，人民法院经审理认为债权人的主张不符合代位权行使条件的，应当驳回诉讼请求，但是不影响债权人根据新的事实再次起诉。债务人的相对人仅以债权人提起代位权诉讼时债权人与债务人之间的债权债务关系未经生效法律文书确认为由，主张债权人提起的诉讼不符合代位权行使条件的，人民法院不予支持。

典型案例

北京大唐燃料有限公司诉山东百富物流有限公司买卖合同纠纷案[①]

要旨：代位权诉讼执行中，因相对人无可供执行的财产而被终结本次执行程序，债权人就未实际获得清偿的债权另行向债务人主张权利的，人民法院应予支持。

[①] 参见最高人民法院指导案例167号，最高人民法院审判委员会讨论通过，2021年11月9日发布。最高人民法院（2019）最高法民终6号民事判决书。

◆ 第五百三十八条　无偿处分时的债权人撤销权行使

债务人以放弃其债权、放弃债权担保、无偿转让财产等方式无偿处分财产权益，或者恶意延长其到期债权的履行期限，影响债权人的债权实现的，债权人可以请求人民法院撤销债务人的行为。

◆ 第五百三十九条　有偿行为情形下的债权人撤销权行使

债务人以明显不合理的低价转让财产、以明显不合理的高价受让他人财产或者为他人的债务提供担保，影响债权人的债权实现，债务人的相对人知道或者应当知道该情形的，债权人可以请求人民法院撤销债务人的行为。

实用问答

如何判断哪些情形属于《民法典》第539条规定的明显不合理的低价或者高价？

答：根据《最高人民法院关于适用〈中华人民共和国民法典〉合同编通则若干问题的解释》第42条的规定，对于《民法典》第539条规定的"明显不合理"的低价或者高价，人民法院应当按照交易当地一般经营者的判断，并参考交易时交易地的市场交易价或者物价部门指导价予以认定。转让价格未达到交易时交易地的市场交易价或者指导价70%的，一般可以认定为"明显不合理的低价"；受让价格高于交易时交易地的市场交易价或者指导价30%的，一般可以认定为"明显不合理的高价"。债务人与相对人存在亲属关系、关联关系的，不受上述规定的70%、30%的限制。

◆ **第五百四十条　债权人撤销权行使范围及必要费用承担**

撤销权的行使范围以债权人的债权为限。债权人行使撤销权的必要费用，由债务人负担。

实用问答

1. 债权人撤销权的效力范围如何？

答：根据《最高人民法院关于适用〈中华人民共和国民法典〉合同编通则若干问题的解释》第45条第1款的规定，在债权人撤销权诉讼中，被撤销行为的标的可分，当事人主张在受影响的债权范围内撤销债务人的行为的，人民法院应予支持；被撤销行为的标的不可分，债权人主张将债务人的行为全部撤销的，人民法院应予支持。

2. 哪些费用可以认定为《民法典》第540条规定的"必要费用"？

答：根据《最高人民法院关于适用〈中华人民共和国民法典〉合同编通则若干问题的解释》第45条第2款的规定，债权人行使撤销权所支付的合理的律师代理费、差旅费等费用，可以认定为《民法典》第540条规定的"必要费用"。

典型案例

周某与丁某、薛某债权人撤销权纠纷案[①]

裁判要点：在债权人撤销权诉讼中，债权人请求撤销债务人与相对人的行为并主张相对人向债务人返还财产的，人民法院依法予以支持。

◆ 第五百四十一条　债权人撤销权行使期间

撤销权自债权人知道或者应当知道撤销事由之日起一年内行使。自债务人的行为发生之日起五年内没有行使撤销权的，该撤销权消灭。

实用问答

债权人提起撤销权诉讼的，当事人如何确定？由哪个法院管辖？

答：《最高人民法院关于适用〈中华人民共和国民法典〉合同编通则若干问题的解释》第44条规定："债权人依据民法典第五百三十八条、第五百三十九条的规定提起撤销权诉讼的，应当以债务人和债务人的相对人为共同被告，由债务人或者相对人的住所地人民法院管辖，但是依法应当适用专属管辖规定的除外。两个以上债权人就债务人的同一行为提起撤销权诉讼的，人民法院可以合并审理。"

[①]《最高人民法院发布民法典合同编通则司法解释相关典型案例》，载最高人民法院网2023年12月5日，https：//www.court.gov.cn/zixun/xiangqing/419392.html。

◆ **第五百四十二条　债权人撤销权行使效果**

债务人影响债权人的债权实现的行为被撤销的，自始没有法律约束力。

第六章　合同的变更和转让

◆ **第五百四十三条　协议变更合同**

当事人协商一致，可以变更合同。

实用问答

合同变更需要满足哪些条件？

答：合同变更需要满足以下条件：（1）存在已成立的有效合同关系。这是合同变更的前提，无效、被撤销、确定不发生效力的合同不能被变更。（2）对合同的内容进行变更。（3）当事人就变更事项协商一致。（4）法律、行政法规规定合同的变更等情形需要办理批准等手续的，应当依照其规定。

◆ **第五百四十四条　变更不明确推定为未变更**

当事人对合同变更的内容约定不明确的，推定为未变更。

◆ **第五百四十五条　债权转让**

债权人可以将债权的全部或者部分转让给第三人，但是有下列情形之一的除外：

（一）根据债权性质不得转让；

（二）按照当事人约定不得转让；

（三）依照法律规定不得转让。

当事人约定非金钱债权不得转让的，不得对抗善意第三人。当事人约定金钱债权不得转让的，不得对抗第三人。

◆ 第五百四十六条　债权转让通知

债权人转让债权，未通知债务人的，该转让对债务人不发生效力。

债权转让的通知不得撤销，但是经受让人同意的除外。

实用问答

债务人在接到债权转让通知前、后向让与人履行的后果是什么？

答：根据《最高人民法院关于适用〈中华人民共和国民法典〉合同编通则若干问题的解释》第48条第1款的规定，债务人在接到债权转让通知前已经向让与人履行，受让人请求债务人履行的，人民法院不予支持；债务人接到债权转让通知后仍然向让与人履行，受让人请求债务人履行的，人民法院应予支持。

◆ 第五百四十七条　债权转让时从权利一并变动

债权人转让债权的，受让人取得与债权有关的从权利，但是该从权利专属于债权人自身的除外。

受让人取得从权利不因该从权利未办理转移登记手续或者未转移占有而受到影响。

📝 **名词解释**

从权利 这是指附随于主权利的权利。抵押权、质权、保证等担保权利以及附属于主债权的利息等孳息请求权，都属于主权利的从权利。

◆ **第五百四十八条　债权转让时债务人抗辩权**

债务人接到债权转让通知后，债务人对让与人的抗辩，可以向受让人主张。

◆ **第五百四十九条　债权转让时债务人抵销权**

有下列情形之一的，债务人可以向受让人主张抵销：

（一）债务人接到债权转让通知时，债务人对让与人享有债权，且债务人的债权先于转让的债权到期或者同时到期；

（二）债务人的债权与转让的债权是基于同一合同产生。

◆ **第五百五十条　债权转让增加的履行费用的负担**

因债权转让增加的履行费用，由让与人负担。

◆ **第五百五十一条　债务转移**

债务人将债务的全部或者部分转移给第三人的，应当经债权人同意。

债务人或者第三人可以催告债权人在合理期限内予以同意，债权人未作表示的，视为不同意。

◆ 第五百五十二条　债务加入

第三人与债务人约定加入债务并通知债权人，或者第三人向债权人表示愿意加入债务，债权人未在合理期限内明确拒绝的，债权人可以请求第三人在其愿意承担的债务范围内和债务人承担连带债务。

实用问答

1. 法定代表人依照《民法典》第 552 条的规定以公司名义加入债务的，人民法院在认定该行为的效力时如何处理？

答：根据《最高人民法院关于适用〈中华人民共和国民法典〉有关担保制度的解释》第 12 条的规定，法定代表人依照《民法典》第 552 条的规定以公司名义加入债务的，人民法院在认定该行为的效力时，可以参照该解释关于公司为他人提供担保的有关规则处理。

2. 第三人加入债务，请求债务人向其履行的条件是什么？

答：根据《最高人民法院关于适用〈中华人民共和国民法典〉合同编通则若干问题的解释》第 51 条第 1 款的规定，第三人加入债务并与债务人约定了追偿权，其履行债务后主张向债务人追偿的，人民法院应予支持；没有约定追偿权，第三人依照《民法典》关于不当得利等的规定，在其已经向债权人履行债务的范围内请求债务人向其履行的，人民法院应予支持，但是第三人知道或者应当知道加入债务会损害债务人利益的除外。

典型案例

蔡某勤诉姚某、杨某昊买卖合同纠纷案[①]

要旨：本案中，审理法院结合具体案情，依法认定被告向原告作出的还款意思表示不属于债务转移，而是债务加入，是人民法院适用《民法典》新增制度规则的一次生动实践。生效裁判认为，蔡某勤、杨某昊均未明示同意免除姚某的还款责任，双方的诉讼主张也表明双方均未同意免除姚某的还款责任，故本案不属于债务转移，姚某应对62000元货款承担还款责任。杨某昊自愿向蔡某勤作出承担42000元债务的意思表示，其行为构成债务加入。《民法典》之前的法律对债务加入未作规定，根据《最高人民法院关于适用〈中华人民共和国民法典〉时间效力的若干规定》第3条，本案可以适用《民法典》关于债务加入的规定。

◆ **第五百五十三条　债务转移时新债务人抗辩和抵销**

债务人转移债务的，新债务人可以主张原债务人对债权人的抗辩；原债务人对债权人享有债权的，新债务人不得向债权人主张抵销。

[①] 参见最高人民法院于2023年1月12日发布的《人民法院贯彻实施民法典典型案例（第二批）》之六。

◆ **第五百五十四条 债务转移时从债务一并转移**

债务人转移债务的,新债务人应当承担与主债务有关的从债务,但是该从债务专属于原债务人自身的除外。

名词解释

从债务 这是指附随于主债务的债务。从债务与主债务密切联系在一起,不能与主债务相互分离而单独存在。所以主债务发生移转后,从债务也要发生转移,新债务人应当承担与主债务有关的从债务。

◆ **第五百五十五条 合同权利义务一并转让**

当事人一方经对方同意,可以将自己在合同中的权利和义务一并转让给第三人。

实用问答

如何理解合同权利义务的一并转让?

答:合同权利义务的一并转让,又被称为"概括转让"或者"合同地位转让",是指合同关系的一方当事人将其合同权利义务一并转移给第三人,由第三人全部承受这些权利义务。

◆ **第五百五十六条 合同权利义务一并转让的法律适用**

合同的权利和义务一并转让的,适用债权转让、债务转移的有关规定。

第七章　合同的权利义务终止

> ◆ **第五百五十七条　债权债务终止情形**
>
> 有下列情形之一的，债权债务终止：
> （一）债务已经履行；
> （二）债务相互抵销；
> （三）债务人依法将标的物提存；
> （四）债权人免除债务；
> （五）债权债务同归于一人；
> （六）法律规定或者当事人约定终止的其他情形。
> 合同解除的，该合同的权利义务关系终止。

名词解释

提存　这是指由于法律规定的原因，债务人无法向债权人交付合同标的物时，债务人将该标的物交给提存部门而消灭债务的制度。

实用问答

如何理解《民法典》第 557 条所述的"债权和债务同归于一人"？

答：《民法典》第 557 条所述的"债权和债务同归于一人"，是指由于某种事实的发生，使原本由一方当事人享有的债权，而由另一方当事人负担的债务，统归于一方当事人，使该当事人既是债权人，又是债务人。

◆ **第五百五十八条　后合同义务**

债权债务终止后，当事人应当遵循诚信等原则，根据交易习惯履行通知、协助、保密、旧物回收等义务。

◆ **第五百五十九条　债权的从权利消灭**

债权债务终止时，债权的从权利同时消灭，但是法律另有规定或者当事人另有约定的除外。

实用问答

破产程序终结后，债权人依照破产清算程序未受清偿的债权能否得到清偿？

答：根据《企业破产法》第124条的规定，破产人的保证人和其他连带债务人，在破产程序终结后，对债权人依照破产清算程序未受清偿的债权，依法继续承担清偿责任。

◆ **第五百六十条　债的清偿抵充顺序**

债务人对同一债权人负担的数项债务种类相同，债务人的给付不足以清偿全部债务的，除当事人另有约定外，由债务人在清偿时指定其履行的债务。

债务人未作指定的，应当优先履行已经到期的债务；数项债务均到期的，优先履行对债权人缺乏担保或者担保最少的债务；

均无担保或者担保相等的，优先履行债务人负担较重的债务；负担相同的，按照债务到期的先后顺序履行；到期时间相同的，按照债务比例履行。

◆ **第五百六十一条　费用、利息和主债务的抵充顺序**

债务人在履行主债务外还应当支付利息和实现债权的有关费用，其给付不足以清偿全部债务的，除当事人另有约定外，应当按照下列顺序履行：

（一）实现债权的有关费用；

（二）利息；

（三）主债务。

◆ **第五百六十二条　合同约定解除**

当事人协商一致，可以解除合同。

当事人可以约定一方解除合同的事由。解除合同的事由发生时，解除权人可以解除合同。

实用问答

1. 协商解除与约定解除权的区别是什么？

答：当事人约定解除合同包括两种情况：协商解除和约定解除权。二者虽然都是基于当事人双方的合意产生的，但二者有区别，表现在：（1）协商解除是当事人双方根据已经发生的情况，达成解除原合同的协议；约定解除权是约定将来发生某种情况时，一方或双方享有解除权。（2）协商解除不是约定解除权，而是解除现存的合同关系，并可以对解除合同后的责任分担、损失分配达成共识；

约定解除权本身不导致合同的解除，只有在约定的解除事由发生时，通过行使解除权方可使合同归于消灭。

2. 对于协商解除，有哪些情形时人民法院可以认定合同解除？

答： 根据《最高人民法院关于适用〈中华人民共和国民法典〉合同编通则若干问题的解释》第 52 条第 2 款的规定，对于协商解除，有下列情形之一的，除当事人一方另有意思表示外，人民法院可以认定合同解除：（1）当事人一方主张行使法律规定或者合同约定的解除权，经审理认为不符合解除权行使条件但是对方同意解除；（2）双方当事人均不符合解除权行使的条件但是均主张解除合同。

◆ **第五百六十三条　合同法定解除**

有下列情形之一的，当事人可以解除合同：

（一）因不可抗力致使不能实现合同目的；

（二）在履行期限届满前，当事人一方明确表示或者以自己的行为表明不履行主要债务；

（三）当事人一方迟延履行主要债务，经催告后在合理期限内仍未履行；

（四）当事人一方迟延履行债务或者有其他违约行为致使不能实现合同目的；

（五）法律规定的其他情形。

以持续履行的债务为内容的不定期合同，当事人可以随时解除合同，但是应当在合理期限之前通知对方。

实用问答

1. 出卖人迟延交付房屋或者买受人迟延支付购房款，经催告后仍未履行的，解除权人请求解除合同，能否得到法院的支持？解除权行使的合理期限是多久？

答：《最高人民法院关于审理商品房买卖合同纠纷案件适用法律若干问题的解释》第 11 条规定："根据民法典第五百六十三条的规定，出卖人迟延交付房屋或者买受人迟延支付购房款，经催告后在三个月的合理期限内仍未履行，解除权人请求解除合同的，应予支持，但当事人另有约定的除外。法律没有规定或者当事人没有约定，经对方当事人催告后，解除权行使的合理期限为三个月。对方当事人没有催告的，解除权人自知道或者应当知道解除事由之日起一年内行使。逾期不行使的，解除权消灭。"

2. 出卖人没有履行或者不当履行从给付义务，致使买受人不能实现合同目的，买受人主张解除合同的，人民法院应当如何处理？

答：根据《最高人民法院关于审理买卖合同纠纷案件适用法律问题的解释》第 19 条的规定，出卖人没有履行或者不当履行从给付义务，致使买受人不能实现合同目的，买受人主张解除合同的，人民法院应当根据《民法典》第 563 条第 1 款第 4 项的规定，予以支持。

3. 专利申请因专利申请权转让合同成立时即存在尚未公开的同样发明创造的在先专利申请被驳回，当事人是否可以请求解除合同？

答：根据《最高人民法院关于审理技术合同纠纷案件适用法律若干问题的解释》第 23 条第 2 款的规定，专利申请因专利申请权转让合同成立时即存在尚未公开的同样发明创造的在先专利申请被驳回，当事人依据《民法典》第 563 条第 1 款第 4 项的规定请求解除合同的，人民法院应当予以支持。

典型案例

周显治、俞美芳与余姚众安房地产开发有限公司商品房销售合同纠纷案[①]

要旨：商品房买卖中，开发商的交房义务不仅仅局限于交钥匙，还包括出示相应的证明文件，签署房屋交接单等。本案合同中分别约定了逾期交房与逾期办证的违约责任，但同时又约定开发商承担了逾期交房的责任之后，逾期办证的违约责任就不予承担的，应认定该约定属于免除开发商按时办证义务的无效格式条款，开发商仍应按照合同约定承担逾期交房、逾期办证的多项违约之责。

◆ 第五百六十四条 解除权行使期限

法律规定或者当事人约定解除权行使期限，期限届满当事人不行使的，该权利消灭。

法律没有规定或者当事人没有约定解除权行使期限，自解除权人知道或者应当知道解除事由之日起一年内不行使，或者经对方催告后在合理期限内不行使的，该权利消灭。

实用问答

《民法典》施行前后合同的解除权行使期限如何确定？

答：根据《最高人民法院关于适用〈中华人民共和国民法典

[①] 参见《最高人民法院公报》2016年第11期，浙江省宁波市中级人民法院（2014）浙甬民二终字第470号民事判决书。

时间效力的若干规定》第 25 条的规定，《民法典》施行前成立的合同，当时的法律、司法解释没有规定且当事人没有约定解除权行使期限，对方当事人也未催告的，解除权人在《民法典》施行前知道或者应当知道解除事由，自《民法典》施行之日起 1 年内不行使的，人民法院应当依法认定该解除权消灭；解除权人在《民法典》施行后知道或者应当知道解除事由的，适用《民法典》第 564 条第 2 款关于解除权行使期限的规定。

◆ **第五百六十五条　合同解除程序**

当事人一方依法主张解除合同的，应当通知对方。合同自通知到达对方时解除；通知载明债务人在一定期限内不履行债务则合同自动解除，债务人在该期限内未履行债务的，合同自通知载明的期限届满时解除。对方对解除合同有异议的，任何一方当事人均可以请求人民法院或者仲裁机构确认解除行为的效力。

当事人一方未通知对方，直接以提起诉讼或者申请仲裁的方式依法主张解除合同，人民法院或者仲裁机构确认该主张的，合同自起诉状副本或者仲裁申请书副本送达对方时解除。

实用问答

1. 当事人一方以通知方式解除合同，并以对方未在约定的异议期限或者其他合理期限内提出异议为由主张合同已经解除的，人民法院应当如何处理？

答： 根据《最高人民法院关于适用〈中华人民共和国民法典〉合同编通则若干问题的解释》第 53 条的规定，当事人一方以通知方式解除合同，并以对方未在约定的异议期限或者其他合理期限内提出异议为由主张合同已经解除的，人民法院应当对其是否享有法律规定或者合同约定的解除权进行审查。经审查，享有解除权的，合同自通知到达对方时解除；不享有解除权的，不发生合同解除的效力。

2. 当事人直接以提起诉讼的方式主张解除合同，撤诉后再次起诉主张解除合同，人民法院支持该主张的，合同解除时间如何认定？

答：根据《最高人民法院关于适用〈中华人民共和国民法典〉合同编通则若干问题的解释》第 54 条的规定，当事人一方未通知对方，直接以提起诉讼的方式主张解除合同，撤诉后再次起诉主张解除合同，人民法院经审理支持该主张的，合同自再次起诉的起诉状副本送达对方时解除。但是，当事人一方撤诉后又通知对方解除合同且该通知已经到达对方的除外。

典型案例

孙某与某房地产公司合资、合作开发房地产合同纠纷案[①]

裁判要点：合同一方当事人以通知形式行使合同解除权的，须以享有法定或者约定解除权为前提。不享有解除权的一方向另一方发出解除通知，另一方即便未在合理期限内提出异议，也不发生合同解除的效力。

[①] 《最高人民法院发布民法典合同编通则司法解释相关典型案例》，载最高人民法院网 2023 年 12 月 5 日，https://www.court.gov.cn/zixun/xiangqing/419392.html。

◆ 第五百六十六条　合同解除的效力

合同解除后，尚未履行的，终止履行；已经履行的，根据履行情况和合同性质，当事人可以请求恢复原状或者采取其他补救措施，并有权请求赔偿损失。

合同因违约解除的，解除权人可以请求违约方承担违约责任，但是当事人另有约定的除外。

主合同解除后，担保人对债务人应当承担的民事责任仍应当承担担保责任，但是担保合同另有约定的除外。

◆ 第五百六十七条　合同终止后有关结算和清理条款效力

合同的权利义务关系终止，不影响合同中结算和清理条款的效力。

◆ 第五百六十八条　债务法定抵销

当事人互负债务，该债务的标的物种类、品质相同的，任何一方可以将自己的债务与对方的到期债务抵销；但是，根据债务性质、按照当事人约定或者依照法律规定不得抵销的除外。

当事人主张抵销的，应当通知对方。通知自到达对方时生效。抵销不得附条件或者附期限。

📝 名词解释

抵销　这是指当事人双方互负债务，各以其债权充抵债务的履行，双方各自的债权和对应债务在对等额内消灭。

实用问答

1. 根据债务性质，不得抵销的情形有哪些？

答：根据债务性质，不得抵销的情形主要有：（1）必须履行的债务不得抵销。（2）具有特定人身性质或者依赖特定技能完成的债务，以及相互提供劳务的债务，不得相互抵销。（3）不作为债务不得相互抵销。此种债务不经过相互实际履行，就无法实现债权的目的。（4）故意侵权所产生的债务，作为债务人的侵权人不得主张抵销，以避免债权人任意侵犯债务人的人身和财产权利。如果允许抵销，有违公序良俗，且会诱发故意的侵权行为。（5）约定应当向第三人履行的债务，债务人不得以自己对于对方当事人享有的债权而主张抵销。（6）相互出资的义务不得抵销，即使仅存在两个出资人。

2. 抵销权的效力如何？

答：根据《最高人民法院关于适用〈中华人民共和国民法典〉合同编通则若干问题的解释》第55条的规定，当事人一方依据《民法典》第568条的规定主张抵销，人民法院经审理认为抵销权成立的，应当认定通知到达对方时双方互负的主债务、利息、违约金或者损害赔偿金等债务在同等数额内消灭。

3. 抵销的顺序是什么？因此发生争议如何处理？

答：根据《最高人民法院关于适用〈中华人民共和国民法典〉合同编通则若干问题的解释》第56条的规定，行使抵销权的一方负担的数项债务种类相同，但是享有的债权不足以抵销全部债务，当事人因抵销的顺序发生争议的，人民法院可以参照《民法典》第560条的规定处理。行使抵销权的一方享有的债权不足以抵销其负担的包括主债务、利息、实现债权的有关费用在内的全部债务，当事人因抵销的顺序发生争议的，人民法院可以参照《民法典》第561

条的规定处理。

4. 侵权行为人不得主张抵销的情形有哪些？

答：根据《最高人民法院关于适用〈中华人民共和国民法典〉合同编通则若干问题的解释》第 57 条的规定，因侵害自然人人身权益，或者故意、重大过失侵害他人财产权益产生的损害赔偿债务，侵权人主张抵销的，人民法院不予支持。

5. 已过诉讼时效的债权是否可以抵销？

答：根据《最高人民法院关于适用〈中华人民共和国民法典〉合同编通则若干问题的解释》第 58 条的规定，当事人互负债务，一方以其诉讼时效期间已经届满的债权通知对方主张抵销，对方提出诉讼时效抗辩的，人民法院对该抗辩应予支持。一方的债权诉讼时效期间已经届满，对方主张抵销的，人民法院应予支持。

6. 受托人管理运用、处分信托财产所产生的债权，可否与其固有财产产生的债务相抵销？

答：根据《信托法》第 18 条的规定，受托人管理运用、处分信托财产所产生的债权，不得与其固有财产产生的债务相抵销。

7. 有哪些情形时，债权人在破产申请受理前对债务人负有债务的，不得抵销？

答：根据《企业破产法》第 40 条的规定，债权人在破产申请受理前对债务人负有债务的，可以向管理人主张抵销。但是，有下列情形之一的，不得抵销：（1）债务人的债务人在破产申请受理后取得他人对债务人的债权的。（2）债权人已知债务人有不能清偿到期债务或者破产申请的事实，对债务人负担债务的；但是，债权人因为法律规定或者有破产申请一年前所发生的原因而负担债务的除外。（3）债务人的债务人已知债务人有不能清偿到期债务或者破产申请的事实，对债务人取得债权的；但是，债务人的债务人因为法律规定或者有破产申请一年前所发生的原因而取得债权的除外。

典型案例

某实业发展公司与某棉纺织品公司委托合同纠纷案①

裁判要点：据以行使抵销权的债权不足以抵销其全部债务，应当按照实现债权的有关费用、利息、主债务的顺序进行抵销。

◆ 第五百六十九条　债务约定抵销

当事人互负债务，标的物种类、品质不相同的，经协商一致，也可以抵销。

◆ 第五百七十条　标的物提存的条件

有下列情形之一，难以履行债务的，债务人可以将标的物提存：

（一）债权人无正当理由拒绝受领；

（二）债权人下落不明；

（三）债权人死亡未确定继承人、遗产管理人，或者丧失民事行为能力未确定监护人；

（四）法律规定的其他情形。

---

① 《最高人民法院发布民法典合同编通则司法解释相关典型案例》，载最高人民法院网 2023 年 12 月 5 日，https://www.court.gov.cn/zixun/xiangqing/419392.html。

标的物不适于提存或者提存费用过高的，债务人依法可以拍卖或者变卖标的物，提存所得的价款。

📝 名词解释

提存 这是指由于法律规定的原因导致债务人难以向债权人履行债务时，债务人将标的物交给提存部门而消灭债务的制度。

📄 实用问答

执行和解的情况下，债务人可以向谁申请提存？

答：根据《最高人民法院关于执行和解若干问题的规定》第7条的规定，执行和解协议履行过程中，符合《民法典》第570条规定情形的，债务人可以依法向有关机构申请提存；执行和解协议约定给付金钱的，债务人也可以向执行法院申请提存。

◆ **第五百七十一条　提存成立及提存对债务人效力**

债务人将标的物或者将标的物依法拍卖、变卖所得价款交付提存部门时，提存成立。

提存成立的，视为债务人在其提存范围内已经交付标的物。

◆ **第五百七十二条　提存通知**

标的物提存后，债务人应当及时通知债权人或者债权人的继承人、遗产管理人、监护人、财产代管人。

◆ **第五百七十三条　提存期间风险、孳息和提存费用**

标的物提存后，毁损、灭失的风险由债权人承担。提存期间，标的物的孳息归债权人所有。提存费用由债权人负担。

◆ 第五百七十四条　提存物的受领及受领权消灭

债权人可以随时领取提存物。但是，债权人对债务人负有到期债务的，在债权人未履行债务或者提供担保之前，提存部门根据债务人的要求应当拒绝其领取提存物。

债权人领取提存物的权利，自提存之日起五年内不行使而消灭，提存物扣除提存费用后归国家所有。但是，债权人未履行对债务人的到期债务，或者债权人向提存部门书面表示放弃领取提存物权利的，债务人负担提存费用后有权取回提存物。

◆ 第五百七十五条　债务免除

债权人免除债务人部分或者全部债务的，债权债务部分或者全部终止，但是债务人在合理期限内拒绝的除外。

◆ 第五百七十六条　债权债务混同

债权和债务同归于一人的，债权债务终止，但是损害第三人利益的除外。

第八章 违约责任

◆ **第五百七十七条　违约责任基本规则**

当事人一方不履行合同义务或者履行合同义务不符合约定的,应当承担继续履行、采取补救措施或者赔偿损失等违约责任。

典型案例

徐欣诉招商银行股份有限公司
上海延西支行银行卡纠纷案[1]

要旨:持卡人提供证据证明他人盗用持卡人名义进行网络交易,请求发卡行承担被盗刷账户资金减少的损失赔偿责任,发卡行未提供证据证明持卡人违反信息妥善保管义务,仅以持卡人身份识别信息和交易验证信息相符为由主张不承担赔偿责任的,人民法院不予支持。

---

[1] 参见最高人民法院指导案例 169 号,最高人民法院审判委员会讨论通过,2021 年 11 月 9 日发布。上海市第一中级人民法院(2017)沪 01 民终 9300 号民事判决书。

◆ 第五百七十八条　预期违约责任

当事人一方明确表示或者以自己的行为表明不履行合同义务的，对方可以在履行期限届满前请求其承担违约责任。

实用问答

申请执行人以被执行人一方不履行执行和解协议为由申请恢复执行，有哪些情形时裁定不予恢复执行？

答：根据《最高人民法院关于执行和解若干问题的规定》第11条的规定，申请执行人以被执行人一方不履行执行和解协议为由申请恢复执行，人民法院经审查，理由成立的，裁定恢复执行；有下列情形之一的，裁定不予恢复执行：（1）执行和解协议履行完毕后申请恢复执行的；（2）执行和解协议约定的履行期限尚未届至或者履行条件尚未成就的，但符合《民法典》第578条规定情形的除外；（3）被执行人一方正在按照执行和解协议约定履行义务的；（4）其他不符合恢复执行条件的情形。

◆ 第五百七十九条　金钱债务继续履行

当事人一方未支付价款、报酬、租金、利息，或者不履行其他金钱债务的，对方可以请求其支付。

名词解释

金钱债务　这是指以债务人给付一定货币作为内容的债务，包括以支付价款、报酬、租金、利息，或者以履行其他金钱债务为内容的债务。

◆ **第五百八十条　非金钱债务继续履行责任及违约责任**

当事人一方不履行非金钱债务或者履行非金钱债务不符合约定的，对方可以请求履行，但是有下列情形之一的除外：

（一）法律上或者事实上不能履行；

（二）债务的标的不适于强制履行或者履行费用过高；

（三）债权人在合理期限内未请求履行。

有前款规定的除外情形之一，致使不能实现合同目的的，人民法院或者仲裁机构可以根据当事人的请求终止合同权利义务关系，但是不影响违约责任的承担。

典型案例

北京某旅游公司诉北京某村民委员会等合同纠纷案①

要旨：本案中，北京某旅游公司已撤场，且明确表示不再对经营范围进行民宿及旅游资源开发，要求解除或终止合同，而北京某村民委员会不同意解除或终止合同，要求北京某旅游公司继续履行合同。双方签订的经营协议系具有合作性质的长期性合同，北京某旅游公司是否对民宿及旅游资源进行开发建设必将影响北京某村民委员会的后期收益，北京某旅游公司的开发建设既属权利，也系义务，该不履行属"不履行非金钱债务"情形，且该债务不适合强制履行。同时，长期性合作合同须以双方自愿且相互信赖为前提，在涉案经营协议已丧失

---

① 参见最高人民法院于2023年1月12日发布的《人民法院贯彻实施民法典典型案例（第二批）》之七。

继续履行的现实可行性情形下，如不允许双方权利义务终止，既不利于充分发挥土地等资源的价值，也不利于双方利益的平衡保护。因此，涉案经营协议履行已陷入僵局，故对于当事人依据《民法典》第580条请求终止合同权利义务关系的主张，人民法院予以支持。

◆ 第五百八十一条 替代履行

当事人一方不履行债务或者履行债务不符合约定，根据债务的性质不得强制履行的，对方可以请求其负担由第三人替代履行的费用。

◆ 第五百八十二条 瑕疵履行的补救措施

履行不符合约定的，应当按照当事人的约定承担违约责任。对违约责任没有约定或者约定不明确，依据本法第五百一十条的规定仍不能确定的，受损害方根据标的的性质以及损失的大小，可以合理选择请求对方承担修理、重作、更换、退货、减少价款或者报酬等违约责任。

实用问答

1. 买受人依约保留部分价款作为质量保证金，出卖人在质量保证期未及时解决质量问题而影响标的物的价值或者使用效果，出卖人可否主张支付该部分价款？

答：根据《最高人民法院关于审理买卖合同纠纷案件适用法律问题的解释》第15条的规定，买受人依约保留部分价款作为质量保证金，出卖人在质量保证期未及时解决质量问题而影响标的物的价值或者使用效果，出卖人主张支付该部分价款的，人民法院不予支持。

2. 买受人在检验期限、质量保证期、合理期限内提出质量异议，出卖人未按要求予以修理或者因情况紧急，买受人自行或者通过第三人修理标的物后，可否主张出卖人负担因此发生的合理费用？

答：根据《最高人民法院关于审理买卖合同纠纷案件适用法律问题的解释》第16条的规定，买受人在检验期限、质量保证期、合理期限内提出质量异议，出卖人未按要求予以修理或者因情况紧急，买受人自行或者通过第三人修理标的物后，主张出卖人负担因此发生的合理费用的，人民法院应予支持。

3. 标的物质量不符合约定，买受人可否要求减少价款？差价如何计算？价款已经支付，买受人可否主张返还减价后多出部分价款？

答：根据《最高人民法院关于审理买卖合同纠纷案件适用法律问题的解释》第17条的规定，标的物质量不符合约定，买受人依照《民法典》第582条的规定要求减少价款的，人民法院应予支持。当事人主张以符合约定的标的物和实际交付的标的物按交付时的市场价值计算差价的，人民法院应予支持。价款已经支付，买受人主张返还减价后多出部分价款的，人民法院应予支持。

典型案例

杨珺诉东台市东盛房地产开发有限公司商品房销售合同纠纷案[1]

要旨：除有特别约定外，房屋出卖人应当保证房屋质量符合工

---

[1] 参见《最高人民法院公报》2010年第11期。

程建设强制性标准以及合同的约定，房屋买受人以房屋存在质量缺陷为由向出卖人主张修复等民事责任的，人民法院应当予以支持。

◆ **第五百八十三条　违约损害赔偿责任**

当事人一方不履行合同义务或者履行合同义务不符合约定的，在履行义务或者采取补救措施后，对方还有其他损失的，应当赔偿损失。

◆ **第五百八十四条　损害赔偿范围**

当事人一方不履行合同义务或者履行合同义务不符合约定，造成对方损失的，损失赔偿额应当相当于因违约所造成的损失，包括合同履行后可以获得的利益；但是，不得超过违约一方订立合同时预见到或者应当预见到的因违约可能造成的损失。

实用问答

1. 可得利益损失如何计算？

答：（1）根据《最高人民法院关于适用〈中华人民共和国民法典〉合同编通则若干问题的解释》第 60 条的规定，人民法院依据《民法典》第 584 条的规定确定合同履行后可以获得的利益时，可以在扣除非违约方为订立、履行合同支出的费用等合理成本后，按照非违约方能够获得的生产利润、经营利润或者转售利润等计算。

非违约方依法行使合同解除权并实施了替代交易，主张按照替代交易价格与合同价格的差额确定合同履行后可以获得的利益的，人民法院依法予以支持；替代交易价格明显偏离替代交易发生时当地的市场价格，违约方主张按照市场价格与合同价格的差额确定合同履行后可以获得的利益的，人民法院应予支持。

非违约方依法行使合同解除权但是未实施替代交易，主张按照违约行为发生后合理期间内合同履行地的市场价格与合同价格的差额确定合同履行后可以获得的利益的，人民法院应予支持。

（2）根据《最高人民法院关于适用〈中华人民共和国民法典〉合同编通则若干问题的解释》第61条的规定，在以持续履行的债务为内容的定期合同中，一方不履行支付价款、租金等金钱债务，对方请求解除合同，人民法院经审理认为合同应当依法解除的，可以根据当事人的主张，参考合同主体、交易类型、市场价格变化、剩余履行期限等因素确定非违约方寻找替代交易的合理期限，并按照该期限对应的价款、租金等扣除非违约方应当支付的相应履约成本确定合同履行后可以获得的利益。

非违约方主张按照合同解除后剩余履行期限相应的价款、租金等扣除履约成本确定合同履行后可以获得的利益的，人民法院不予支持。但是，剩余履行期限少于寻找替代交易的合理期限的除外。

（3）根据《最高人民法院关于适用〈中华人民共和国民法典〉合同编通则若干问题的解释》第62条的规定，非违约方在合同履行后可以获得的利益难以根据该解释第60条、第61条的规定予以确定的，人民法院可以综合考虑违约方因违约获得的利益、违约方的过错程度、其他违约情节等因素，遵循公平原则和诚信原则确定。

2. 违约损失赔偿额如何确定？

答：根据《最高人民法院关于适用〈中华人民共和国民法典〉合同编通则若干问题的解释》第63条的规定，在认定《民法典》第584条规定的"违约一方订立合同时预见到或者应当预见到的因违约可能造成的损失"时，人民法院应当根据当事人订立合同的目的，综合考虑合同主体、合同内容、交易类型、交易习惯、磋商过程等因素，按照与违约方处于相同或者类似情况的民事主体在订立合同时预见到或者应当预见到的损失予以确定。

除合同履行后可以获得的利益外，非违约方主张还有其向第三人承担违约责任应当支出的额外费用等其他因违约所造成的损失，并请求违约方赔偿，经审理认为该损失系违约一方订立合同时预见到或者应当预见到的，人民法院应予支持。

在确定违约损失赔偿额时，违约方主张扣除非违约方未采取适当措施导致的扩大损失、非违约方也有过错造成的相应损失、非违约方因违约获得的额外利益或者减少的必要支出的，人民法院依法予以支持。

3. 买卖合同当事人一方违约造成对方损失，对方主张赔偿可得利益损失的，人民法院应如何认定？

答：根据《最高人民法院关于审理买卖合同纠纷案件适用法律问题的解释》第22条的规定，买卖合同当事人一方违约造成对方损失，对方主张赔偿可得利益损失的，人民法院在确定违约责任范围时，应当根据当事人的主张，依据《民法典》第584条、第591条、第592条、该解释第23条等规定进行认定。

4. 买卖合同当事人一方因对方违约而获有利益，违约方可否主张从损失赔偿额中扣除该部分利益？

答：根据《最高人民法院关于审理买卖合同纠纷案件适用法律问题的解释》第23条的规定，买卖合同当事人一方因对方违约而获有利益，违约方主张从损失赔偿额中扣除该部分利益的，人民法院应予支持。

典型案例

1. 某石材公司与某采石公司买卖合同纠纷案[1]

裁判要点：非违约方主张按照违约行为发生后合理期间内合同履行地的市场价格与合同价格的差额确定合同履行后可以获得的利益的，人民法院依法予以支持。

2. 柴某与某管理公司房屋租赁合同纠纷案[2]

裁判要点：当事人一方违约后，对方没有采取适当措施致使损失扩大的，不得就扩大的损失请求赔偿。承租人已经通过多种途径向出租人作出了解除合同的意思表示，而出租人一直拒绝接收房屋，造成涉案房屋的长期空置，不得向承租人主张全部空置期内的租金。

◆ **第五百八十五条　约定违约金**

当事人可以约定一方违约时应当根据违约情况向对方支付一定数额的违约金，也可以约定因违约产生的损失赔偿额的计算方法。

约定的违约金低于造成的损失的，人民法院或者仲裁机构可

---

[1]《最高人民法院发布民法典合同编通则司法解释相关典型案例》，载最高人民法院网2023年12月5日，https：//www.court.gov.cn/zixun/xiangqing/419392.html。

[2]《最高人民法院发布民法典合同编通则司法解释相关典型案例》，载最高人民法院网2023年12月5日，https：//www.court.gov.cn/zixun/xiangqing/419392.html。

以根据当事人的请求予以增加；约定的违约金过分高于造成的损失的，人民法院或者仲裁机构可以根据当事人的请求予以适当减少。

当事人就迟延履行约定违约金的，违约方支付违约金后，还应当履行债务。

实用问答

1. 当事人请求调整违约金的方式有哪些？举证责任由谁承担？

答：根据《最高人民法院关于适用〈中华人民共和国民法典〉合同编通则若干问题的解释》第64条第1款、第2款的规定，当事人一方通过反诉或者抗辩的方式，请求调整违约金的，人民法院依法予以支持。违约方主张约定的违约金过分高于违约造成的损失，请求予以适当减少的，应当承担举证责任。非违约方主张约定的违约金合理的，也应当提供相应的证据。

2. 当事人可否仅以合同约定不得对违约金进行调整为由主张不予调整违约金？

答：根据《最高人民法院关于适用〈中华人民共和国民法典〉合同编通则若干问题的解释》第64条第3款的规定，当事人仅以合同约定不得对违约金进行调整为由主张不予调整违约金的，人民法院不予支持。

3. 当事人主张约定的违约金过分高于违约造成的损失，请求予以适当减少的，人民法院如何处理？

答：根据《最高人民法院关于适用〈中华人民共和国民法典〉合同编通则若干问题的解释》第65条的规定，当事人主张约定的违约金过分高于违约造成的损失，请求予以适当减少的，人民法院应当以《民法典》第584条规定的损失为基础，兼顾合同主体、交易类型、合同的履行情况、当事人的过错程度、履约背景等因素，遵循公平原则和诚信原则进行衡量，并作出裁判。约定的违约金超过造成损失的30%的，人民法院一般可以认定为过分高于造成的损失。恶意违约的当事人一方请求减少违约金的，人民法院一般不予支持。

4. 买卖合同对付款期限作出的变更，对当事人关于逾期付款违约金的约定有何影响？

答：根据《最高人民法院关于审理买卖合同纠纷案件适用法律问题的解释》第18条第1款的规定，买卖合同对付款期限作出的变更，不影响当事人关于逾期付款违约金的约定，但该违约金的起算点应当随之变更。

5. 买卖合同约定逾期付款违约金，买受人可否以出卖人接受价款时未主张逾期付款违约金为由拒绝支付该违约金？

答：根据《最高人民法院关于审理买卖合同纠纷案件适用法律问题的解释》第18条第2款的规定，买卖合同约定逾期付款违约金，买受人以出卖人接受价款时未主张逾期付款违约金为由拒绝支付该违约金的，人民法院不予支持。

6. 买卖合同约定逾期付款违约金，但对账单、还款协议等未涉及逾期付款责任，出卖人根据对账单、还款协议等主张欠款时可否请求买受人依约支付逾期付款违约金？

答：根据《最高人民法院关于审理买卖合同纠纷案件适用法律问题的解释》第18条第3款的规定，买卖合同约定逾期付款违约金，但对账单、还款协议等未涉及逾期付款责任，出卖人根据对账单、还款协议等主张欠款时请求买受人依约支付逾期付款违约金的，人民法院应予支持，但对账单、还款协议等明确载有本金及逾期付款利息数额或者已经变更买卖合同中关于本金、利息等约定内容的除外。

7. 买卖合同没有约定逾期付款违约金或者该违约金的计算方法，出卖人以买受人违约为由主张赔偿逾期付款损失的，逾期付款损失如何计算？

答：根据《最高人民法院关于审理买卖合同纠纷案件适用法律问题的解释》第18条第4款的规定，买卖合同没有约定逾期付款违约金或者该违约金的计算方法，出卖人以买受人违约为由主张赔偿逾期付款损失，违约行为发生在2019年8月19日之前的，人民法院可以中国人民银行同期同类人民币贷款基准利率为基础，参照逾期罚息利率标准计算；违约行为发生在2019年8月20日之后的，人民法院可以违约行为发生时中国人民银行授权全国银行间同业拆借中心公布的一年期贷款市场报价利率（LPR）标准为基础，加计30—50%计算逾期付款损失。

8. 出借人与借款人既约定了逾期利率，又约定了违约金或者其他费用，出借人可以如何主张？

答：根据《最高人民法院关于审理民间借贷案件适用法律若干问题的规定》第29条的规定，出借人与借款人既约定了逾期利率，又约定了违约金或者其他费用，出借人可以选择主张逾期利息、违约金或者其他费用，也可以一并主张，但是总计超过合同成立时一年期贷款市场报价利率4倍的部分，人民法院不予支持。

典型案例

上海熊猫互娱文化有限公司诉李岑、昆山播爱游信息技术有限公司合同纠纷案[①]

要旨： 网络主播违反约定的排他性合作条款，未经直播平台同意在其他平台从事类似业务的，应当依法承担违约责任。网络主播主张合同约定的违约金明显过高请求予以减少的，在实际损失难以确定的情形下，人民法院可以根据网络直播行业特点，以网络主播从平台中获取的实际收益为参考基础，结合平台前期投入、平台流量、主播个体商业价值等因素合理酌定。

◆ 第五百八十六条　定金担保

当事人可以约定一方向对方给付定金作为债权的担保。定金合同自实际交付定金时成立。

定金的数额由当事人约定；但是，不得超过主合同标的额的百分之二十，超过部分不产生定金的效力。实际交付的定金数额多于或者少于约定数额的，视为变更约定的定金数额。

名词解释

定金　这是指当事人约定的，为保证债权的实现，由一方在履

---

① 参见最高人民法院指导案例189号，最高人民法院审判委员会讨论通过，2022年12月8日发布。上海市静安区人民法院（2018）沪0106民初31513号民事判决书。

行前预先向对方给付的一定数量的货币或者其他代替物。

◆ **第五百八十七条　定金罚则**

债务人履行债务的，定金应当抵作价款或者收回。给付定金的一方不履行债务或者履行债务不符合约定，致使不能实现合同目的的，无权请求返还定金；收受定金的一方不履行债务或者履行债务不符合约定，致使不能实现合同目的的，应当双倍返还定金。

实用问答

定金罚则如何适用？

答：根据《最高人民法院关于适用〈中华人民共和国民法典〉合同编通则若干问题的解释》第68条的规定，双方当事人均具有致使不能实现合同目的的违约行为，其中一方请求适用定金罚则的，人民法院不予支持。当事人一方仅有轻微违约，对方具有致使不能实现合同目的的违约行为，轻微违约方主张适用定金罚则，对方以轻微违约方也构成违约为由抗辩的，人民法院对该抗辩不予支持。

当事人一方已经部分履行合同，对方接受并主张按照未履行部分所占比例适用定金罚则的，人民法院应予支持。对方主张按照合同整体适用定金罚则的，人民法院不予支持，但是部分未履行致使不能实现合同目的的除外。

因不可抗力致使合同不能履行，非违约方主张适用定金罚则的，人民法院不予支持。

◆ **第五百八十八条　违约金与定金竞合**

当事人既约定违约金，又约定定金的，一方违约时，对方可以选择适用违约金或者定金条款。

定金不足以弥补一方违约造成的损失的，对方可以请求赔偿超过定金数额的损失。

◆ **第五百八十九条　拒绝受领和受领迟延**

债务人按照约定履行债务，债权人无正当理由拒绝受领的，债务人可以请求债权人赔偿增加的费用。

在债权人受领迟延期间，债务人无须支付利息。

◆ **第五百九十条　不可抗力**

当事人一方因不可抗力不能履行合同的，根据不可抗力的影响，部分或者全部免除责任，但是法律另有规定的除外。因不可抗力不能履行合同的，应当及时通知对方，以减轻可能给对方造成的损失，并应当在合理期限内提供证明。

当事人迟延履行后发生不可抗力的，不免除其违约责任。

◆ **第五百九十一条　减损规则**

当事人一方违约后，对方应当采取适当措施防止损失的扩大；没有采取适当措施致使损失扩大的，不得就扩大的损失请求赔偿。

当事人因防止损失扩大而支出的合理费用，由违约方负担。

◆ 第五百九十二条　双方违约和与有过错

当事人都违反合同的,应当各自承担相应的责任。

当事人一方违约造成对方损失,对方对损失的发生有过错的,可以减少相应的损失赔偿额。

◆ 第五百九十三条　第三人原因造成违约时违约责任承担

当事人一方因第三人的原因造成违约的,应当依法向对方承担违约责任。当事人一方和第三人之间的纠纷,依照法律规定或者按照约定处理。

◆ 第五百九十四条　国际贸易合同诉讼时效和仲裁时效

因国际货物买卖合同和技术进出口合同争议提起诉讼或者申请仲裁的时效期间为四年。

第二分编　典型合同

第九章　买卖合同

◆ **第五百九十五条　买卖合同的概念**

买卖合同是出卖人转移标的物的所有权于买受人,买受人支付价款的合同。

名词解释

买卖合同　买卖合同是典型的有偿合同,对其他有偿合同具有补充指导作用,当其他有偿合同没有法律规范时,可以参照适用买卖合同的法律规范。买卖合同是双务合同,出卖人与买受人互为给付,双方都享有一定的权利,又都负有相应的义务;卖方负有交付标的物并转移其所有权于买方的义务,买方负有向卖方支付价款的义务。买卖合同多是诺成合同,一般当事人就买卖达成合意,买卖合同即成立,而不以标的物或者价款的现实交付为成立的要件。

◆ **第五百九十六条　买卖合同的内容**

买卖合同的内容一般包括标的物的名称、数量、质量、价款、履行期限、履行地点和方式、包装方式、检验标准和方法、结算方式、合同使用的文字及其效力等条款。

名词解释

标的物的名称　标的物是买卖合同当事人权利义务指向的对象，作为对象的具体的不动产或者动产即为标的物的名称，是买卖合同不可或缺的内容。在买卖合同中如果没有标的物，就无法确定合同当事人的权利义务关系。

标的物的质量　质量是对买卖合同标的物标准和技术方面的要求。标的物的质量是买卖合同中的重要条款。为了准确表示，当事人应当就标的物的品种、规格、品质等级、型号、级别等作出明确约定。没有明确约定标的物质量的，应当适用《民法典》第510条以及第511条第1项的规定。

标的物的包装方式　标的物的包装，有两种含义：一种是指盛标的物的容器，通常称为包装用品或者包装物；另一种是指包装标的物的操作过程。因此，包装方式既可以指包装物的材料，又可以指包装的操作方式。包装分为运输包装和销售包装两类。运输包装在我国一般有国家标准或者行业标准。

标的物的检验标准和方法　标的物的检验，是指买受人收到出卖人交付的标的物时，对其等级、质量、重量、包装、规格等情况的查验、测试或者鉴定。至于检验标准，如果当事人没有特殊要求，可以依据国家标准或者行业标准进行检验；如果有特殊要求，则应在合同中作出明确的约定，以防止出现纠纷。关于检验的方法，有国家标准或者行业标准的，应当执行该标准；没有标准或者特殊要求的，应当作出约定，以防止在合同履行过程中产生纠纷。

结算方式 合同的结算是当事人之间因履行合同发生款项往来而进行的清算和了结。其主要有两种方式：一是现金结算；二是转账结算。法人之间款项往来的结算，除依法可以使用现金结算的情形以外，原则上应通过银行转账结算。至于现金结算，无论是法人之间的现金结算，还是法人与个体工商户、农村承包经营户之间的合同，都不能违反国家现金管理的有关额度的相应规定。随着我国社会主义市场经济的不断完善和经济体制改革的逐步深化，合同的结算方式将可本着合同当事人自愿的原则，根据实际情况加以选择。

合同使用的文字及其效力 合同使用的文字及其效力条款主要涉及涉外合同。涉外合同常用中外文两种文字书写，且两种文本具有同样的效力。鉴于文字一字多义的情况普遍，且两种文本的表述方法也容易发生理解上的争议。若合同在中国履行，最好明确规定"两种文本在解释上有争议时，以中文文本为准"；在外国履行的合同可考虑接受以外文文本为准。这样既公平合理又可减少争议。

实用问答

如何确定委托贷款合同的履行地？

答：根据《最高人民法院关于如何确定委托贷款合同履行地问题的答复》的规定，委托贷款合同以贷款方（即受托方）住所地为合同履行地，但合同中对履行地有约定的除外。

◆ **第五百九十七条　出卖人无权处分行为的法律后果**

因出卖人未取得处分权致使标的物所有权不能转移的，买受人可以解除合同并请求出卖人承担违约责任。

法律、行政法规禁止或者限制转让的标的物，依照其规定。

名词解释

出卖人未取得处分权　出卖人为保证买卖合同的履行，应当对买卖标的物具有处分权。当出卖人对买卖合同的标的物不具有处分权时，意味着买受人无法获得标的物的所有权，也就是不能实现合同的目的，买受人可以解除其与出卖人之间订立的买卖合同并要求出卖人承担违约责任。

实用问答

1. 处分他人之物所订立的合同有效吗？

答：处分他人之物所订立的合同有效。

首先，买卖当事人订立的合同只要不违反法律、行政法规的强制性规定以及不违背公序良俗，原则上均属有效，有利于交易的正常开展。

其次，为保护善意买受人的利益，应当认定处分他人之物所订立的合同有效，从而有利于交易的安全，善意的受让人可以追究相对人的违约责任；否则受让人只能主张缔约过失责任，这不符合公平原则。

最后，《民法典》物权编第 215 条规定："当事人之间订立有关设立、变更、转让和消灭不动产物权的合同，除法律另有规定或者当事人另有约定外，自合同成立时生效；未办理物权登记的，不影响合同效力。"故出卖人对标的物没有所有权或者处分权时所订立的合同，原则上从合同成立时生效。

2. 哪些物不得成为买卖合同的标的物而流通？

答：法律禁止流通的物不得作为买卖标的物，如淫秽书刊。法律限制流通的物，只能在限定的领域流通，如枪支的买卖。国家对枪支的买卖实行特别许可制度，未经许可，任何单位和个人不得买卖枪支。购买民用枪支，须持公安部门核发的民用枪支配购证件。配售民用枪支，应当核对配购证件，按照配购证件载明的品种、型号、数量配售。

禁止流通的标的物的法律规定梳理如下：（1）《治安管理处罚法》规定不得出售淫秽书刊、图片、影片、音像制品等淫秽物品；（2）《枪支管理法》对枪支的买卖作出特别许可管理；（3）《文物保护法》对文物转让作出禁止和限制规定；（4）《矿产资源法》就探矿权、采矿权的转让作出限制性规定；（5）《禁毒法》禁止毒品交易；（6）《中国人民银行法》禁止伪造、变造的人民币交易；（7）《城市房地产管理法》禁止特定房地产的转让；（8）《人体器官移植条例》禁止人体器官买卖；（9）《医疗废物管理条例》禁止医疗废物买卖；（10）《古生物化石保护条例》禁止或者限制古生物化石买卖；（11）《危险化学品安全管理条例》限制剧毒化学品等的买卖。以这些为标的物的买卖合同由于违反了国家法律、行政法规的禁止性规定，原则上应当无效。

> 典型案例

马某录、马某胜等买卖合同纠纷案[①]

要旨：当事人应当遵循诚实信用原则，按照约定全面履行自己的义务。原告与被告签订的二手汽车买卖合同是双方真实意思的表示，合法有效。被告作为合同出卖方，在合同标的物已设立抵押的情况下，出卖车辆，应依照约定在期限内解除抵押、协助原告办理车辆过户手续。原告诉求解除双方签订的二手汽车买卖合同，该车辆权利状况为抵押车，无法办理过户手续，被告至今未履行办理车辆过户手续的合同义务，致原告购买车辆的合同目的不能实现，故对该诉求予以支持。根据《民法典》第565条第2款的规定，原告以诉讼的方式主张解除合同，人民法院确认该主张的，合同自起诉状副本送达对方时解除。本案于2023年5月9日给被告送达起诉状副本，双方签订的二手汽车买卖合同自2023年5月9日解除。

◆ **第五百九十八条　出卖人基本义务**

出卖人应当履行向买受人**交付标的物**或者**交付提取标的物的单证**，并**转移标的物所有权**的义务。

> 名词解释

交付　交付是指标的物占有的转移。其包括现实的交付和拟制

[①] 参见青海省门源回族自治县人民法院（2023）青2221民初740号。

的交付。现实的交付，是指出卖人将标的物的占有直接转移于买受人，使标的物处于买受人的实际控制之下。如将出卖的商品直接交给买受人，将出卖房屋的钥匙交给买受人等，都是现实交付。拟制的交付，是指出卖人将对标的物占有的权利转移于买受人，以替代现实的交付。本条规定的出卖人应当履行向买受人交付"提取标的物的单证"的义务，就是一种拟制交付。这种拟制交付可以称为指示交付，在《民法典》物权编第227条有具体规定，它是指在动产由第三人占有时，出卖人将对于第三人的请求返还原物的权利让与买受人，以代替该动产的实际交付。最常见的指示交付是将仓单、提单交给买受人。交付必须是依出卖人的意思而作出的，如未经出卖人的同意，买受人自行将标的物或者提取标的物单证从出卖人处取走，则不构成交付，而是非法侵占的行为。除指示交付外，拟制交付还有另外两种形式：简易交付和占有改定。所谓简易交付，是指出卖人在转让动产物权之前，买受人已经通过委托、租赁、使用借贷等方式而实际占有了该动产，则从移转标的物所有权的合同生效之时起，视为交付。所谓占有改定，是指在动产物权转让时，如果出卖人希望继续占有该动产，买卖当事人可以订立合同，特别约定由出卖人继续占有该动产，而买受人因此取得对该动产的间接占有以代替动产的实际交付。《民法典》物权编第228条就占有改定作了具体规定。

◆ **第五百九十九条　出卖人交付有关单证和资料的义务**

出卖人应当按照约定或者交易习惯向买受人交付提取标的物单证以外的有关单证和资料。

实用问答

提取标的物单证以外的有关单证和资料包括哪些？

答：《最高人民法院关于审理买卖合同纠纷案件适用法律问题的解释》第4条明确规定，"提取标的物单证以外的有关单证和资料"主要应当包括保险单、保修单、普通发票、增值税专用发票、产品合格证、质量保证书、质量鉴定书、品质检验证书、产品进出口检疫书、原产地证明书、使用说明书、装箱单等。具体来说：（1）保险单是保险人与投保人订立保险合同的书面证明，应当完整记载保险合同当事人的权利义务及责任，记载的内容原则上是双方履行合同的依据。（2）保修单是生产者或者销售者提供的，承诺对其生产或者销售的标的物在一定期限内因质量问题而出现的故障提供免费维修及保养服务的凭证。（3）增值税专用发票是增值税纳税人销售货物或者提供应税劳务开具的发票，是购买方支付增值税额并可按照增值税有关规定据以抵扣增值税进项税额的凭证。（4）产品合格证是对产品按照该产品应具备的标准进行检验，检验结果符合该产品标准要求的一种标志或者证明。（5）质量保证书是产品生产者或者销售者对其生产或者销售的产品质量符合法律规定或者约定标准所作出承诺的凭证。（6）质量鉴定书是鉴定组织对产品质量进行调查、分析和判定后，出具的鉴定结论或者证明。（7）使用说明书是对产品的结构、性能和各部位的类型、性能、标准以及使用注意事项等作出的介绍和说明。

◆ **第六百条　知识产权标的物买卖中的知识产权归属**

出卖具有知识产权的标的物的，除法律另有规定或者当事人另有约定外，该标的物的知识产权不属于买受人。

实用问答

什么属于知识产权？知识产权具有哪些特征？

答：《民法典》第 123 条第 2 款规定："知识产权是权利人依法就下列客体享有的专有的权利：（一）作品；（二）发明、实用新型、外观设计；（三）商标；（四）地理标志；（五）商业秘密；（六）集成电路布图设计；（七）植物新品种；（八）法律规定的其他客体。"通常而言，知识产权具有以下特征：（1）知识产权是一种专有性的民事权利。其包括两个方面：一方面，权利人对其权利客体享有独占权，非经权利人许可，他人不得使用；另一方面，对同一智力成果不允许有两个以上的同种知识产权并存。（2）知识产权具有严格的地域性，原则上没有域外效力。（3）知识产权的客体是知识产品，是民事主体通过自己的智力活动所取得的智力成果，是一种无形的精神财富。（4）知识产权的内容具有双重性，既具有人身权属性，又具有财产权属性，前者如著作权中的署名权，后者如稿酬权。（5）知识产权具有一定的期限。也就是说，知识产权中的著作权、专利权等超过一定的期限即不受法律保护，进入公有领域，成为人类共同财富。

◆ 第六百零一条　买卖合同出卖人交付期限

出卖人应当按照约定的时间交付标的物。约定交付期限的，出卖人可以在该交付期限内的任何时间交付。

名词解释

约定的时间交付　除对交付的时间有精确要求的合同外，一般落实到日即是合理的，出卖人应当按照约定的时间履行标的物交付义务。迟于此时间，即为迟延交付，属于违约；早于此时间，即为提前履行，严格意义上也是一种违约。买受人可以拒绝出卖人提前履行债务，但提前履行不损害买受人利益的除外。出卖人提前履行债务给债权人增加的费用，由出卖人承担。

交付期限　交付期限通常指的是一个时间段。具体的合同纷繁复杂，这一时间段是某几年、某几月或者某几天都有可能。这种情况下，出卖人可以在该交付期限内的任何时间交付，这也符合当事人的意图。

> ◆ **第六百零二条　买卖合同未约定标的物交付期限或者约定不明确如何处理**
>
> 当事人没有约定标的物的交付期限或者约定不明确的，适用本法第五百一十条、第五百一十一条第四项的规定。

实用问答

当事人没有约定标的物的交付期限或者约定不明确的，如何处理？

答：依据《民法典》第510条的规定，合同生效后，当事人就标的物的交付期限没有约定或者约定不明确时，当事人可以重新协商达成补充协议；不能达成补充协议的，按照合同相关条款或者交易习惯确定。如果这样仍然不能确定，按照第511条第4项的规定，出卖人就可以随时履行，买受人也可以随时要求出卖人履行，但应当给出卖人必要的准备时间。为了使买受人有一个合理的准备接收标的物的时间，如准备仓库等，出卖人应当在交付之前通知买受人。即使法律对此不作规定，这也是出卖人按照诚信原则应当履行的义务，因为此通知对出卖人来说并不是多大的负担，却可以使买受人免受可能的损害。至于这段准备时间应当多长，则应当根据具体的情况合理确定，难以一概而论。

◆ **第六百零三条　出卖人交付标的物的地点**

出卖人应当按照约定的地点交付标的物。

当事人没有约定交付地点或者约定不明确，依据本法第五百一十条的规定仍不能确定的，适用下列规定：

（一）标的物需要运输的，出卖人应当将标的物交付给第一承运人以运交给买受人；

（二）标的物不需要运输，出卖人和买受人订立合同时知道标的物在某一地点的，出卖人应当在该地点交付标的物；不知道标的物在某一地点的，应当在出卖人订立合同时的营业地交付标的物。

名词解释

标的物需要运输的　根据《最高人民法院关于审理买卖合同纠纷案件适用法律问题的解释》第8条的规定，"标的物需要运输的"是指标的物由出卖人负责办理托运，承运人系独立于买卖合同当事人之外的运输业者的情形。

◆ **第六百零四条　买卖标的物毁损、灭失风险承担的基本规则**

标的物毁损、灭失的风险，在标的物交付之前由出卖人承担，交付之后由买受人承担，但是法律另有规定或者当事人另有约定的除外。

📝 名词解释

风险承担　风险承担是指买卖的标的物在合同生效后因不可归责于当事人双方的事由，如地震、火灾、飓风等致使发生毁损、灭失时，该损失应当由哪方当事人承担。风险承担发生在双务合同之中，单务合同没有对待给付问题，即使可能存在标的物毁损灭失风险，也不存在价金风险的问题。

◆ **第六百零五条　买卖标的物因买受人原因交付迟延时风险转移**

因买受人的原因致使标的物未按照约定的期限交付的，买受人应当自违反约定时起承担标的物毁损、灭失的风险。

◆ **第六百零六条　路货买卖中的标的物风险转移**

出卖人出卖交由承运人运输的在途标的物，除当事人另有约定外，毁损、灭失的风险自合同成立时起由买受人承担。

📝 名词解释

路货买卖　路货买卖是指标的物已在运输途中，出卖人寻找买主，出卖在途中的标的物。它既可以是出卖人先把标的物装上开往某个目的地的运输工具（一般是船舶）上，然后再寻找适当的买主订立买卖合同；也可以是一个买卖合同的买受人未实际收取标的物前，再把处于运输途中的标的物转卖给另一个买受人。

📄 **实用问答**

如果出卖人在订立合同时已经知道或者应当知道路货买卖中的标的物（货物）已经灭失或者损坏，而他又向买受人隐瞒这一事实，这种灭失或者损坏的责任应当由谁负担？

答：如果出卖人在订立合同时已经知道或者应当知道路货买卖中的标的物（货物）已经灭失或者损坏，而他又向买受人隐瞒这一事实，根据公平和诚信的原则，这种灭失或者损坏的责任应当由出卖人负担，这是很合理的。《最高人民法院关于审理买卖合同纠纷案件适用法律问题的解释》第10条就此情形规定："出卖人出卖交由承运人运输的在途标的物，在合同成立时知道或者应当知道标的物已经毁损、灭失却未告知买受人，买受人主张出卖人负担标的物毁损、灭失的风险的，人民法院应予支持。"

◆ **第六百零七条　标的物交付给承运人后标的物风险转移**

出卖人按照约定将标的物运送至买受人指定地点并交付给承运人后，标的物毁损、灭失的风险由买受人承担。

当事人没有约定交付地点或者约定不明确，依据本法第六百零三条第二款第一项的规定标的物需要运输的，出卖人将标的物交付给第一承运人后，标的物毁损、灭失的风险由买受人承担。

◆ **第六百零八条　买受人不接收标的物时标的物毁损、灭失的风险承担**

出卖人按照约定或者依据本法第六百零三条第二款第二项的规定将标的物置于交付地点，买受人违反约定没有收取的，标的物毁损、灭失的风险自违反约定时起由买受人承担。

◆ **第六百零九条　不交付标的物的单证和资料不影响标的物的风险转移**

出卖人按照约定未交付有关标的物的单证和资料的，不影响标的物毁损、灭失风险的转移。

◆ **第六百一十条　出卖人根本违约时的风险承担**

因标的物不符合质量要求，致使不能实现合同目的的，买受人可以拒绝接受标的物或者解除合同。买受人拒绝接受标的物或者解除合同的，标的物毁损、灭失的风险由出卖人承担。

◆ **第六百一十一条　买受人承担风险与出卖人违约责任的关系**

标的物毁损、灭失的风险由买受人承担的，不影响因出卖人履行义务不符合约定，买受人请求其承担违约责任的权利。

◆ **第六百一十二条　出卖人的权利担保义务**

出卖人就交付的标的物，负有保证第三人对该标的物不享有任何权利的义务，但是法律另有规定的除外。

名词解释

出卖人对标的物的权利担保义务　这是指出卖人应当保证对标的物享有合法的权利，没有侵犯任何第三人的权利，并且任何第三人就该标的物不享有任何权利。包括：（1）出卖人对出卖的标的物享有合法的权利，他须对标的物具有所有权或者处分权。（2）出卖人应当保证标的物上不存在他人实际享有的权利，如抵押权、租赁权等。（3）出卖人应当保证标的物没有侵犯他人的知识产权。出卖人对标的物的权利担保义务是买卖合同中出卖人的一项法定义务,即使合同中对其未作约定,出卖人也必须履行。

法律另有规定的除外 这里的法律另有规定,主要包括以下三个方面:(1)如果有关专门立法对有权利缺陷标的物的买卖作出特别规定,则首先要依照其规定。例如,《民法典》第431条规定:"质权人在质权存续期间,未经出质人同意,擅自使用、处分质押财产,造成出质人损害的,应当承担赔偿责任。"因此,在这种情况下,即使有关质押物的买卖合同有效,作为出卖人的质权人也应当向出质人承担违约责任。(2)如果有关涉及知识产权的立法就出卖人的权利有特殊规定,应当按该特殊规定处理。例如,《民法典》第600条规定:"出卖具有知识产权的标的物的,除法律另有规定或者当事人另有约定外,该标的物的知识产权不属于买受人。"据此,买受人就不能主张享有标的物的知识产权。(3)如果买受人明知第三人对标的物享有权利,应当受其约束。例如,《民法典》第613条规定:"买受人订立合同时知道或者应当知道第三人对买卖的标的物享有权利的,出卖人不承担前条规定的义务。"

实用问答

1. 标的物为不动产时,一物多卖签订了多份合同,如何确定物权的归属?

答:一物多卖所签订的多份合同,如果不存在恶意串通损害第三人利益的情形,则各个合同都应当有效。标的物为不动产时,通常的处理模式为:(1)先办理过户登记手续的,优先受到保护;(2)办理预告登记的买受人,其次受到保护;(3)既未过户登记也未预告登记的,先合法取得占有的买受人受到保护。

2. 标的物为普通动产时，一物多卖签订了多份合同，如何确定物权的归属？

答：一物多卖所签订的多份合同，如果不存在恶意串通损害第三人利益的情形，则各个合同都应当有效。标的物为一般动产的，《最高人民法院关于审理买卖合同纠纷案件适用法律问题的解释》第6条规定："出卖人就同一普通动产订立多重买卖合同，在买卖合同均有效的情况下，买受人均要求实际履行合同的，应当按照以下情形分别处理：（一）先行受领交付的买受人请求确认所有权已经转移的，人民法院应予支持；（二）均未受领交付，先行支付价款的买受人请求出卖人履行交付标的物等合同义务的，人民法院应予支持；（三）均未受领交付，也未支付价款，依法成立在先合同的买受人请求出卖人履行交付标的物等合同义务的，人民法院应予支持。"

3. 标的物为船舶、航空器、机动车等特殊动产时，一物多卖签订了多份合同，如何确定物权的归属？

答：一物多卖所签订的多份合同，如果不存在恶意串通损害第三人利益的情形，则各个合同都应当有效。《最高人民法院关于审理买卖合同纠纷案件适用法律问题的解释》第7条规定："出卖人就同一船舶、航空器、机动车等特殊动产订立多重买卖合同，在买卖合同均有效的情况下，买受人均要求实际履行合同的，应当按照以下情形分别处理：（一）先行受领交付的买受人请求出卖人履行办理所有权转移登记手续等合同义务的，人民法院应予支持；（二）均未受领交付，先行办理所有权转移登记手续的买受人请求出卖人履行交付标的物等合同义务的，人民法院应予支持；（三）均未受领交付，也未办理所有权转移登记手续，依法成立在先合同的买受人请求出卖人履行交付标的物和办理所有权转移登记手续等合同义务的，人民法院应予支持；（四）出卖人将标的物交付给买受人之一，又为其他买受人办理所有权转移登记,已受领交付的买受人请求将标的物所有权登记在自己名下的,人民法院应予支持。"

◆ **第六百一十三条　出卖人的权利担保义务免除**

买受人订立合同时知道或者应当知道第三人对买卖的标的物享有权利的,出卖人不承担前条规定的义务。

◆ **第六百一十四条　买受人就标的物的权利缺陷行使中止支付价款权**

买受人有确切证据证明第三人对标的物享有权利的,可以中止支付相应的价款,但是出卖人提供适当担保的除外。

名词解释

有确切证据证明　买受人必须有确切证据,不能凭猜疑认为第三人对标的物享有权利就中止支付价款。证据包括买卖标的物的所有权凭证、他项权证、租赁合同书等。

买受人可以中止支付相应的价款　这是指暂时不支付还没有支付的价款,等到权利瑕疵不存在时再予以支付,比如"出卖人提供适当担保"时就可以支付。这种情况下,买受人的权利就不会受到损害。这项权利属于买受人的一项选择权,当事人可以选择这项权利,也可以不选择这项权利。

出卖人提供适当担保的除外　如果出卖人提供了相应的担保,足以消除买受人的疑虑,那么买受人自然不能再中止价款的支付。在买受人要求提供担保之后,出卖人拒绝提供的,买受人可中止支付价款。至于"适当担保"的程度判断,则要依据交易的具体情形而定，具体情况具体分析。

> ◆ **第六百一十五条　买卖标的物应当符合约定质量要求**
>
> 　　出卖人应当按照约定的质量要求交付标的物。出卖人提供有关标的物质量说明的，交付的标的物应当符合该说明的质量要求。

> ◆ **第六百一十六条　对标的物质量要求没有约定或约定不明时的处理**
>
> 　　当事人对标的物的质量要求没有约定或者约定不明确，依据本法第五百一十条的规定仍不能确定的，适用本法第五百一十一条第一项的规定。

实用问答

买卖双方如果在合同中对标的物的质量要求没有约定或者约定不明确，如何确定标的物的质量要求？

答：买卖双方如果在合同中对标的物的质量要求没有约定或者约定不明确，与合同的其他条款一样，首先要依照《民法典》第510条的规定予以确定："合同生效后，当事人就质量、价款或者报酬、履行地点等内容没有约定或者约定不明确的，可以协议补充；不能达成补充协议的，按照合同相关条款或者交易习惯确定。"确定不了的，适用《民法典》第511条第1项的规定："质量要求不明确的，按照强制性国家标准履行；没有强制性国家标准的，按照推荐性国家标准履行；没有推荐性国家标准的，按照行业标准履行；没有国家标准、行业标准的，按照通常标准或者符合合同目的的特定标准履行。"

◆ **第六百一十七条　标的物质量不符合要求时买受人的权利**

出卖人交付的标的物不符合质量要求的，买受人可以依据本法第五百八十二条至第五百八十四条的规定请求承担违约责任。

实用问答

出卖人交付的标的物不符合质量要求的，应如何承担违约责任？

答： 根据《民法典》第582~584条的规定，出卖人交付的标的物不符合质量要求时，承担违约责任的方式有两种：一种是当事人约定的方式。当事人可以根据本合同情况和《民法典》关于违约责任的规定，约定出具体的违约责任。另一种是法定方式。即没有约定或者重新约定不成功的情况下，按照法定的方式承担违约责任。也就是说，买受人依据规定可以要求出卖人承担以下一种或者几种违约责任：修理、重作、更换、退货、减少价款或者报酬、赔偿损失。需要说明的是，第584条并非承担违约责任的具体方式，它是"赔偿损失"责任的计算范围和方式，对于实践中确定违约责任的大小非常重要。

◆ **第六百一十八条　减免瑕疵担保责任的例外**

当事人约定减轻或者免除出卖人对标的物瑕疵承担的责任，因出卖人故意或者重大过失不告知买受人标的物瑕疵的，出卖人无权主张减轻或者免除责任。

◆ **第六百一十九条　出卖人对标的物的包装方式**

出卖人应当按照约定的包装方式交付标的物。对包装方式没有约定或者约定不明确，依据本法第五百一十条的规定仍不能确定的，应当按照通用的方式包装；没有通用方式的，应当采取足以保护标的物且有利于节约资源、保护生态环境的包装方式。

名词解释

通用的包装方式　有强制性国家标准、推荐性国家标准、行业标准的应当理解为"通用的包装方式"。

◆ **第六百二十条　买受人对标的物的检验义务**

买受人收到标的物时应当在约定的检验期限内检验。没有约定检验期限的，应当及时检验。

◆ **第六百二十一条　买受人检验标的物的异议通知**

当事人约定检验期限的，买受人应当在检验期限内将标的物的数量或者质量不符合约定的情形通知出卖人。买受人怠于通知的，视为标的物的数量或者质量符合约定。

当事人没有约定检验期限的，买受人应当在发现或者应当发现标的物的数量或者质量不符合约定的合理期限内通知出卖人。买受人在合理期限内未通知或者自收到标的物之日起二年内未通知出卖人的，视为标的物的数量或者质量符合约定；但是，对标的物有质量保证期的，适用质量保证期，不适用该二年的规定。

出卖人知道或者应当知道提供的标的物不符合约定的,买受人不受前两款规定的通知时间的限制。

名词解释

合理期限 这里的合理期限应当综合当事人之间的交易性质、交易目的、交易方式、交易习惯及标的物的种类、数量、性质和安装使用情况、瑕疵的性质、买受人应尽的合理注意义务、检验方法与难易程度、买受人或者检验人所处的具体环境、自身技能等因素,依据诚信原则进行判断。这里规定的"二年"是最长的合理期限,为不变期间,不适用诉讼时效中止、中断或者延长的规定。

◆ 第六百二十二条 约定的检验期限或者质量保证期过短情形

当事人约定的检验期限过短,根据标的物的性质和交易习惯,买受人在检验期限内难以完成全面检验的,该期限仅视为买受人对标的物的外观瑕疵提出异议的期限。

约定的检验期限或者质量保证期短于法律、行政法规规定期限的,应当以法律、行政法规规定的期限为准。

实用问答

如何认定买卖合同当事人约定的标的物检验期限过短?

答:判断当事人约定的检验期限是否过短,应主要从以下三个方面考虑:(1)应当根据标的物的性质和交易习惯,在综合考虑的情况下,判断约定的检验期限对于隐蔽瑕疵的检验是否过短。(2)买受人是否存在怠于通知的行为。如果买受人在约定检验期限内发现隐蔽瑕疵却没有及时通知出卖人，应当视为标的物质量符合约定。（3）买受人对不能及时检验隐蔽瑕疵是否存在过失。买受人依法应当在收货后及时检验标的物，但是其没有采取适当的措施发现隐蔽瑕疵的存在的，则不能认定检验期限过短。

◆ **第六百二十三条　检验期限未约定时标的物的数量和外观瑕疵检验**

当事人对检验期限未作约定，买受人签收的送货单、确认单等载明标的物数量、型号、规格的，推定买受人已经对数量和外观瑕疵进行检验，但是有相关证据足以推翻的除外。

◆ **第六百二十四条　出卖人向第三人履行的情形下的检验标准**

出卖人依照买受人的指示向第三人交付标的物，出卖人和买受人约定的检验标准与买受人和第三人约定的检验标准不一致的，以出卖人和买受人约定的检验标准为准。

◆ **第六百二十五条　出卖人的回收义务**

依照法律、行政法规的规定或者按照当事人的约定，标的物在有效使用年限届满后应予回收的，出卖人负有自行或者委托第三人对标的物予以回收的义务。

实用问答

法律、行政法规规定的回收义务主要包括哪些？

答：（1）《环境保护法》第 37 条规定："地方各级人民政府应当采取措施，组织对生活废弃物的分类处置、回收利用。"

(2)《固体废物污染环境防治法》第68条第1款规定，产品和包装物的设计、制造，应当遵守国家有关清洁生产的规定。国务院标准化主管部门应当根据国家经济和技术条件、固体废物污染环境防治状况以及产品的技术要求，组织制定有关标准，防止过度包装造成环境污染。第3款规定，生产、销售、进口依法被列入强制回收目录的产品和包装物的企业，应当按照国家有关规定对该产品和包装物进行回收。

(3)《循环经济促进法》第15条规定："生产列入强制回收名录的产品或者包装物的企业，必须对废弃的产品或者包装物负责回收；对其中可以利用的，由各该生产企业负责利用；对因不具备技术经济条件而不适合利用的，由各该生产企业负责无害化处置。对前款规定的废弃产品或者包装物，生产者委托销售者或者其他组织进行回收的，或者委托废物利用或者处置企业进行利用或者处置的，受托方应当依照有关法律、行政法规的规定和合同的约定负责回收或者利用、处置。对列入强制回收名录的产品和包装物，消费者应当将废弃的产品或者包装物交给生产者或者其委托回收的销售者或者其他组织。强制回收的产品和包装物的名录及管理办法，由国务院循环经济发展综合管理部门规定。"

(4)《水污染防治法》第59条第1~3款规定："船舶排放含油污水、生活污水，应当符合船舶污染物排放标准。从事海洋航运的船舶进入内河和港口的，应当遵守内河的船舶污染物排放标准。船舶的残油、废油应当回收，禁止排入水体。禁止向水体倾倒船舶垃圾。"

(5)《大气污染防治法》第47条规定："石油、化工以及其他生产和使用有机溶剂的企业，应当采取措施对管道、设备进行日常维护、维修，减少物料泄漏，对泄漏的物料应及时收集处理。储油储气库、加油加气站、原油成品油码头、原油成品油运输船舶和油罐车、气罐车等,应当按照国家有关规定安装油气回收装置并保持正常使用。"第49条规定:"工业生产、垃圾填埋或者其他活动产生的可燃性气体应当回收利用,不具备回收利用条件的,应当进行污染防治处理。可燃性气体回收利用装置不能正常作业的,应当及时修复或者更新。在回收利用装置不能正常作业期间确需排放可燃性气体的,应当将排放的可燃性气体充分燃烧或者采取其他控制大气污染物排放的措施,并向当地生态环境主管部门报告,按照要求限期修复或者更新。"

(6)《土壤污染防治法》第30条规定:"禁止生产、销售、使用国家明令禁止的农业投入品。农业投入品生产者、销售者和使用者应当及时回收农药、肥料等农业投入品的包装废弃物和农用薄膜,并将农药包装废弃物交由专门的机构或者组织进行无害化处理。具体办法由国务院农业农村主管部门会同国务院生态环境等主管部门制定。国家采取措施,鼓励、支持单位和个人回收农业投入品包装废弃物和农用薄膜。"

(7)《废弃电器电子产品回收处理管理条例》第10条规定:"电器电子产品生产者、进口电器电子产品的收货人或者其代理人生产、进口的电器电子产品应当符合国家有关电器电子产品污染控制的规定,采用有利于资源综合利用和无害化处理的设计方案,使用无毒无害或者低毒低害以及便于回收利用的材料。电器电子产品上或者产品说明书中应当按照规定提供有关有毒有害物质含量、回收处理提示性说明等信息。"第11条规定:"国家鼓励电器电子产品生产者自行或者委托销售者、维修机构、售后服务机构、废弃电器电子产品回收经营者回收废弃电器电子产品。电器电子产品销售者、维修机构、售后服务机构应当在其营业场所显著位置标注废弃电器电子产品回收处理提示性信息。回收的废弃电器电子产品应当由有废弃电器电子产品处理资格的处理企业处理。"第12条规定："废弃电器电子产品回收经营者应当采取多种方式为电器电子产品使用者提供方便、快捷的回收服务。废弃电器电子产品回收经营者对回收的废弃电器电子产品进行处理，应当依照本条例规定取得废弃电器电子产品处理资格；未取得处理资格的，应当将回收的废弃电器电子产品交有废弃电器电子产品处理资格的处理企业处理。回收的电器电子产品经过修复后销售的，必须符合保障人体健康和人身、财产安全等国家技术规范的强制性要求，并在显著位置标识为旧货。具体管理办法由国务院商务主管部门制定。"

◆ **第六百二十六条 买受人支付价款及其支付方式**

买受人应当按照约定的数额和支付方式支付价款。对价款的数额和支付方式没有约定或者约定不明确的，适用本法第五百一十条、第五百一十一条第二项和第五项的规定。

实用问答

1. 对价款的数额没有约定或者约定不明确的，如何处理？

答：买卖合同当事人未就价款作出约定或者约定不明确，并不导致合同不成立。要让这样的合同成立，需要就价款的问题协议补充。不能达成补充协议的，按照合同有关条款或者交易习惯确定。比如，标的物的型号、质量等状况就是决定价格的重要参照。价款或者报酬不明确的，按照订立合同时履行地的市场价格履行；依法应当执行政府定价或者政府指导价的，依照规定履行。由法律确定价款是为了弥补当事人订立合同时的考虑不足，而依订立合同时的市场价格确定能够合理地反映当事人的心理状态。

2. 对支付方式没有约定或者约定不明确的，如何确定支付方式？

答：买卖合同当事人未就价款的支付方式作出约定或者约定不明确，通常不会发生纠纷，因为当事人之间的补充协议或者交易惯例可以解决这类纠纷。如果交易惯例解决不了，则按照有利于实现合同目的的方式履行。

◆ **第六百二十七条　买受人支付标的物价款的地点**

买受人应当按照约定的地点支付价款。对支付地点没有约定或者约定不明确，依据本法第五百一十条的规定仍不能确定的，买受人应当在出卖人的营业地支付；但是，约定支付价款以交付标的物或者交付提取标的物单证为条件的，在交付标的物或者交付提取标的物单证的所在地支付。

◆ **第六百二十八条　买受人支付标的物价款的时间**

买受人应当按照约定的时间支付价款。对支付时间没有约定或者约定不明确，依据本法第五百一十条的规定仍不能确定的，买受人应当在收到标的物或者提取标的物单证的同时支付。

◆ **第六百二十九条　出卖人多交标的物如何处理**

出卖人多交标的物的，买受人可以接收或者拒绝接收多交的部分。买受人接收多交部分的，按照约定的价格支付价款；买受人拒绝接收多交部分的，应当及时通知出卖人。

◆ **第六百三十条　买卖合同标的物孳息归属**

标的物在交付之前产生的孳息，归出卖人所有；交付之后产生的孳息，归买受人所有。但是，当事人另有约定的除外。

📝 名词解释

孳息 孳息是"原物"的对称,是由物或者权利而产生的收益,分为"天然孳息"和"法定孳息"。天然孳息,是指物依自然规律产生的收益,如土地生长的稻麦、树木的果实、牲畜的幼畜、挤出的牛乳、剪下的羊毛等。法定孳息,是指依民事法律关系产生的收益,如有利息的借贷或租赁、出借人有权收取的利息、出租人有权收取的租金等。买卖合同中标的物涉及的孳息,一般为天然孳息;但如果买卖的不是一般的货物,则也有可能涉及法定孳息,如买卖正被出租的房屋。

📄 实用问答

若买受人代为保管多交部分标的物,代为保管期间的合理费用和非因买受人故意或者重大过失造成的损失由谁承担?

答: 根据《最高人民法院关于审理买卖合同纠纷案件适用法律问题的解释》第3条的规定,买受人拒绝接收多交部分标的物的,可以代为保管多交部分标的物。买受人主张出卖人负担代为保管期间的合理费用的,人民法院应予支持。买受人主张出卖人承担代为保管期间非因买受人故意或者重大过失造成的损失的,人民法院应予支持。

◆ 第六百三十一条　主物与从物在解除合同时的效力

因标的物的主物不符合约定而解除合同的,解除合同的效力及于从物。因标的物的从物不符合约定被解除的,解除的效力不及于主物。

名词解释

主物　主物是"从物"的对称,是指独立存在,与属于同一主体的他物合并使用而起主要经济效用的物。如汽车对于附带的必需的维修工具、自划游船对于船桨、保险箱对于钥匙都为主物。

从物　从物也是"主物"的对称,是指独立存在,与属于同一主体的他物合并使用而起辅助经济效用的物。除特别情况外,从物的归属依主物的归属而定,主物所有权转移,从物所有权也随其转移。也就是说,主物能够决定从物的命运,而从物一般不能决定主物的命运。

◆ 第六百三十二条　数物同时出卖时的合同解除

标的物为数物,其中一物不符合约定的,买受人可以就该物解除。但是,该物与他物分离使标的物的价值显受损害的,买受人可以就数物解除合同。

名词解释

数物　此处所讲的"数物",是指主从物以外的其他相互独立存在的物。不同的标的物中的"数物"一般是独立存在的,和其他独立存在的物并不互相制约。一般来讲,一个物不能使用,并不能影响其他物的使用。

◆ 第六百三十三条　分批交付标的物的合同解除

出卖人分批交付标的物的,出卖人对其中一批标的物不交付或者交付不符合约定,致使该批标的物不能实现合同目的的,买受人可以就该批标的物解除。

出卖人不交付其中一批标的物或者交付不符合约定，致使之后其他各批标的物的交付不能实现合同目的的，买受人可以就该批以及之后其他各批标的物解除。

买受人如果就其中一批标的物解除，该批标的物与其他各批标的物相互依存的，可以就已经交付和未交付的各批标的物解除。

◆ **第六百三十四条　分期付款买卖合同**

分期付款的买受人未支付到期价款的数额达到<u>全部价款的五分之一</u>，经催告后在合理期限内仍未支付到期价款的，出卖人可以请求买受人支付全部价款或者解除合同。

出卖人解除合同的，可以向买受人请求支付该标的物的<u>使用费</u>。

名词解释

分期付款　这里的分期付款指买受人将应付的总价款在一定期限内至少分3次向出卖人支付。

分期付款买卖合同　分期付款买卖合同是指由出卖人先向买受人交付标的物，买受人将应付的总价款，在一定期限内分次向出卖人支付的买卖合同。分期付款买卖是一种特殊买卖，其根本特征在于买受人在接收标的物后不是一次性支付全部价款，而是将全部价款分成若干份，分不同日期支付。

典型案例

1. 汤长龙诉周士海股权转让纠纷案[①]

要旨： 有限责任公司的股权分期支付转让款中发生股权受让人延迟或者拒付等违约情形，股权转让人要求解除双方签订的股权转让合同的，不适用《合同法》第167条关于分期付款买卖中出卖人在买受人未支付到期价款的金额达到合同全部价款的1/5时即可解除合同的规定。

2. 德庆拉姆、边巴等分期付款买卖合同纠纷案[②]

要旨： 根据查明的事实，上诉人德庆拉姆与西藏恒悦销售公司之间签订的《分期产品购销合同》《欠条》系双方当事人真实意思表示，未违反法律法规的强制性规定，应为合法有效的合同。结合《分期产品购销合同》《欠条》内容，可确认上诉人德庆拉姆与被上诉人西藏恒悦销售公司之间实际构成保留所有权的分期付款买卖合同关系。根据《分期产品购销合同》第4条"需方在未付清所有的分期款项之前，该台机械的所有权属于供方。若需方在规定时间内无法按时完成或拒绝支付余款及罚息，有权解除合同，则供方将收回机械自行处理，需方前期应支付的分期款将视为需方使用供方机械期间的租赁费用

[①] 参见最高人民法院指导案例67号，最高人民法院审判委员会通过，2016年9月19日发布。最高人民法院（2015）民申字第2532号。
[②] 参见西藏自治区拉萨市中级人民法院（2023）藏01民终329号。

不予退还，若需方未支付，供方有权追收"及《民法典》第 634 条第 1 款"分期付款的买受人未支付到期价款的数额达到全部价款的五分之一，经催告后在合理期限内仍未支付到期价款的，出卖人可以请求买受人支付全部价款或者解除合同"之规定，被上诉人西藏恒悦销售公司有权主张解除合同、确认涉案机械所有权归己方所有。本案中，被上诉人西藏恒悦销售公司虽未催告通知，但自西藏自治区拉萨市堆龙德庆区人民法院于 2022 年 5 月 13 日作出（2022）藏 0103 财保 59 号民事裁定书至今，二上诉人仍未履行第一期分期款的支付义务，故已构成合同根本性违约，一审法院认定解除合同、确认涉案机械所有权正确，应予维持。

◆ 第六百三十五条　凭样品买卖合同

凭样品买卖的当事人应当封存样品，并可以对样品质量予以说明。出卖人交付的标的物应当与样品及其说明的质量相同。

名词解释

凭样品买卖合同　凭样品买卖合同又称货样买卖，是指买卖双方根据货物样品而订立的由出卖人按照样品交付标的物的合同。凭样品买卖合同属于一种特殊的买卖合同：合同标的物的质量、属性等是根据样品确定的，并且该样品应当是订立合同时存在的样品；当事人基于对样品的信赖而订约；交付的标的物以样品来衡量，即当事人在合同中明确规定以样品来确定标的物品质。如果出卖人先向买受人提示样品，而后双方订立合同时未明确表明进行的是凭样品买卖合同，则双方不成立凭样品买卖合同。所以，按照商店中摆列商品购物不属于凭样品买卖。

应当封存样品　这包括三层意思：一是样品必须是订立合同时

的样品；二是样品的封存必须为双方所认可，包括对封存地点、数量、时间以及保存人的认可等；三是双方当事人应当对封存的样品盖章或者签字。至于封存的具体方法，当事人可以根据自己的具体情况作出具体的约定。

实用问答

凭样品买卖合同的出卖人未履行"交付的标的物应当与样品及其说明的质量相同"时，将导致什么法律后果？

答：凭样品买卖合同的出卖人交付的标的物应当与样品及其说明的质量相同。实践中，为了检验买卖标的物是否与样品品质相同，通常采取封存样品的办法，以待验证；同时由出卖人对样品质量予以说明。如果出卖人未履行这项义务，会出现下列法律后果：一是出卖人应承担违约责任；二是因出卖人的交付行为使买受人的合同目的不能实现的，买受人将有权解除合同。

◆ **第六百三十六条 凭样品买卖合同的隐蔽瑕疵处理**

凭样品买卖的买受人不知道样品有隐蔽瑕疵的，即使交付的标的物与样品相同，出卖人交付的标的物的质量仍然应当符合同种物的通常标准。

名词解释

隐蔽瑕疵 瑕疵分为质量瑕疵和权利瑕疵。质量瑕疵又可分为外观瑕疵和隐蔽瑕疵。外观瑕疵，是指存在于标的物表面，凭一般买受人的经验就可以发现的无须经过专门检验的质量缺陷。隐蔽瑕疵，则是指存在于标的物内部，凭一般买受人的经验难以发现的必须经过专门检验的质量缺陷。

◆ **第六百三十七条　试用买卖合同中的试用期限**

　　试用买卖的当事人可以约定标的物的试用期限。对试用期限没有约定或者约定不明确，依据本法第五百一十条的规定仍不能确定的，由出卖人确定。

名词解释

　　试用买卖合同　　试用买卖合同也称试验买卖合同，是指出卖人和买受人约定，由买受人对标的物进行试用，并由买受人决定是否购买标的物的一种特殊的买卖合同。

◆ **第六百三十八条　试用买卖的效力**

　　试用买卖的买受人在试用期内可以购买标的物，也可以拒绝购买。试用期限届满，买受人对是否购买标的物未作表示的，视为购买。

　　试用买卖的买受人在试用期内已经支付部分价款或者对标的物实施出卖、出租、设立担保物权等行为的，视为同意购买。

◆ **第六百三十九条　试用买卖使用费的负担**

　　试用买卖的当事人对标的物使用费没有约定或者约定不明确的，出卖人无权请求买受人支付。

◆ **第六百四十条　试用期间标的物灭失风险的承担**

　　标的物在试用期内毁损、灭失的风险由出卖人承担。

◆ 第六百四十一条 买卖合同中标的物所有权保留

当事人可以在买卖合同中约定买受人未履行支付价款或者其他义务的,标的物的所有权属于出卖人。

出卖人对标的物保留的所有权,未经登记,不得对抗善意第三人。

◆ 第六百四十二条 出卖人的取回权

当事人约定出卖人保留合同标的物的所有权,在标的物所有权转移前,买受人有下列情形之一,造成出卖人损害的,除当事人另有约定外,出卖人有权取回标的物:

(一)未按照约定支付价款,经催告后在合理期限内仍未支付;

(二)未按照约定完成特定条件;

(三)将标的物出卖、出质或者作出其他不当处分。

出卖人可以与买受人协商取回标的物;协商不成的,可以参照适用担保物权的实现程序。

名词解释

出卖人取回权 出卖人取回权是指在所有权保留买卖合同中,当买受人出现违约情形时,出卖人享有取回标的物的权利。例如,买受人甲和出卖人乙订立一份关于一辆汽车的买卖合同,双方约定了所有权保留条款,但甲在取走汽车以后,一直不支付购车款,那么乙有权向甲取回该辆汽车。

> 实用问答

1. 买受人已经支付标的物价款，出卖人主张取回标的物的，应如何处理？

答：根据《最高人民法院关于审理买卖合同纠纷案件适用法律问题的解释》第26条第1款的规定，买受人已经支付标的物总价款的75%以上，出卖人主张取回标的物的，人民法院不予支持。

2. 第三人基于善意取得制度取得所有权，出卖人主张取回标的物的，应如何处理？

答：根据《最高人民法院关于审理买卖合同纠纷案件适用法律问题的解释》第26条第2款的规定，当事人约定出卖人保留合同标的物的所有权，在标的物所有权转移前，买受人将标的物出卖、出质或者作出其他不当处分，但第三人已经基于善意取得制度取得所有权。在这种情况下，人民法院不予支持出卖人主张取回标的物的请求，出卖人是无权行使取回权的，结果只能是由出卖人向买受人请求赔偿损失。

3. 在符合出卖人可以行使取回权条件的前提下，出卖人如何依法取回标的物？

答：在符合出卖人可以行使取回权条件的前提下，出卖人应当以何种程序取回，将影响到出卖人取回标的物的效率。出卖人可以与买受人协商取回标的物；协商不成的，为提高出卖人行使取回权的效率，出卖人可以参照《民事诉讼法》第15章特别程序第7节"实现担保物权案件"的规定行使取回权，其中第203条规定："申请实现担保物权，由担保物权人以及其他有权请求实现担保物权的人依照民法典等法律，向担保财产所在地或者担保物权登记地基层人民法院提出。"第204条规定："人民法院受理申请后，经审查，符合法律规定的，裁定拍卖、变卖担保财产，当事人依据该裁定可以向人民法院申请执行；不符合法律规定的，裁定驳回申请，当事人可以向人民法院提起诉讼。"实践中照此操作，出卖人可以省去诉讼环节，直接向法院申请执行，达到降低交易成本、提高效率的目的。

◆ 第六百四十三条　买受人回赎权及出卖人再出卖权

出卖人依据前条第一款的规定取回标的物后，买受人在双方约定或者出卖人指定的合理回赎期限内，消除出卖人取回标的物的事由的，可以请求回赎标的物。

买受人在回赎期限内没有回赎标的物，出卖人可以以<u>合理价格将标的物出卖给第三人</u>，出卖所得价款扣除买受人未支付的价款以及必要费用后<u>仍有剩余的，应当返还买受人</u>；不足部分由买受人清偿。

📝 名词解释

买受人回赎权　所谓买受人回赎权，是指所有权保留买卖中出卖人对标的物行使取回权后，在一定期间内，买受人可以通过履行支付价款义务或者完成其他条件后享有的重新占有标的物的权利。

📋 实用问答

在所有权保留买卖合同中，出卖人取回标的物后不进行再出卖的如何处理？

答： 就此问题应当分为两种情形：一是买受人没有向出卖人支付标的物价款，那么出卖人取回标的物不进行再出卖并不会损害买受人的利益，相反，由于买受人存在违约行为，出卖人有权要求买受人承担相应的违约责任。二是买受人已经向出卖人支付了标的物的部分价款,有时甚至支付了较高比例的价款,在该情形下,原买卖合同并未解除,更加不能称为失去效力,在出卖人不实施再次出卖的情况时,可以参照《民法典》第 566 条第 1 款"合同解除后,尚未履行的,终止履行;已经履行的,根据履行情况和合同性质,当事人可以请求恢复原状或者采取其他补救措施,并有权请求赔偿损失"的规定,结合买受人实际支付价款的多少和买受人的违约程度,具体情况具体承担责任。

◆ **第六百四十四条　招标投标买卖**

招标投标买卖的当事人的权利和义务以及招标投标程序等,依照有关法律、行政法规的规定。

名词解释

招标　这是指以招标公告的方式邀请不特定的法人或者非法人组织投标,或者以投标邀请书的方式邀请特定的法人或非法人组织投标。

投标　这是指投标人根据招标人所公布的标准和条件向招标人发出以订立合同为目的的意思表示。在投标人投标以后,必须待招标人承诺后,即招标人发出中标通知书后,买卖合同才能成立,所以投标在性质上属于要约。

招标投标买卖　这是指招标人公布买卖标的物的出卖条件,投标人参加投标竞买,招标人选定中标人的买卖方式。作为招标投标买卖法律关系主体的出卖人,又可称为招标人或竞买人;作为招标投标买卖法律关系主体的买受人,又可称为投标人或中标人。

实用问答

投标文件和合同不一致的情况下，应当以谁为准？

答：《招标投标法》第46条第1款规定："招标人和中标人应当自中标通知书发出之日起三十日内，按照招标文件和中标人的投标文件订立书面合同。招标人和中标人不得再行订立背离合同实质性内容的其他协议。"在协商签订正式合同的过程中，双方可能会进一步修改投标文件的内容，当然也可能完全保留投标书的内容。第48条第1款规定："中标人应当按照合同约定履行义务，完成中标项目。中标人不得向他人转让中标项目，也不得将中标项目肢解后分别向他人转让。"因此，在投标文件和合同不一致的情况下，应当以合同为准。当然，当事人通过中标后协商签订合同，可以对投标文件进行适当修改，但不得实质性地改变招标投标文件的内容。另外，如果合同中明确规定有关价款等内容以投标文件为准，则应当以投标文件确定价款。

◆ **第六百四十五条　拍卖**

拍卖的当事人的权利和义务以及拍卖程序等，依照有关法律、行政法规的规定。

名词解释

拍卖　这是指以公开竞价的形式，将特定物品或者财产权利转让给最高应价者的买卖方式。拍卖的类别，按拍卖性质可分为强制拍卖和任意拍卖。强制拍卖是依据法律规定而必须发生的拍卖，是由国家机关通过强制执行程序所进行的拍卖；任意拍卖则是根据委托人的意愿来决定，而不是通过强制执行程序进行的拍卖。按拍卖标的物出卖人是否有保留，拍卖可分为有保留的拍卖和无保留的拍卖。有保留的拍卖，是指标的物的出卖人就该物的拍卖设置保留价，在竞买人的最高应价未达到保留价时，该应价不发生效力，拍卖师应当停止拍卖；无保留的拍卖则是无论竞买人的最高出价为多少，出卖人都应当与最高应价的竞买人订立合同。

实用问答

如果拍卖人或者出卖人在拍卖前声明不能保证拍卖标的物质量，可以依法免除责任吗？

答：《拍卖法》第61条第2款规定："拍卖人、委托人在拍卖前声明不能保证拍卖标的的真伪或者品质的，不承担瑕疵担保责任。"据此表明，如果拍卖人或者出卖人在拍卖前声明不能保证拍卖标的物质量，可以依法免除责任。但是，如果拍卖人、出卖人在拍卖前未作声明或者明知拍卖物是赝品而谎称不能保证真假，此时免责将有悖于公平和诚信原则，应当依法承担瑕疵担保责任。

◆ 第六百四十六条　买卖合同准用于其他有偿合同

法律对其他有偿合同有规定的，依照其规定；没有规定的，参照适用买卖合同的有关规定。

名词解释

有偿合同　当事人享有合同权利时必须向对方支付一定代价的合同，称为有偿合同。大多数合同是有偿合同，如买卖合同、租赁合同、承揽合同等。当事人享有合同权利而不必向对方偿付代价的合同，称为无偿合同。赠与合同是典型的无偿合同。有些合同既可以是有偿合同又可以是无偿合同，全在于合同当事人之间是否有偿付代价的约定，如委托合同、保管合同、自然人之间的借贷合同等。

◆ **第六百四十七条　易货交易合同的法律适用**

当事人约定易货交易，转移标的物的所有权的，参照适用买卖合同的有关规定。

名词解释

易货交易合同　易货交易合同又称互易合同，一般是指当事人相互交换货币以外的标的物，转移标的物所有权的合同。互易人包括自然人、法人或者非法人组织，互易人各自享有取得对方互易标的物的权利，负有将本人的标的物转移交付对方的义务。

第十章　供用电、水、气、热力合同

◆ **第六百四十八条　供用电合同概念以及供电人强制缔约义务**

供用电合同是供电人向用电人供电，用电人支付电费的合同。

向社会公众供电的供电人，<u>不得拒绝用电人合理的订立合同要求</u>。

◆ **第六百四十九条　供用电合同内容**

供用电合同的内容一般包括供电的方式、质量、时间，用电容量、地址、性质，计量方式，电价、电费的结算方式，供用电设施的维护责任等条款。

实用问答

供用电合同应当具备哪些条款？

答：根据《电力供应与使用条例》第33条的规定，供用电合同应当具备以下条款：（1）供电方式、供电质量和供电时间；（2）用电容量和用电地址、用电性质；（3）计量方式和电价、电费结算方式；（4）供用电设施维护责任的划分；（5）合同的有效期限；（6）违约责任；（7）双方共同认为应当约定的其他条款。

◆ **第六百五十条　供用电合同履行地点**

供用电合同的履行地点，按照当事人约定；当事人没有约定或者约定不明确的，供电设施的产权分界处为履行地点。

名词解释

供用电合同的履行地点　合同的履行地点，是指当事人双方行使其权利、履行其义务的地点。履行地点往往是确定验收地点的依据，是确定运输费用由谁负担、风险由谁承受的依据，也是确定标的物所有权是否转移的依据。"供用电合同的履行地点"具体是指供电人将电力的所有权转移于用电人的转移点。

◆ **第六百五十一条　供电人的安全供电义务及其违约责任**

供电人应当按照国家规定的供电质量标准和约定安全供电。供电人未按照国家规定的供电质量标准和约定安全供电，造成用电人损失的，应当承担赔偿责任。

实用问答

供电质量标准是什么？

答：供电质量标准是衡量供电质量和安全的重要指标，供电人只有按照国家规定的供电质量标准供电，才能保证供电的安全，维护用电人的合法权益。《供电营业规则》第53条、第54条对供电质量标准作了以下规定。（1）在电力系统正常状况下，供电频率的允许偏差为：电网装机容量在300万千瓦及以上的，为正负0.2赫兹；电网装机容量在300万千瓦以下的，为正负0.5赫兹。在电力系统非正常状况下,供电频率允许偏差不应超过正负 1 赫兹。(2) 在电力系统正常状况下,供电企业供到用户受电端的供电电压允许偏差为：35 千伏及以上电压供电的,电压正、负偏差的绝对值之和不超过额定值的 10%；10 千伏及以下三相供电的,为额定值的正负 7%；220 伏单相供电的,为额定值的正 7%、负 10%。在电力系统非正常状况下,用户受电端的电压最大允许偏差不应超过额定值的正负 10%。用户用电功率因数达不到规定标准时,其受电端的电压偏差不受此限制。

> ◆ **第六百五十二条　供电人因故中断供电时的通知义务**
>
> 　　供电人因供电设施计划检修、临时检修、依法限电或者用电人违法用电等原因,需要中断供电时,应当按照国家有关规定事先通知用电人；未事先通知用电人中断供电,造成用电人损失的,应当承担赔偿责任。

实用问答

因故需要停止供电时,供电企业如何履行通知义务？

答：根据《电力供应与使用条例》第 28 条的规定,除《电力供应与使用条例》另有规定外,在发电、供电系统正常运行的情况下,供电企业应当连续向用户供电；因故需要停止供电时,应当按照下列要求事先通知用户或者进行公告：(1) 因供电设施计划检修需要停电时,供电企业应当提前 7 天通知用户或者进行公告；(2) 因供电设施临时检修需要停止供电时,供电企业应当提前 24 小时通知重要用户；(3) 因发电、供电系统发生故障需要停、限电时,供电企业应当按照事先确定的限电序位进行停电或者限电。引起停电或者限电的原因消除后,供电企业应当尽快恢复供电。

◆ **第六百五十三条　因自然灾害等原因断电时供电人的抢修义务**

因自然灾害等原因断电，供电人应当按照国家有关规定及时抢修；未及时抢修，造成用电人损失的，应当承担赔偿责任。

◆ **第六百五十四条　用电人支付电费的义务和逾期支付电费的违约责任**

用电人应当按照国家有关规定和当事人的约定及时支付电费。用电人逾期不支付电费的，应当按照约定支付违约金。经催告用电人在合理期限内仍不支付电费和违约金的，供电人可以按照国家规定的程序中止供电。

供电人依据前款规定中止供电的，应当事先通知用电人。

实用问答

1. 用电人逾期不支付电费的违约金，按什么标准支付？

答：用电人在合同约定的期限内未支付电费，应当承担迟延支付的违约责任。如果供用电双方就迟延支付电费约定了违约金，则用电人应当按照约定支付违约金。有关电力供应与使用的行政法规和规章对迟延支付的违约金作出了规定。《电力供应与使用条例》第39条中规定，违反该条例第27条规定，逾期未交付电费的，供电企业可以从逾期之日起，每日按照电费总额的1‰至3‰加收违约金，具体比例由供用电双方在供用电合同中约定。《供电营业规则》第98条规定，用户在供电企业规定的期限内未交清电费时，应承担电费滞纳的违约责任。电费违约金从逾期之日起计算至交纳日止。每日电费违约金按下列规定计算：（1）居民用户每日按欠费总额的

1‰计算。(2) 其他用户：当年欠费部分，每日按欠费总额的2‰计算；跨年度欠费部分，每日按欠费总额的3‰计算。电费违约金收取总额按日累加计收，总额不足1元者按1元收取。

2. 供电企业对用户停止供电时，如何办理停电手续?

答：根据《供电营业规则》第66条的规定，在发供电系统正常情况下，供电企业应连续向用户供应电力。但是，存在拖欠电费经通知催交仍不交者或者拒不在限期内交付违约用电引起的费用者的情形，须经批准方可中止供电。第67条规定，除因故中止供电外，供电企业需对用户停止供电时，应按下列程序办理停电手续：(1) 应将停电的用户、原因、时间报本单位负责人批准。批准权限和程序由省电网经营企业制定；(2) 在停电前3天至7天内，将停电通知书送达用户，对重要用户的停电，应将停电通知书报送同级电力管理部门；(3) 在停电前30分钟，将停电时间再通知用户1次，方可在通知规定时间实施停电。

◆ **第六百五十五条　用电人用电义务及其违约责任**

用电人应当按照国家有关规定和当事人的约定安全、节约和计划用电。用电人未按照国家有关规定和当事人的约定用电，造成供电人损失的，应当承担赔偿责任。

实用问答

用电人不得有哪些危害供电、用电安全，扰乱正常供电、用电秩序的行为?

答：根据《电力供应与使用条例》第30条的规定，用电人不得有下列危害供电、用电安全，扰乱正常供电、用电秩序的行为：(1) 擅自改变用电类别；（2）擅自超过合同约定的容量用电；（3）擅自超过计划分配的用电指标的；（4）擅自使用已经在供电企业办理暂停使用手续的电力设备，或者擅自启用已经被供电企业查封的电力设备；（5）擅自迁移、更动或者擅自操作供电企业的用电计量装置、电力负荷控制装置、供电设施以及约定由供电企业调度的用户受电设备；（6）未经供电企业许可，擅自引入、供出电源或者将自备电源擅自并网。

◆ **第六百五十六条　供用水、气、热力合同参照适用供用电合同**

供用水、供用气、供用热力合同，参照适用供用电合同的有关规定。

典型案例

灵武市能源有限公司、金梦磊供用热力合同纠纷案[①]

要旨：灵武市能源有限公司按照相关规定为案涉营业房屋提供了供暖服务，作为房屋的使用人，金梦磊应当及时交纳供暖费。故灵武市能源有限公司主张金梦磊交纳供暖费9816元的诉讼请求，本院予以支持。灵武市能源有限公司主张金梦磊支付滞纳金的诉讼请求，因催缴供暖费时未告知被告，故该项诉请本院不予支持。

---

① 参见宁夏回族自治区灵武市人民法院（2023）宁0181民初2512号。

第十一章 赠与合同

◆ **第六百五十七条 赠与合同概念**

赠与合同是赠与人将自己的财产无偿给予受赠人，受赠人表示接受赠与的合同。

实用问答

赠与合同的主要内容包括哪些？

答：根据《赠与公证细则》第14条的规定，赠与合同的主要内容包括：（1）赠与人与受赠人的姓名、性别、出生日期、家庭住址；（2）赠与人与受赠人的关系，赠与与接受赠与的意思表示及理由；（3）赠与财产状况，包括名称、数量、质量、价值，不动产坐落地点、结构；（4）违约责任。

◆ **第六百五十八条 赠与的任意撤销及其限制**

赠与人在赠与财产的权利转移之前可以撤销赠与。

经过公证的赠与合同或者依法不得撤销的具有救灾、扶贫、助残等公益、道德义务性质的赠与合同，不适用前款规定。

◆ **第六百五十九条　赠与财产办理有关法律手续**

赠与的财产依法需要办理登记或者其他手续的，应当办理有关手续。

实用问答

哪些赠与财产依法需要办理登记等手续？

答：依照我国现有法律，依法需要办理登记等手续的赠与财产，主要包括：（1）房屋等不动产作为赠与财产需要办理登记等有关手续。《民法典》第209条第1款规定："不动产物权的设立、变更、转让和消灭，经依法登记，发生效力；未经登记，不发生效力，但是法律另有规定的除外。"因此，房屋等不动产的赠与原则上应当依法进行登记，否则不发生效力。（2）汽车等动产作为赠与财产需要办理登记等有关手续。赠与动产大多是不需要登记的，因为《民法典》第224条规定："动产物权的设立和转让，自交付时发生效力，但是法律另有规定的除外。"也就是说，动产自交付时发生所有权的转移。但是，涉及特殊的动产，如汽车等，根据《民法典》第225条的规定，"船舶、航空器和机动车等的物权的设立、变更、转让和消灭，未经登记，不得对抗善意第三人"。尽管交付汽车时，汽车的所有权已经发生转移，但是，如果没有在车管所等车辆登记机构办理更名登记，那么就不得对抗善意第三人。（3）股权等权利作为赠与财产需要办理登记等有关手续。依据《公司法》第32条第3款的规定，"公司应当将股东的姓名或者名称向公司登记机关登记；登记事项发生变更的，应当办理变更登记。未经登记或者变更登记的，不得对抗第三人"。因此，接受股权赠与的受赠人，应当及时和赠与人一起到作为公司登记机关的市场监督管理部门，办理相应的股权变更登记手续，才能真正享有作为公司股东的权利。

◆ **第六百六十条　受赠人的交付请求权以及赠与人的赔偿责任**

经过公证的赠与合同或者依法不得撤销的具有救灾、扶贫、助残等公益、道德义务性质的赠与合同，赠与人不交付赠与财产的，受赠人可以请求交付。

依据前款规定应当交付的赠与财产因赠与人故意或者重大过失致使毁损、灭失的，赠与人应当承担赔偿责任。

实用问答

1. 申办赠与合同公证，当事人应向公证处提交哪些资料？

答：根据《赠与公证细则》第9条的规定，申办赠与书、受赠书、赠与合同公证，当事人应向公证处提交以下证件和材料：（1）当事人办理赠与书、受赠书、赠与合同公证申请表；（2）当事人的居民身份证或其他身份证明；（3）被赠与财产清单和财产所有权证明；（4）受赠人为法人或其他组织的，应提交资格证明、法定代表人身份证明，如需经有关部门批准才能受赠的事项，还需提交有关部门批准接受赠与的文件，代理人应提交授权委托书；受赠人为无民事行为能力或限制民事行为能力的，其代理人应提交有监护权的证明；（5）赠与书、受赠书或赠与合同；（6）赠与标的为共有财产的，共有人一致同意赠与的书面证明；（7）公证人员认为应当提交的其他材料。

2. 赠与需要符合哪些条件，公证处才予以出具公证书？

答：根据《赠与公证细则》第16条的规定，符合下列条件的赠与，公证处应出具公证书：（1）赠与人具有完全民事行为能力；

(2）赠与财产是赠与人所有的合法财产；（3）赠与书、受赠书、赠与合同的意思表示真实、合法，条款完备、内容明确、文字表述准确；（4）办证程序符合规定。不符合上述条件的，公证处应当拒绝公证，并在公证期限内将拒绝的理由通知当事人。

◆ **第六百六十一条　附义务赠与**

> 赠与可以附义务。
> 赠与附义务的，受赠人应当按照约定履行义务。

名词解释

<u>附义务的赠与</u>　附义务的赠与也称附负担的赠与，是指以受赠人对赠与人或者第三人为一定给付为条件的赠与，即使受赠人接受赠与后负担一定义务的赠与。除当事人另有约定外，通常情况下，在赠与人履行了赠与义务后，才发生受赠人义务的履行问题。

◆ **第六百六十二条　赠与人对赠与财产的瑕疵担保责任**

> 赠与的财产有瑕疵的，赠与人不承担责任。附义务的赠与，赠与的财产有瑕疵的，赠与人在附义务的限度内承担与出卖人相同的责任。
> 赠与人故意不告知瑕疵或者保证无瑕疵，造成受赠人损失的，应当承担赔偿责任。

◆ **第六百六十三条　赠与人的法定撤销情形及撤销权行使期间**

> 受赠人有下列情形之一的，赠与人可以撤销赠与：
> （一）严重侵害赠与人或者赠与人近亲属的合法权益；

（二）对赠与人有扶养义务而不履行；

（三）不履行赠与合同约定的义务。

赠与人的撤销权，自知道或者应当知道撤销事由之日起一年内行使。

◆ **第六百六十四条　赠与人的继承人或者法定代理人的法定撤销情形及撤销权行使期间**

因受赠人的违法行为致使赠与人死亡或者丧失民事行为能力的，赠与人的继承人或者法定代理人可以撤销赠与。

赠与人的继承人或者法定代理人的撤销权，自知道或者应当知道撤销事由之日起六个月内行使。

◆ **第六百六十五条　撤销权的行使效力**

撤销权人撤销赠与的，可以向受赠人请求返还赠与的财产。

◆ **第六百六十六条　赠与人可以不再履行赠与义务的法定情形**

赠与人的经济状况显著恶化，严重影响其生产经营或者家庭生活的，可以不再履行赠与义务。

实用问答

在救灾、扶贫等社会公益活动中认捐的企业，可以以企业经营状况不好为由，拒绝兑现认捐的款物吗？

答：在救灾、扶贫等社会公益活动中，某些企业在公开场合明确表示或以认捐书的形式认捐后，又以企业经营状况不好为由，拒绝兑现认捐的款物。如果该企业在认捐之后其经济状况才发生显著恶化，并严重影响其生产经营，可以不再履行赠与义务，否则应当继续履行其赠与义务。对于那些本无经济能力捐赠，甚至濒临破产的企业，纯粹为了商业目的宣传自身形象，认捐后又称企业经济状况不好不能履行赠与义务的，不能简单地适用"可以不再履行赠与义务"的规定，如果给受赠人造成损失，应当承担损害赔偿责任，赔偿受赠人的损失。

第十二章 借款合同

◆ **第六百六十七条 借款合同定义**

借款合同是借款人向贷款人借款，到期返还借款并支付利息的合同。

名词解释

贷款人　贷款人包括两类：一类是在中国境内设立的经营贷款业务的金融机构，包括政策性银行、商业银行、农村信用合作银行和外资银行等；另一类是以自有资金出借但并非以出借款项为业的自然人、法人或者非法人组织。

◆ **第六百六十八条 借款合同形式和内容**

借款合同应当采用书面形式，但是自然人之间借款另有约定的除外。

借款合同的内容一般包括借款种类、币种、用途、数额、利率、期限和还款方式等条款。

实用问答

自然人之间的借款合同具备哪些情形时合同成立？

答：根据《最高人民法院关于审理民间借贷案件适用法律若干问题的规定》第9条的规定，自然人之间的借款合同具有下列情形之一的，可以视为合同成立：（1）以现金支付的，自借款人收到借款时；（2）以银行转账、网上电子汇款等形式支付的，自资金到达借款人账户时；（3）以票据交付的，自借款人依法取得票据权利时；（4）出借人将特定资金账户支配权授权给借款人的，自借款人取得对该账户实际支配权时；（5）出借人以与借款人约定的其他方式提供借款并实际履行完成时。

◆ **第六百六十九条　借款人提供真实情况的义务**

订立借款合同，借款人应当按照贷款人的要求提供与借款有关的业务活动和财务状况的真实情况。

实用问答

向金融机构借款的借款人，应当具备哪些条件？

答：借款人申请贷款，应当具备产品有市场、生产经营有效益、不挤占挪用贷款资金、恪守信用等基本条件，并且应当符合以下要求：（1）有按期还本付息的能力，原应付贷款利息和到期贷款已清偿；没有清偿的，已经做了贷款人认可的偿还计划。（2）除自然人和不需要经市场监督管理部门核准登记的事业法人外，应当经过工商部门办理年检手续。（3）已开立基本账户或一般存款账户。（4）除国务院规定外，有限责任公司和股份有限公司对外股本权益性投资累计额未超过其净资产总额的50%。（5）借款人的资产负债率符合贷款人的要求。（6）申请中期、长期贷款的，新建项目的企业法人所有者权益与项目所需总投资的比例不低于国家规定的投资项目的资本金比例。

◆ **第六百七十条　借款利息不得预先扣除**

借款的利息不得预先在本金中扣除。利息预先在本金中扣除的，应当按照实际借款数额返还借款并计算利息。

实用问答

预先在本金中扣除利息的，如何认定借款金额？

答：《最高人民法院关于审理民间借贷案件适用法律若干问题的规定》第26条规定："借据、收据、欠条等债权凭证载明的借款金额，一般认定为本金。预先在本金中扣除利息的，人民法院应当将实际出借的金额认定为本金。"据此，在借款人对贷款人在出借款项时即已收取利息的事实提出证据后，人民法院便不会以借据等证据载明的借款金额为本金，而会以该本金减去贷款人已收取的利息后的数额为本金。作为借款人，在这一类事情发生时，最需要记住的，便是在向贷款人预先支付利息时，获得贷款人签名加日期的利息收条。

◆ **第六百七十一条　贷款人未按照约定提供借款以及借款人未按照约定收取借款的后果**

贷款人未按照约定的日期、数额提供借款，造成借款人损失的，应当赔偿损失。

借款人未按照约定的日期、数额收取借款的，应当按照约定的日期、数额支付利息。

◆ **第六百七十二条　贷款人对借款使用情况的监督**

贷款人按照约定可以检查、监督借款的使用情况。借款人应当按照约定向贷款人定期提供有关财务会计报表或者其他资料。

◆ **第六百七十三条　借款人未按照约定用途使用借款的责任**

借款人未按照约定的借款用途使用借款的，贷款人可以停止发放借款、提前收回借款或者解除合同。

实用问答

借款人不按借款合同规定用途使用贷款的，如何规制？

答：在向金融机构贷款时，根据《贷款通则》第71条的规定，借款人不按借款合同规定用途使用贷款的，由贷款人对其部分或全部贷款加收利息；情节特别严重的，由贷款人停止支付借款人尚未使用的贷款，并提前收回部分或全部贷款。

非金融借款合同的当事人，如自然人之间借款的，对借款用途作出约定的，借款人也应当按照约定的用途使用借款。因改变借款用途造成贷款人损失的，贷款人依法可以采取相应的措施来保护自己的权利。

◆ **第六百七十四条　借款人支付利息的期限**

借款人应当按照约定的期限支付利息。对支付利息的期限没有约定或者约定不明确，依据本法第五百一十条的规定仍不能确定，借款期间不满一年的，应当在返还借款时一并支付；借款期间一年以上的，应当在每届满一年时支付，剩余期间不满一年的，应当在返还借款时一并支付。

◆ **第六百七十五条　还款期限**

借款人应当按照约定的期限返还借款。对借款期限没有约定或者约定不明确，依据本法第五百一十条的规定仍不能确定的，借款人可以随时返还；贷款人可以催告借款人在合理期限内返还。

实用问答

债务人在约定的期限届满后未履行债务而出具没有还款日期的欠款条的，诉讼时效期间应从何时开始计算？

答：根据《最高人民法院关于债务人在约定的期限届满后未履行债务而出具没有还款日期的欠款条诉讼时效期间应从何时开始计算问题的批复》的规定，双方当事人原约定，供方交货后，需方立即付款。需方收货后因无款可付，经供方同意写了没有还款日期的欠款条。根据《民法典》第 195 条的规定，应认定诉讼时效中断。如果供方在诉讼时效中断后一直未主张权利，诉讼时效期间则应从供方收到需方所写欠款条之日起重新计算。

典型案例

阿旭林、尹得存民间借贷纠纷案[1]

要旨：原、被告系朋友。2017 年 10 月 30 日，被告以急用钱为由向原告借款，原告答应后向被告出借 8000 元。被告在书写借条过

---

[1] 参见青海省海东市乐都区人民法院（2023）青 0202 民初 1628 号。

程中，又向原告借款 2000 元。原告先后向被告出借共计 10000 元，后经原告多次催要，被告至今未还款。上述事实有原告陈述、原告提交的借条、通话录音光盘证实，并在卷佐证。

本院认为，原、被告之间的借款合同关系成立，被告应当按照约定偿还原告借款，原告要求被告偿还借款的诉讼请求成立，本院予以支持。但请求被告承担利息的主张，因双方没有约定利息，故对该请求本院不予支持。被告尹得存经本院依法传唤无正当理由未到庭参加诉讼，应承担对其不利的法律后果。

◆ **第六百七十六条　借款人逾期返还借款的责任**

借款人未按照约定的期限返还借款的，应当按照约定或者国家有关规定支付逾期利息。

实用问答

1. 在民间借贷中，借款人未按照约定的期限返还借款的，按照什么标准支付逾期利息？

答：根据《最高人民法院关于审理民间借贷案件适用法律若干问题的规定》第 28 条的规定，借贷双方对逾期利率有约定的，从其约定，但是以不超过合同成立时一年期贷款市场报价利率 4 倍为限。未约定逾期利率或者约定不明的，人民法院可以区分不同情况处理：（1）既未约定借期内利率，也未约定逾期利率，出借人主张借款人自逾期还款之日起参照当时一年期贷款市场报价利率标准计算的利息承担逾期还款违约责任的，人民法院应予支持；（2）约定了借期内利率但是未约定逾期利率，出借人主张借款人自逾期还款之日起按照借期内利率支付资金占用期间利息的，人民法院应予支持。第

29 条规定，出借人与借款人既约定了逾期利率，又约定了违约金或者其他费用，出借人可以选择主张逾期利息、违约金或者其他费用，也可以一并主张，但是总计超过合同成立时一年期贷款市场报价利率 4 倍的部分，人民法院不予支持。

2. 在金融借款中，借款人未按照约定的期限返还借款的，按照什么标准支付逾期利息？

答：《商业银行法》第 42 条规定，借款人应当按期归还贷款的本金和利息。借款人到期不归还担保贷款的，商业银行依法享有要求保证人归还贷款本金和利息或者就该担保物优先受偿的权利。商业银行因行使抵押权、质权而取得的不动产或者股权，应当自取得之日起 2 年内予以处分。借款人到期不归还信用贷款的，应当按照合同约定承担责任。《中国人民银行关于人民币贷款利率有关问题的通知》第 3 条规定了"关于罚息利率问题"："逾期贷款（借款人未按合同约定日期还款的借款）罚息利率由现行按日万分之二点一计收利息，改为在借款合同载明的贷款利率水平上加收 30%－50%；借款人未按合同约定用途使用借款的罚息利率，由现行按日万分之五计收利息，改为在借款合同载明的贷款利率水平上加收 50%－100%。对逾期或未按合同约定用途使用借款的贷款，从逾期或未按合同约定用途使用贷款之日起，按罚息利率计收利息，直至清偿本息为止。对不能按时支付的利息，按罚息利率计收复利。"

> 典型案例

史桂芳、马兰芳民间借贷纠纷案[①]

要旨：合法的借贷关系受法律保护，债务应当清偿。史桂芳与马兰芳之间的借贷行为是双方当事人真实、自愿的意思表示，合法有效。马兰芳欠史桂芳借款的事实，由史桂芳出具的欠条、微信聊天记录及其当庭陈述予以证实，故对史桂芳主张马兰芳偿还下剩借款19000元的诉讼请求，本院予以支持。关于利息，因双方未约定借期内利息，故史桂芳主张马兰芳支付借期内利息的诉讼请求，本院不予支持。但马兰芳应当自借款期限届满之日清偿借款，未按期偿还的，史桂芳有权请求马兰芳自借款期限届满之日起支付逾期利息，案涉借款的逾期利息本院以起诉时的中国人民银行授权全国银行间同业拆借中心公布的一年期LPR 3.65%，自2019年1月1日开始计算，2019年1月1日至2023年4月23日利息为2988.7元（19000元×3.65%÷365×1573天）。马兰芳经本院合法传唤未到庭参加诉讼，视为其自动放弃抗辩权。

◆ **第六百七十七条　借款人提前返还借款**

借款人提前返还借款的，除当事人另有约定外，应当按照实际借款的期间计算利息。

[①] 参见宁夏回族自治区灵武市人民法院（2023）宁0181民初2358号。

◆ **第六百七十八条　借款展期**

借款人可以在还款期限届满前向贷款人申请展期；贷款人同意的，可以展期。

名词解释

借款展期　这是指借款人在合同约定的借款期限不能偿还借款，在征得贷款人同意的情况下，延长原借款的期限，使借款人能够继续使用借款。借款展期实际上是对原合同的履行期限的变更，因此，借款展期应当遵循合同变更的有关规定，都必须由合同当事人协商一致确定。

实用问答

1. 在借款人有保证人提供担保的情况下，借款展期后，保证人对展期后的借款承担保证责任吗？

答：在借款人有保证人提供担保的情况下，贷款人如果要求保证人继续承担保证责任，应当征得保证人的同意。因为根据《民法典》第695条第2款的规定，"债权人和债务人变更主债权债务合同的履行期限，未经保证人书面同意的，保证期间不受影响"。由于借款展期使原合同的履行期间延长，因此，只有经保证人同意，保证人才对展期后的借款承担保证责任。贷款人如果为了减少借款的风险，要求保证人继续承担保证责任，就应当取得保证人的同意；否则，保证人可对延期后的债务不再承担保证责任。

2. 如何确定商业银行借款中的展期？

答：根据《贷款通则》的规定，商业银行借款中的展期应当按照以下规定办理：短期贷款展期期限累计不得超过原贷款期限；中期贷款展期期限累计不得超过原贷款期限的一半；长期贷款展期期限累计不得超过3年。国家另有规定的除外。借款人未申请展期或申请展期未得到批准，其贷款从到期日次日起，转入逾期贷款账户。金融机构借款时，应当按照以上规定确定展期后的合同期限。

◆ 第六百七十九条　借款合同成立时间

自然人之间的借款合同，自贷款人提供借款时成立。

典型案例

黄某、祁某磊民间借贷纠纷案[①]

要旨： 合法的借贷关系受法律保护。原告提交了双方签订的个人借条、向被告转账的微信支付转账电子凭证、微信聊天记录，证明被告向原告借款的事实。自然人之间的借款合同，自贷款人提供借款时成立。被告经本院合法传唤，无正当理由拒不到庭参加诉讼，视为其放弃抗辩的权利。庭审中，原告自动放弃要求被告给付利息1000元的请求。对原告要求被告偿还借款本金10000元的诉讼请求，本院予以支持。

◆ 第六百八十条　借款利率和利息

禁止高利放贷，借款的利率不得违反国家有关规定。

借款合同对支付利息没有约定的，视为没有利息。

[①] 参见青海省门源回族自治县人民法院（2023）青2221民初768号。

> 借款合同对支付利息约定不明确，当事人不能达成补充协议的，按照当地或者当事人的交易方式、交易习惯、市场利率等因素确定利息；自然人之间借款的，视为没有利息。

典型案例

张某某、朱某民间借贷纠纷案[①]

要旨：合法的借贷关系受法律保护。本案中，被告承认向原告借款的事实，也表示愿意分期偿还，据此原、被告之间形成合法的借贷关系，理应受法律保护。2018年被告向原告借款6万元，约定年利率24%，后被告未按约定支付本息，在2022年4月8日经双方结算，被告愿意偿还原告6万元本金、1万元利息，并出具7万元借条一张，经法院审查，该利息结算金额不超过法律保护范围，故该结算行为合法有效。现原告以该借条为依据要求被告偿还7万元的主张，本院予以支持。该借条并未约定利息，视为未约定利息，但被告应自逾期之日起支付逾期还款利息，该利息以7万元本金为基数，年利率按照一年期LPR计算，自2022年12月26日逾期之日起，计算至2023年4月12日止。

[①] 参见陕西省潼关县人民法院（2023）陕0522民初283号。

第十三章　保 证 合 同

第一节　一 般 规 定

◆ **第六百八十一条　保证合同概念**

保证合同是为保障债权的实现，保证人和债权人约定，当债务人不履行到期债务或者发生当事人约定的情形时，保证人履行债务或者承担责任的合同。

名词解释

保证　此处的保证是指法人、非法人组织和公民以其信誉和不特定的财产为他人的债务提供担保，当债务人不履行其债务时，该第三人按照约定履行债务或者承担责任的担保方式。这里的第三人叫作保证人，保证人必须是主合同以外的第三人。保证属于人的担保范畴，而不同于抵押、质押、留置等物的担保形式。保证不是用具体的财产提供担保，而是以保证人的信誉和不特定的财产为他人的债务提供担保。

保证合同　在保证合同中，只有保证人承担债务，债权人不负对待给付义务，故而保证合同为单务合同。保证合同因保证人和债权人协商一致而成立，无须另交标的物，所以它为诺成合同。除涉外的不可撤销的保函等独立保证以外，主合同有效成立或将要成立，保证合同才发生效力。所以主合同无效，不论什么原因使然，保证合同均为无效，从而表现出附从性。正因这种主从关系，保证合同无效并不必然导致主合同无效，但当事人另有约定的依其约定。

◆ **第六百八十二条　保证合同的附从性以及保证合同被确认无效后的民事责任分配**

保证合同是主债权债务合同的从合同。主债权债务合同无效的，保证合同无效，但是法律另有规定的除外。

保证合同被确认无效后，债务人、保证人、债权人有过错的，应当根据其过错各自承担相应的民事责任。

◆ **第六百八十三条　不得担任保证人的主体范围**

机关法人不得为保证人，但是经国务院批准为使用外国政府或者国际经济组织贷款进行转贷的除外。

以公益为目的的非营利法人、非法人组织不得为保证人。

◆ **第六百八十四条　保证合同内容**

保证合同的内容一般包括被保证的主债权的种类、数额，债务人履行债务的期限，保证的方式、范围和期间等条款。

📝 **名词解释**

保证的方式　保证的方式是保证人如何承担保证责任的重要问题，包括一般保证方式和连带责任保证方式。不同的保证方式对当事人的利益有较大影响，应予明确规定。当事人对保证的方式没有约定或者约定不明确的，保证人按照一般保证承担责任。

保证担保的范围　保证担保的范围是指保证人对哪些债务承担保证责任。当事人可以在保证合同中约定，无约定或约定不明确时，应当按照《民法典》第691条的规定处理，即包括主债权及其利息、违约金、损害赔偿金和实现债权的费用。

保证期间　保证期间为保证人承担保证责任的期间，事关保证人和债权人之间的债权债务能否行使或履行，也是确定保证债务和诉讼时效关系的依据。保证合同应明确约定保证期间，无此约定或约定不明确的，应当按照《民法典》第692条第2款的规定处理，债权人与保证人约定的保证期间早于主债务履行期限或者与主债务履行期限同时届满的，视为没有约定；没有约定或者约定不明确的，保证期间为主债务履行期限届满之日起6个月。

◆ **第六百八十五条　保证合同订立的具体方式**

保证合同可以是单独订立的书面合同，也可以是主债权债务合同中的保证条款。

第三人单方以书面形式向债权人作出保证，债权人接收且未提出异议的，保证合同成立。

实用问答

企业借款合同纠纷案件中，如何确认保证合同的效力？

答：《最高人民法院关于正确确认企业借款合同纠纷案件中有关保证合同效力问题的通知》规定，一些地方人民法院在审理企业破产案件或者与破产企业相关的银行贷款合同纠纷案件中，对所涉及的债权保证问题，未能准确地理解和适用有关法律规定，致使在确认保证合同的效力问题上出现偏差。为此特作如下通知：各级人民法院在处理上述有关保证问题时，应当准确理解法律，严格依法确认保证合同（包括主合同中的保证条款）的效力。除确系因违反《民法典》担保物权及有关司法解释的规定等应当依法确认为无效的情况外，不应仅以保证人的保证系因地方政府指令而违背了保证人的意志，或该保证人已无财产承担保证责任等原因，而确认保证合同无效，并以此免除保证责任。

◆ **第六百八十六条　保证方式**

保证的方式包括一般保证和连带责任保证。

当事人在保证合同中对保证方式没有约定或者约定不明确的，按照一般保证承担保证责任。

◆ **第六百八十七条　一般保证及先诉抗辩权**

当事人在保证合同中约定，债务人不能履行债务时，由保证人承担保证责任的，为一般保证。

一般保证的保证人在主合同纠纷未经审判或者仲裁，并就债务人财产依法强制执行仍不能履行债务前，有权拒绝向债权人承担保证责任，但是有下列情形之一的除外：

（一）债务人下落不明，且无财产可供执行；

（二）人民法院已经受理债务人破产案件；

（三）债权人有证据证明债务人的财产不足以履行全部债务或者丧失履行债务能力；

（四）保证人书面表示放弃本款规定的权利。

名词解释

先诉抗辩权 在一般保证的情况下，保证人享有先诉抗辩权，又称检索抗辩权，是指一般保证的保证人在就债务人的财产依法强制执行仍不能履行债务前，对债权人可以拒绝承担保证责任的权利。如果保证人不行使先诉抗辩权，那么债权人可以对主债务人和保证人有效地行使两个请求权，并可以同时或先后请求其为全部履行或部分履行。当然，在任何一方为部分或全部清偿后，其债务（责任）随之缩减或消灭。

◆ 第六百八十八条 连带责任保证

当事人在保证合同中约定保证人和债务人对债务承担连带责任的，为连带责任保证。

连带责任保证的债务人不履行到期债务或者发生当事人约定的情形时，债权人可以请求债务人履行债务，也可以请求保证人在其保证范围内承担保证责任。

◆ 第六百八十九条 反担保

保证人可以要求债务人提供反担保。

名词解释

反担保 反担保是指在商品贸易、工程承包和资金借贷等经济往来中，为了换取担保人提供保证、抵押或质押等担保方式，由债务人或第三人向该担保人新设担保，以担保该担保人在承担了担保责任后易于实现其追偿权的制度。

◆ 第六百九十条　最高额保证

保证人与债权人可以协商订立最高额保证的合同，约定在最高债权额限度内就一定期间连续发生的债权提供保证。

最高额保证除适用本章规定外，参照适用本法第二编最高额抵押权的有关规定。

名词解释

最高额保证　最高额保证是指保证人和债权人签订一个总的保证合同，为一定期限内连续发生的借款合同或同种类其他债权提供保证，只要债权人和债务人在保证合同约定的期限内且在债权额限度内进行交易，保证人则依法承担保证责任的保证行为。最高额保证基于保证人与债务人双方约定而产生，属于人的担保中保证的一种特殊形式，是在最高债权额限度内对一定期间连续发生的不特定同种类债权提供的保证，是现实经济活动中，特别是银行融资业务中一种较为常用的担保方式。

第二节　保证责任

◆ 第六百九十一条　保证范围

保证的范围包括主债权及其利息、违约金、损害赔偿金和实现债权的费用。当事人另有约定的，按照其约定。

名词解释

保证范围　保证范围是指保证人所担保的债权范围，也是保证人承担保证责任的范围。

实现债权的费用　这包括诉讼费用，申请扣押、执行等的费用。实现债权的费用与主债权之间存在密切联系，而且是实现主债权过程中通常会产生的必要支出，所以，要求保证人对该费用负责并不会对保证人造成过重的负担。

◆ **第六百九十二条　保证期间**

保证期间是确定保证人承担保证责任的期间，不发生中止、中断和延长。

债权人与保证人可以约定保证期间，但是约定的保证期间早于主债务履行期限或者与主债务履行期限同时届满的，视为没有约定；没有约定或者约定不明确的，保证期间为主债务履行期限届满之日起六个月。

债权人与债务人对主债务履行期限没有约定或者约定不明确的，保证期间自债权人请求债务人履行债务的宽限期届满之日起计算。

◆ **第六百九十三条　保证期间届满的法律效果**

一般保证的债权人未在保证期间对债务人提起诉讼或者申请仲裁的，保证人不再承担保证责任。

连带责任保证的债权人未在保证期间请求保证人承担保证责任的，保证人不再承担保证责任。

◆ **第六百九十四条　保证债务诉讼时效**

一般保证的债权人在保证期间届满前对债务人提起诉讼或者申请仲裁的，从保证人拒绝承担保证责任的权利消灭之日起，开始计算保证债务的诉讼时效。

连带责任保证的债权人在保证期间届满前请求保证人承担保证责任的，从债权人请求保证人承担保证责任之日起，开始计算保证债务的诉讼时效。

名词解释

保证债务的诉讼时效　这是指当债权人请求保证人履行保证债务时，经过法定的时效期间即丧失获得法院强制执行保证人承担保证责任的权利。

◆ **第六百九十五条　主债权债务合同变更对保证人保证责任影响**

债权人和债务人未经保证人书面同意，协商变更主债权债务合同内容，减轻债务的，保证人仍对变更后的债务承担保证责任；加重债务的，保证人对加重的部分不承担保证责任。

债权人和债务人变更主债权债务合同的履行期限，未经保证人书面同意的，保证期间不受影响。

◆ **第六百九十六条　债权转让对保证责任的影响**

债权人转让全部或者部分债权，未通知保证人的，该转让对保证人不发生效力。

保证人与债权人约定禁止债权转让，债权人未经保证人书面同意转让债权的，保证人对受让人不再承担保证责任。

◆ **第六百九十七条　债务承担对保证责任的影响**

债权人未经保证人书面同意，允许债务人转移全部或者部分债务，保证人对未经其同意转移的债务不再承担保证责任，但是债权人和保证人另有约定的除外。

第三人加入债务的，保证人的保证责任不受影响。

◆ **第六百九十八条　一般保证人的免责**

一般保证的保证人在主债务履行期限届满后，向债权人提供债务人可供执行财产的真实情况，债权人放弃或者怠于行使权利致使该财产不能被执行的，保证人在其提供可供执行财产的价值范围内不再承担保证责任。

◆ **第六百九十九条　共同保证**

同一债务有两个以上保证人的，保证人应当按照保证合同约定的保证份额，承担保证责任；没有约定保证份额的，债权人可以请求任何一个保证人在其保证范围内承担保证责任。

◆ **第七百条　保证人对债务人追偿权及相关权利**

保证人承担保证责任后，除当事人另有约定外，有权在其承担保证责任的范围内向债务人追偿，享有债权人对债务人的权利，但是不得损害债权人的利益。

名词解释

保证人的追偿权　保证人的追偿权又称保证人的求偿权，是指保证人在承担保证责任后，可以向主债务人请求偿还的权利。保证人承担保证责任,对债权人与保证人之间的关系来说,形式上属于清偿自己的债务,但对主债务人和保证人之间的关系而言,实质上仍然属于清偿他人(主债务人)的债务。因此,自然有保证人承担保证责任后向债务人追偿的必要。

保证人对债权人承担了保证责任　所谓保证人对债权人承担了保证责任,包括保证人代债务人向债权人为主债关系中的给付义务的清偿,或向债权人承担损害赔偿责任,或向债权人为代物清偿或以物抵债,或抵销,或提存。保证人的追偿,必须限于自己有所给付,致使有偿地消灭主债务人对于债权人的责任。假如自己毫无给付,仅因其尽力致使主债务消灭,如说服债权人,使债权人免除主债务人的债务,则不得向主债务人追偿。

"享有债权人对债务人的权利"　"享有债权人对债务人的权利"的范围无争议的内容主要包括对债务人财产的抵押权等担保物权、迟延利息或者违约金。

典型案例

1. 山东卓鼎资产清算有限公司徐州分公司与罗舟追偿权纠纷案[①]

要旨:罗舟与众邦银行及大秦担保公司分别签订的《个人消费贷款合同》和《委托担保协议》系双方真实意思表示,内容不违反法律和行政法规,合法有效,各方应按照约定行使权利、履行义务。《民法典》第700条规定:"保证人承担保证责任后,除当事人另有约定外,有权在其

[①] 参见四川省金堂县人民法院(2023)川0121民初3082号。

承担保证责任的范围内向债务人追偿,享有债权人对债务人的权利,但是不得损害债权人的利益。"本案中,罗舟未能按照《个人消费贷款合同》的约定,及时足额向众邦银行清偿借款本息,大秦担保公司基于《委托担保协议》的约定承担保证责任,为罗舟向众邦银行清偿本息共计5430.80元,依据前述法律规定取得了向罗舟追偿的权利。

2. 张治龙、贺亮亮追偿权纠纷案[①]

要旨:《民法典》第700条规定:"保证人承担保证责任后,除当事人另有约定外,有权在其承担保证责任的范围内向债务人追偿,享有债权人对债务人的权利,但是不得损害债权人的利益。"本案中,因原告在向华池县农村信用合作联社还款时,其中14000元是由被告给付,原告实际承担保证责任的金额为48025.66元,故原告享有向被告追偿权的金额为48025.66元。原告诉请要求被告支付利息,因双方未约定追偿利息损失,且原告未提交证据证明其因代为偿还借款的行为对自己造成了损失,故对原告要求被告支付利息的请求本院不予支持。因追偿权的行使仅限于承担保证责任的范围,原告未就华池县农村信用合作联社挂账利息进行清偿,故对其要求被告一次性结清原告为被告担保华池县农村信用合作联社借款挂账利息15500元的诉讼请求不予支持。

[①] 参见甘肃省华池县人民法院(2023)甘1023民初646号。

◆ **第七百零一条　保证人享有债务人对债权人抗辩权**

　　保证人可以主张债务人对债权人的抗辩。债务人放弃抗辩的，保证人仍有权向债权人主张抗辩。

实用问答

　　主债务人的抗辩权包括哪些？

　　答：该抗辩权主要有三类：（1）权利未发生的抗辩权。例如，主合同未成立，保证人对此不知情，于此场合，保证人可对债权人主张主债权未成立的抗辩。（2）权利已消灭的抗辩权。例如，主债权因适当履行而消灭。保证人可对债权人主张权利已消灭，拒绝债权人的履行请求。（3）拒绝履行的抗辩权。例如，时效完成的抗辩权、同时履行抗辩权、不安抗辩权、先履行抗辩权等。即使债务人放弃上述抗辩权，保证人也有权主张，因为保证人主张主债务人的抗辩权并非代为主张，而是基于保证人的地位而独立行使。

◆ **第七百零二条　抵销权和撤销权范围内的免责**

　　债务人对债权人享有抵销权或者撤销权的，保证人可以在相应范围内拒绝承担保证责任。

第十四章 租赁合同

◆ **第七百零三条　租赁合同概念**

租赁合同是出租人将租赁物交付承租人使用、收益，承租人支付租金的合同。

实用问答

出租人就同一房屋订立数份租赁合同，承租人均主张履行合同的，如何确定履行合同的承租人？

答：根据《最高人民法院关于审理城镇房屋租赁合同纠纷案件具体应用法律若干问题的解释》第5条的规定，出租人就同一房屋订立数份租赁合同，在合同均有效的情况下，承租人均主张履行合同的，人民法院按照下列顺序确定履行合同的承租人：（1）已经合法占有租赁房屋的；（2）已经办理登记备案手续的；（3）合同成立在先的。不能取得租赁房屋的承租人请求解除合同、赔偿损失的，依照《民法典》的有关规定处理。

◆ **第七百零四条　租赁合同的主要内容**

租赁合同的内容一般包括租赁物的名称、数量、用途、租赁期限、租金及其支付期限和方式、租赁物维修等条款。

📋 **实用问答**

房屋租赁合同一般应当包括哪些内容？

答：根据《商品房屋租赁管理办法》第7条第1款、第2款的规定，房屋租赁当事人应当依法订立租赁合同。房屋租赁合同的内容由当事人双方约定，一般应当包括以下内容：（1）房屋租赁当事人的姓名（名称）和住所；（2）房屋的坐落、面积、结构、附属设施，家具和家电等室内设施状况；（3）租金和押金数额、支付方式；（4）租赁用途和房屋使用要求；（5）房屋和室内设施的安全性能；（6）租赁期限；（7）房屋维修责任；（8）物业服务、水、电、燃气等相关费用的缴纳；（9）争议解决办法和违约责任；（10）其他约定。房屋租赁当事人应当在房屋租赁合同中约定房屋被征收或者拆迁时的处理办法。

◆ **第七百零五条　租赁最长期限**

租赁期限不得超过二十年。超过二十年的，超过部分无效。

租赁期限届满，当事人可以续订租赁合同；但是，约定的租赁期限自续订之日起不得超过二十年。

◆ **第七百零六条　租赁合同登记备案对合同效力的影响**

当事人未依照法律、行政法规规定办理租赁合同登记备案手续的，不影响合同的效力。

实用问答

办理房屋租赁登记备案，应当提交哪些材料？

答：根据《商品房屋租赁管理办法》第15条的规定，办理房屋租赁登记备案，房屋租赁当事人应当提交下列材料：（1）房屋租赁合同；（2）房屋租赁当事人身份证明；（3）房屋所有权证书或者其他合法权属证明；（4）直辖市、市、县人民政府建设（房地产）主管部门规定的其他材料。房屋租赁当事人提交的材料应当真实、合法、有效，不得隐瞒真实情况或者提供虚假材料。

◆ **第七百零七条　租赁合同的形式**

租赁期限六个月以上的，应当采用书面形式。当事人未采用书面形式，无法确定租赁期限的，视为不定期租赁。

典型案例

王某、唐某房屋租赁合同纠纷案[①]

要旨：依法成立的合同，对双方当事人均具有约束力。当事人应当遵循诚实信用原则，按照合同约定全面履行自己的义务。原告王某与被告唐某之间订立的房屋租赁协议是双方当事人的真实意思表示，虽为口头形式，但合法有效。原告已按要求将房屋交由被告使用，双方之间的房屋租赁合同关系依法成立并已生效。被告未按期给付租金，违背

[①] 参见陕西省富平县人民法院（2023）陕0528民初1935号。

了民事活动应当遵循的诚实信用原则，违反了合同义务。原告诉请要求被告支付房屋租赁费用及物业费等，合法合理，应予支持。被告应当清偿的债务数额，应以欠条记载金额，即 8530 元为准。

◆ **第七百零八条　出租人交付租赁物的义务和对租赁物的瑕疵担保责任**

出租人应当按照约定将租赁物交付承租人，并在租赁期限内保持租赁物符合约定的用途。

典型案例

江卫民诉南京宏阳房产经纪有限公司房屋租赁合同纠纷案①

要旨：被告南京宏阳房产经纪有限公司（以下简称宏阳公司）作为经营房屋租赁业务的企业，应主动对室内空气质量进行检测、治理，使之符合国家有关环保标准。在被告既未主动进行室内空气质量检测，又拒绝配合承租人进行空气质量检测的情况下，原告江卫民有权自行委托有资质的检测机构进行检测，被告无权以原告单方检测为由拒绝承认检测结果。根据原告提交的检测报告，被告出租的房屋中甲醛、总挥发性有机物 TVOC 严重超标，可能致使用人受到严重健康损害。虽无确定的证据可以证明原告妻子的疾病由上述有害气体引起，但也不能排除与有害气体超标导致的免疫力减退等因素有关。被告虽

---

① 参见《最高人民法院公报》2022 年第 11 期。

也提供同一机构的检测报告证明室内空气质量符合标准，但其检测时间在原告入住之后较久，根据气体的挥发性质，相应有害气体检测值可能随时间、温度或通风、治理等情况逐渐减少，不能据此证明原告居住期间的空气质量合格。且从第二份报告检测值看，即便在间隔近半年、有害气体挥发性较弱的冬天，甲醛数值也接近国家标准上限，亦佐证了第一份报告结论的正确性。

综上，本案《房屋租赁合同》应予解除。原告江卫民要求解约的主张通过法院特邀调解组织送达起诉状副本于 2021 年 7 月 3 日到达被告宏阳公司，故房屋租赁合同于当日解除。合同解除后，被告应退还原告支付的全部款项 6556 元。

◆ **第七百零九条　承租人按约定使用租赁物的义务**

承租人应当按照约定的方法使用租赁物。对租赁物的使用方法没有约定或者约定不明确，依据本法第五百一十条的规定仍不能确定的，应当根据租赁物的性质使用。

◆ **第七百一十条　承租人按约定使用租赁物的免责义务**

承租人按照约定的方法或者根据租赁物的性质使用租赁物，致使租赁物受到损耗的，不承担赔偿责任。

名词解释

损耗　此处所称的"损耗"应当与"损失、损毁"相区分。损耗不包括严重损毁以致毁灭的程度，更多强调的是功能价值的减弱、减小，即一般不会对租赁物的存在本身有严重威胁，对合同目的实现的影响也较小。

◆ **第七百一十一条　承租人未按约定使用租赁物的责任**

承租人未按照约定的方法或者未根据租赁物的性质使用租赁物，致使租赁物受到损失的，出租人可以解除合同并请求赔偿损失。

名词解释

未按照约定的方法　这既包括合同有约定情形下，未按照租赁合同约定的用途使用租赁物，未按照双方约定的具体使用方式使用租赁物；也包括合同未约定，或约定不明的情形下，未按照《民法典》第510条确定的使用方法使用租赁物，以及无法确定情形下未依据租赁物本身性质使用租赁物的情况。

损失　承租人没有按照约定的方法或者租赁物的性质使用租赁物，使租赁物减少了价值，是一种损失，而不是损耗。损耗是合法的、正常的；损失是非正常的，是由于违约行为造成的。这里的"损失"应当包括直接损失和间接损失。直接损失是指承租人不按约定的方法或未依据租赁物性质使用的行为造成租赁物本身价值减少、灭失或损毁，以及出租人因此所需要增加的支出。间接损失是指因承租人的行为造成出租人就该租赁物既得利益的减少。

◆ **第七百一十二条　出租人的维修义务**

出租人应当履行租赁物的维修义务，但是当事人另有约定的除外。

◆ **第七百一十三条　出租人不履行维修义务的法律后果**

承租人在租赁物需要维修时可以请求出租人在合理期限内维修。出租人未履行维修义务的，承租人可以自行维修，维修费用由出租人负担。因维修租赁物影响承租人使用的，应当相应减少租金或者延长租期。

因承租人的过错致使租赁物需要维修的，出租人不承担前款规定的维修义务。

名词解释

租赁物需要维修　这是指租赁物发生毁损等情形，如不维修将致使承租人对租赁物不能使用、获得收益或不能圆满地使用、获得收益，如出租的房屋因时日长久，遇雨渗漏，承租人无法居住等情形。并非一切与交付时不一致的状态都有维修的必要，租赁物虽有瑕疵，但不妨碍使用、收益的，则无维修的必要。

◆ **第七百一十四条　承租人妥善保管租赁物的义务**

承租人应当妥善保管租赁物，因保管不善造成租赁物毁损、灭失的，应当承担赔偿责任。

◆ **第七百一十五条　承租人对租赁物进行改善或增设他物**

承租人经出租人同意，可以对租赁物进行改善或者增设他物。

承租人未经出租人同意，对租赁物进行改善或者增设他物的，出租人可以请求承租人恢复原状或者赔偿损失。

名词解释

改善 此处的改善是指对租赁物并不改变其外观形状,而是对其性能进行改良。如租用的汽车由原来的化油器改装为电喷的,使汽车的性能更符合环保的要求。

增设他物 此处的增设他物也称添附,是指在原有的租赁物上添加另外的物,如在汽车上安装音响设备、在房屋里安装空调等。

实用问答

1. 承租人经出租人同意装饰装修,城镇房屋租赁合同无效时,装饰装修物该如何处置?

答:根据《最高人民法院关于审理城镇房屋租赁合同纠纷案件具体应用法律若干问题的解释》第 7 条的规定,承租人经出租人同意装饰装修,租赁合同无效时,未形成附合的装饰装修物,出租人同意利用的,可折价归出租人所有;不同意利用的,可由承租人拆除。因拆除造成房屋毁损的,承租人应当恢复原状。已形成附合的装饰装修物,出租人同意利用的,可折价归出租人所有;不同意利用的,由双方各自按照导致合同无效的过错分担现值损失。

2. 承租人经出租人同意装饰装修,城镇房屋租赁合同解除时,双方对已形成附合的装饰装修物的处理没有约定的,装饰装修物该如何处置?

答:根据《最高人民法院关于审理城镇房屋租赁合同纠纷案件具体应用法律若干问题的解释》第 9 条的规定,承租人经出租人同意装饰装修,合同解除时,双方对已形成附合的装饰装修物的处理没有约定的，人民法院按照下列情形分别处理：（1）因出租人违约导致合同解除，承租人请求出租人赔偿剩余租赁期内装饰装修残值损失的，应予支持。（2）因承租人违约导致合同解除，承租人请求出租人赔偿剩余租赁期内装饰装修残值损失的，不予支持。但出租人同意利用的，应在利用价值范围内予以适当补偿。（3）因双方违约导致合同解除，剩余租赁期内的装饰装修残值损失，由双方根据各自的过错承担相应的责任。（4）因不可归责于双方的事由导致合同解除的，剩余租赁期内的装饰装修残值损失，由双方按照公平原则分担。法律另有规定的，适用其规定。

3. 城镇房屋租赁合同的承租人经出租人同意扩建，但双方对扩建费用的处理没有约定的，扩建造价费用由谁负担？

答：根据《最高人民法院关于审理城镇房屋租赁合同纠纷案件具体应用法律若干问题的解释》第12条的规定，承租人经出租人同意扩建，但双方对扩建费用的处理没有约定的，人民法院按照下列情形分别处理：（1）办理合法建设手续的，扩建造价费用由出租人负担；（2）未办理合法建设手续的，扩建造价费用由双方按照过错分担。

典型案例

**广州市锐彩印刷有限公司、
广东金灿灿包装印刷有限公司房屋租赁合同纠纷案**[①]

要旨：《最高人民法院关于审理城镇房屋租赁合同纠纷案件具体应用法律若干问题的解释》第7条规定："承租人经出租人同意装饰

---

① 参见广东省广州市花都区人民法院（2021）粤0114民初16302号。

装修，租赁合同无效时，未形成附合的装饰装修物，出租人同意利用的，可折价归出租人所有；不同意利用的，可由承租人拆除。因拆除造成房屋毁损的，承租人应当恢复原状。已形成附合的装饰装修物，出租人同意利用的，可折价归出租人所有；不同意利用的，由双方各自按照导致合同无效的过错分担现值损失。"本案中，原、被告对于合同无效均存在过错，且原告不同意利用被告的装修，故本院酌情，由原、被告按照各自的过程程度，各承担50%的装修现值损失。

◆ **第七百一十六条　承租人对租赁物的转租**

承租人经出租人同意，可以将租赁物转租给第三人。承租人转租的，承租人与出租人之间的租赁合同继续有效；第三人造成租赁物损失的，承租人应当赔偿损失。

承租人未经出租人同意转租的，出租人可以解除合同。

◆ **第七百一十七条　转租期限**

承租人经出租人同意将租赁物转租给第三人，转租期限超过承租人剩余租赁期限的，超过部分的约定对出租人不具有法律约束力，但是出租人与承租人另有约定的除外。

典型案例

北京和馨园商务中心有限公司等与北京市新兴房地产开发总公司房屋租赁合同纠纷案[1]

要旨：北京和馨园商务中心有限公司上诉争议焦点在于北京市新兴房地产开发总公司与永安恒基公司之间租赁合同解除后，作为次承租人的北京和馨园商务中心有限公司是否已履行腾退涉案房屋的义务；如逾期未腾退，其是否应当按照与承租人订立租赁合同的标准承担共同支付占有使用费的责任。

首先，北京和馨园商务中心有限公司是否已履行腾退义务。北京和馨园商务中心有限公司上诉主张涉案房屋在中科网飞公司租赁期限届满后已全部腾空，但并未提交其与北京市新兴房地产开发总公司的腾退交接手续等相关证据予以证明。北京和馨园商务中心有限公司主张系北京市新兴房地产开发总公司拒绝接收涉案房屋，但经审查双方工作人员2022年5月27日的电话录音内容，双方在沟通交接相关事宜，难以据此认定北京市新兴房地产开发总公司拒绝接收涉案房屋，故本院对北京和馨园商务中心有限公司上诉主张其已履行完毕腾退义务不予采信。

其次，关于北京和馨园商务中心有限公司是否应承担共同支付房屋占有使用费及按何种标准支付的问题。房屋租赁合同解除后，承租人和次承租人逾期腾退房屋的，出租人有权要求承租人和次承租人共同支付逾期腾房的房屋使用费。因本案北京和馨园商务中心

---

[1] 参见北京市第二中级人民法院（2022）京02民终12020号。

有限公司未履行腾退涉案房屋的义务，应与永安恒基公司承担共同支付房屋占有使用费的责任。一审法院判令北京和馨园商务中心有限公司按其与永安恒基公司租赁合同中约定租金的标准，对2020年1月1日至2022年5月31日期间的房屋占有使用费承担共同支付责任，并无不当。北京和馨园商务中心有限公司就其不应支付房屋占有使用费及房屋占有使用费标准过高的上诉意见，缺乏法律依据，本院不予支持。

◆ 第七百一十八条 视为出租人同意转租

出租人知道或者应当知道承租人转租，但是在六个月内未提出异议的，视为出租人同意转租。

典型案例

华仪财富资产管理有限公司与北京中筑天和建筑设计有限公司房屋租赁合同纠纷案[①]

要旨： 本院认为，华仪财富资产管理有限公司（以下简称华仪公司）与北京中筑天和建筑设计有限公司（以下简称中筑公司）签订的《房屋租赁合同》，系当事人真实意思表示，内容未违反法律、行政法规的强制性规定，应属合法有效合同，双方当事人均应按照约定全面履行合同义务。

华仪公司上诉主张其不知晓也未同意中筑公司将涉案房屋部分

---

① 参见北京市第二中级人民法院（2022）京02民终5595号。

转租、转借给其他8家公司使用，认为中筑公司未经同意擅自转租、转借的行为违反合同约定，华仪公司有权解除合同。对此，本院认为，根据本案查明事实，中筑公司转租、转借的8家公司中，有6家公司营业执照登记的住所地在涉案房屋内，均为华仪公司出具的住所证明；另外2家公司住所地虽未登记在涉案房屋内，但华仪公司一直持续向这2家公司开具水电费发票。结合一审审理中的证人证言，华仪公司上诉称不知晓也未同意中筑公司将部分涉案房屋转租、转借，不合常理，本院对此难以采信。鉴于华仪公司应当知道中筑公司转租、转借部分涉案房屋，且在6个月内未提出异议，中筑公司转租转借部分所涉建筑面积也未超过合同约定的允许中筑公司因经营需要委托给第三方经营但面积不得超过承租总面积40%的限度，华仪公司以中筑公司未经同意擅自转租、转借涉案房屋构成违约为由提出解除合同，因华仪公司不享有合同解除权，其向中筑公司发出的解除合同通知不产生合同解除的效力。一审判决未予支持华仪公司请求确认双方租赁合同于2021年7月9日解除的诉讼请求，并驳回其基于解除合同要求返还涉案房屋、偿付违约金、支付房屋占用费、支付车位使用费等诉讼请求，并无不当。

◆ **第七百一十九条　次承租人的代位清偿权**

承租人拖欠租金的，次承租人可以代承租人支付其欠付的租金和违约金，但是转租合同对出租人不具有法律约束力的除外。

次承租人代为支付的租金和违约金，可以<u>充抵次承租人应当向承租人支付的租金</u>；超出其应付的租金数额的，可以向承租人追偿。

◆ **第七百二十条　租赁物的收益归属**

在租赁期限内因占有、使用租赁物获得的收益，归承租人所有，但是当事人另有约定的除外。

◆ **第七百二十一条　租金支付期限**

承租人应当按照约定的期限支付租金。对支付租金的期限没有约定或者约定不明确，依据本法第五百一十条的规定仍不能确定，租赁期限不满一年的，应当在租赁期限届满时支付；租赁期限一年以上的，应当在每届满一年时支付，剩余期限不满一年的，应当在租赁期限届满时支付。

◆ **第七百二十二条　承租人违反支付租金义务的法律后果**

承租人无正当理由未支付或者迟延支付租金的，出租人可以请求承租人在合理期限内支付；承租人逾期不支付的，出租人可以解除合同。

名词解释

正当理由　此处的"正当理由"包括以下几种情况：（1）不可抗力或意外事件，使租赁物部分或者全部毁损、灭失的，承租人已无法对租赁物使用、收益，承租人可以请求不支付租金。（2）出租人没有履行义务或不完全履行义务。例如，交付的租赁物不符合约定的使用要求；在租赁期限内租赁物出现质量问题，出租人不尽维修义务的。（3）因承租人本身发生一些意外事件致使其暂时无力支付租金。例如，用于居住的房屋租赁的承租人因生重病住院，经济上出现暂时困难，无力支付到期租金。在这种情况下，可以请求出租人适当延缓交付。

> ◆ **第七百二十三条　出租人的权利瑕疵担保责任**
>
> 　　因第三人主张权利,致使承租人不能对租赁物使用、收益的,承租人可以请求减少租金或者不支付租金。
> 　　第三人主张权利的,承租人应当及时通知出租人。

> ◆ **第七百二十四条　非承租人原因致使租赁物无法使用时承租人解除权**
>
> 　　有下列情形之一,非因承租人原因致使租赁物无法使用的,承租人可以解除合同:
> 　　(一)租赁物被司法机关或者行政机关依法查封、扣押;
> 　　(二)租赁物权属有争议;
> 　　(三)租赁物具有违反法律、行政法规关于使用条件的强制性规定情形。

名词解释

租赁物无法使用　在出现租赁物被司法机关或者行政机关依法查封、扣押,权属有争议,或者具有违反法律、行政法规(主要包括《建筑法》《消防法》等)关于租赁物使用条件强制性规定情况等任何一种情形时,承租人的合同解除权并非任意的,还须具备一个必要前提,即该情形的出现导致"租赁物无法使用"。所谓"无法使用"是指无法按照租赁物的约定用途使用,或者无法按照租赁物的性质使用。

实用问答

在哪些情形下，房屋不得出租？

答：根据《商品房屋租赁管理办法》第 6 条的规定，有下列情形之一的房屋不得出租：（1）属于违法建筑的；（2）不符合安全、防灾等工程建设强制性标准的；（3）违反规定改变房屋使用性质的；（4）法律、法规规定禁止出租的其他情形。

典型案例

訾进与付海洋房屋租赁合同纠纷案[①]

要旨：依法成立的合同，对当事人具有法律约束力。本案中，原被告签订的《北京市房屋租赁合同》合法有效，本院予以确认。此外，有下列情形之一，非因承租人原因致使租赁物无法使用的，承租人可以解除合同：（1）租赁物被司法机关或者行政机关依法查封、扣押；（2）租赁物权属有争议；（3）租赁物具有违反法律、行政法规关于使用条件的强制性规定情形。本案中，因被告的原因，导致703室被司法查封后被拍卖，致使原告无法继续承租703室，故原告请求解除合同于法有据，本院予以支持；关于解除日期，原告主张以其搬出703室之日为准，且被告亦认可原告的搬出日期，故本院认为以该日，即 2022 年 3 月 26 日确定为合同解除之日并无不妥，故予以支持。

[①] 参见北京市通州区人民法院（2022）京 0112 民初 12640 号。

◆ **第七百二十五条 买卖不破租赁**

租赁物在承租人按照租赁合同占有期限内发生所有权变动的，不影响租赁合同的效力。

名词解释

买卖不破租赁 这是租赁合同中的一项基本制度，是指当出租人在租赁合同有效期内将租赁物的所有权转让给第三人时，租赁合同对新所有权人有效。

实用问答

在哪些情形下，承租人按照城镇房屋租赁合同占有期限内发生的所有权变动，可能影响承租人继续履行原租赁合同？

答： 根据《最高人民法院关于审理城镇房屋租赁合同纠纷案件具体应用法律若干问题的解释》第14条的规定，租赁房屋在承租人按照租赁合同占有期限内发生所有权变动，承租人请求房屋受让人继续履行原租赁合同的，人民法院应予支持。但租赁房屋具有下列情形或者当事人另有约定的除外：（1）房屋在出租前已设立抵押权，因抵押权人实现抵押权发生所有权变动的；（2）房屋在出租前已被人民法院依法查封的。

典型案例

梧州市倩皓投资有限公司、叶坤等房屋租赁合同纠纷案[①]

要旨： 第三人林锡枝与被告叶坤订立《商铺租赁合同》，将坐落于梧州市××路××号房屋出租给被告。该合同是双方当事人的真实意思表示，内容合法有效，本院对此予以确认。上述合同订立后，第三人林锡枝又与原告梧州市倩皓投资有限公司订立《梧州市不动产买卖合同》，将坐落于梧州市××路××号房屋出让予原告，并已办理相应的不动产转移登记手续，该房屋所有权人已变更为原告。根据《民法典》第725条关于"租赁物在承租人按照租赁合同占有期限内发生所有权变动的，不影响租赁合同的效力"之规定，原告作为坐落于梧州市××路××号房屋的所有权人，已按《商铺租赁合同》约定将案涉租赁场地交付被告使用、收益，依法享有上述合同中有关出租人的权利，被告理应向其履行支付租金的承租人义务。因此，被告以与原告不存在合同关系为由拒绝向原告支付租金的抗辩理由，于法不符，本院依法不予采纳。现经原告多次催告，被告仍拒不支付租金，其行为已经构成违约，依法应承担相应的民事责任。故原告主张解除案涉《商铺租赁合同》，由被告返还坐落于梧州市××路××号房屋的诉讼请求，具有相应的事实和法律依据，本院依法予以支持。

[①] 参见广西壮族自治区梧州市万秀区人民法院（2022）桂0403民初2578号。

◆ **第七百二十六条　房屋承租人优先购买权**

出租人出卖租赁房屋的，应当在出卖之前的合理期限内通知承租人，承租人享有以同等条件优先购买的权利；但是，房屋按份共有人行使优先购买权或者出租人将房屋出卖给近亲属的除外。

出租人履行通知义务后，承租人在十五日内未明确表示购买的，视为承租人放弃优先购买权。

名词解释

房屋承租人的优先购买权　这是指房屋承租人在出租人出卖房屋时，在同等条件下优先购买该房屋的权利。房屋承租人优先购买权的权利主体是房屋承租人，权利客体是承租人所租赁的房屋，行使权利的时间是在承租人知道出租人向外出售其所租赁的房屋之时。

同等条件　此处的同等条件是指承租人与其他购买人在买卖条件上等同，要综合考虑价格的多少、付款期限的长短、一次性付清还是分期付款、有无担保等因素。在非同等条件下，承租人不能享有优先购买权。设立房屋承租人优先购买权制度的初衷是在不损害房屋出租人实质利益的情况下，维护承租人居住或生产经营的稳定。

◆ **第七百二十七条　委托拍卖情况下房屋承租人的优先购买权**

出租人委托拍卖人拍卖租赁房屋的，应当在拍卖五日前通知承租人。承租人未参加拍卖的，视为放弃优先购买权。

◆ 第七百二十八条　出租人妨害承租人行使优先购买权的法律后果

出租人未通知承租人或者有其他妨害承租人行使优先购买权情形的，承租人可以请求出租人承担赔偿责任。但是，出租人与第三人订立的房屋买卖合同的效力不受影响。

典型案例

北京金诚嘉业房地产经纪有限公司与李亚宁房屋租赁合同纠纷案[①]

要旨：《民法典》第728条规定，"出租人未通知承租人或者有其他妨害承租人行使优先购买权情形的，承租人可以请求出租人承担赔偿责任"。上述赔偿责任包含两方面：一是承租人在优先购买权受到侵害后，不能享有直接从先买受人转为所有人可带来的便利而必须支付的额外费用，包括另行寻找、购买或租赁房屋而支出的必要费用；二是承租人优先购买权实现的可得利益损失，即由于房屋市场价格的变化，在出租人侵害承租人优先购买权时，因市场价格上涨而致使承租人如替代购买类似房屋而多支出的费用。本案中，原告为中介公司，上述两类损失，对其而言，均无发生的可能性。故本院对原告要求被告赔偿侵害其优先购买权之损失诉讼请求，不予支持。

[①] 参见北京市西城区人民法院（2021）京0102民初35183号。

◆ **第七百二十九条　租赁物毁损、灭失时承租人的请求权**

因不可归责于承租人的事由，致使租赁物部分或者全部毁损、灭失的，承租人可以请求减少租金或者不支付租金；因租赁物部分或者全部毁损、灭失，致使不能实现合同目的的，承租人可以解除合同。

名词解释

不可归责于承租人的事由　这主要包括以下几种情况：（1）因不可抗力的原因造成租赁物毁损、灭失的。例如，承租人租赁房屋的，由于发生洪水，大水冲进房屋，使屋内的墙皮脱落，这种损坏是承租人难以克服的。（2）因意外事件造成租赁物毁损、灭失的。例如，承租人租用的汽车在路上正常行驶，被一辆违反交通规则的汽车撞坏，经过认定承租人无过错，汽车的损害是由于第三人违反交通规则的行为造成的。（3）因出租人不履行义务造成租赁物毁损、灭失的。例如，承租人租赁的房屋，由于雨季下雨太多出现屋顶漏雨，承租人要求出租人进行维修，但出租人迟迟不予维修，最后导致房屋倒塌。倒塌的原因就是出租人没有对房屋进行及时维修。

典型案例

武定扫咱老种养殖专业合作社与云南谨鑫食品配送有限公司、武定正邦畜牧发展有限公司租赁合同纠纷案[①]

要旨：《民法典》第 566 条第 1 款规定："合同解除后，尚未履行的，终止履行；已经履行的，根据履行情况和合同性质，当事人可以请求恢复原状或者采取其他补救措施，并有权请求赔偿损失。"第 721 条规定："承租人应当按照约定的期限支付租金。对支付租金的期限没有约定或者约定不明确，依据本法第五百一十条的规定仍不能确定，租赁期限不满一年的，应当在租赁期限届满时支付；租赁期限一年以上的，应当在每届满一年时支付，剩余期限不满一年的，应当在租赁期限届满时支付。"双方 2019 年 6 月 1 日签订协议后，二被告接收养殖场饲养生猪，占有、使用养殖场至今，未通知原告武定扫咱老种养殖专业合作社解除合作协议亦未交还养殖场，应按照约定支付占有、使用养殖场期间的租金。《民法典》第 729 条规定："因不可归责于承租人的事由，致使租赁物部分或者全部毁损、灭失的，承租人可以请求减少租金或者不支付租金；因租赁物部分或者全部毁损、灭失，致使不能实现合同目的的，承租人可以解除合同。"案涉养殖场于 2022 年 2 月 21 日因雪灾毁坏至今未恢复，不应归责于二被告，二被告可以不支付 2022 年 3 月以后的租金。二被告自 2019 年 6 月进场饲养生猪到 2022 年 2 月 21 日暴雪灾害，实际占有、使用案涉养

[①] 参见云南省武定县人民法院（2023）云 2329 民初 209 号。

殖场2年零8个月，按每年租金20万元计算应支付租金533333.33元。被告云南谨鑫食品配送有限公司支付租金40万元，欠付133333.33元。

> **◆ 第七百三十条　租赁期限没有约定或约定不明确的法律后果**
>
> 当事人对租赁期限没有约定或者约定不明确，依据本法第五百一十条的规定仍不能确定的，视为<u>不定期租赁</u>；当事人可以随时解除合同，但是应当在<u>合理期限</u>之前通知对方。

典型案例

李卫华、林琨杰房屋租赁合同纠纷案[1]

要旨： 原告李卫华与被告林琨杰签订的《房屋租赁合同》系双方真实意思表示，内容不违反法律、行政法规的强制性规定，合法有效，对当事人具有法律约束力。被告在租赁期限届满后继续租赁使用租赁房屋，原告未提出异议，原租赁合同继续有效，为不定期租赁合同。原、被告通过口头协商，被告除了继续租赁原一、二层外，再租第三层楼房，租金增至3200元/月，视为对租赁合同的变更。因原告于2022年10月1日更换锁头，被告无法再占有使用租赁房屋，故本院依法认定租赁期限截至2022年9月30日，原告在微信自认截至2022年6月租金合计尚欠16141元，从2022年7月至2022年9月30日租金为12800元（3200元×4个月），原告请求2022年房屋租金39000

---

[1] 参见广西壮族自治区东兴市人民法院（2023）桂0681民初403号。

元，根据查明的事实，本院依法支持 25741 元（16141 元 + 12800 元 - 原告同意减免被告 1 个月租金 3200 元）。原告请求被告支付水电费 1749 元，理据充分，本院予以支持。不定期租赁合同，当事人可以随时解除合同，原告已于合理期限前通知被告不再出租，双方的租赁合同已经解除，原告请求被告将物品搬出，符合法律规定，本院予以支持。

◆ **第七百三十一条　租赁物质量不合格时承租人的解除权**

租赁物危及承租人的安全或者健康的，即使承租人订立合同时明知该租赁物质量不合格，承租人仍然可以随时解除合同。

典型案例

李冲、孟祥哲房屋租赁合同纠纷案[①]

要旨： 上诉人李冲与被上诉人孟祥哲签订的《房屋租赁合同》，是双方真实意思表示，双方均应按照合同约定全面履行自己的义务。上诉人李冲签订合同前，了解到案涉房屋系新装修的房屋，应在入住房屋前对房屋甲醛含量进行测试。被上诉人孟祥哲应向上诉人李冲交付符合居住条件的租赁物，否则被上诉人孟祥哲应承担相应责任。上诉人李冲在没有通知被上诉人孟祥哲的情况下，于居住 1 个月后搬离案涉房屋；被上诉人孟祥哲在得知上诉人李冲搬离案涉房屋后与上诉人李冲取得联系，于 2022 年 9 月 15 日收回案涉房屋并自行居住至今，应

[①] 参见黑龙江省佳木斯市中级人民法院（2023）黑 08 民终 255 号。

视为双方于该时间达成了解除《房屋租赁合同》的合意。被上诉人孟祥哲应将2022年9月15日至2023年4月30日的租金返还上诉人李冲,即返还上诉人李冲7.5个月的房屋租金8750元及3000元押金。上诉人李冲与被上诉人孟祥哲双方对《房屋租赁合同》的解除均存在过错,应各自承担相应的责任。根据公平原则,双方各自的损失自行承担。故原审判决:孟祥哲于本判决生效后10日内返还李冲房屋租金8750元、押金3000元,合计11750元;驳回李冲的其他诉讼请求并无不当。对被上诉人孟祥哲提出的房屋损坏及电视损坏意见,由于被上诉人孟祥哲并未提出反诉,故本院对此不予审理。

◆ **第七百三十二条　房屋承租人死亡后租赁关系的处理**

承租人在房屋租赁期限内死亡的,与其生前共同居住的人或者共同经营人可以按照原租赁合同租赁该房屋。

典型案例

赵某、李某等与申艳丽等租赁合同纠纷案[①]

要旨:李晓明与被告申艳丽签订的《房屋租赁合同》,系双方的真实意思表示,合法有效。租赁期限届满双方虽未再签订合同,但李晓明继续租赁房屋支付租赁费,申艳丽未提出异议,原租赁合同继续有效,但是租赁期限为不定期。李晓明在房屋租赁期限内死亡,与其生前共同居住的二原告可以按照原租赁合同租赁该房屋。在租赁期内,因房

[①] 参见河北省涉县人民法院(2021)冀0426民初347号。

屋漏水双方发生矛盾，韩红征通知原告搬离租赁房屋，申艳丽通过电力部门拆卸电表以致租赁房屋断电，该房屋已不能满足居住的需要，故李晓明与申艳丽之间签订的《房屋租赁合同》应予以解除。二被告未提供证据证明房屋漏水是因二原告过错所致，故其称二原告违约不退租金的辩解，本院不予采信。原告于2020年10月16日到被告韩红征单位交付房屋钥匙，韩红征拒绝接收，原告放于其单位门岗并发视频告知，韩红征拒收钥匙的行为与二被告之前通知原告搬离和断电的行为相矛盾，故视为原告于2020年10月16日向被告韩红征交付了房屋钥匙。虽然被告已于2020年8月26日通知原告搬离房屋、8月28日采取了断电行为，但认为租赁费应从2020年8月21日起计算至2020年10月16日即原告交付钥匙之日止，为1718元（11000元÷365天×57天），故二被告应返还二原告房屋租金9282元。

◆ 第七百三十三条　租赁期限届满承租人返还租赁物

租赁期限届满，承租人应当返还租赁物。返还的租赁物应当符合按照约定或者根据租赁物的性质使用后的状态。

◆ 第七百三十四条　租赁期限届满承租人继续使用租赁物及房屋承租人的优先承租权

租赁期限届满，承租人继续使用租赁物，出租人没有提出异议的，原租赁合同继续有效，但是租赁期限为不定期。

租赁期限届满，房屋承租人享有以同等条件优先承租的权利。

第十五章　融资租赁合同

◆ **第七百三十五条　融资租赁合同概念**

融资租赁合同是出租人根据承租人对出卖人、租赁物的选择，向出卖人购买租赁物，提供给承租人使用，承租人支付租金的合同。

实用问答

1. 融资租赁公司可以经营哪些业务？

答：根据《融资租赁公司监督管理暂行办法》第 5 条的规定，融资租赁公司可以经营下列部分或全部业务：（1）融资租赁业务；（2）租赁业务；（3）与融资租赁和租赁业务相关的租赁物购买、残值处理与维修、租赁交易咨询、接受租赁保证金；（4）转让与受让融资租赁或租赁资产；（5）固定收益类证券投资业务。

2. 融资租赁公司不得有哪些业务或活动？

答：根据《融资租赁公司监督管理暂行办法》第 8 条的规定，融资租赁公司不得有下列业务或活动：（1）非法集资、吸收或变相吸收存款；（2）发放或受托发放贷款；（3）与其他融资租赁公司拆借或变相拆借资金；（4）通过网络借贷信息中介机构、私募投资基金融资或转让资产；（5）法律法规、银保监会和省、自治区、直辖市（以下简称省级）地方金融监管部门禁止开展的其他业务或活动。

◆ **第七百三十六条　融资租赁合同的内容和形式**

融资租赁合同的内容一般包括租赁物的名称、数量、规格、技术性能、检验方法，租赁期限，租金构成及其支付期限和方式、币种，租赁期限届满租赁物的归属等条款。

融资租赁合同应当采用<u>书面形式</u>。

◆ **第七百三十七条　融资租赁虚假表示合同无效**

当事人以虚构租赁物方式订立的融资租赁合同无效。

典型案例

仲利国际租赁有限公司、滑县仁和医院等融资租赁合同纠纷案[①]

要旨：关于上诉人仲利国际租赁有限公司与被上诉人滑县仁和医院之间法律关系性质问题，融资租赁合同是出租人根据承租人对出卖人、租赁物的选择，向出卖人购买租赁物，提供给承租人使用，承租人支付租金的合同，具体到本案中，上诉人与滑县仁和医院于 2018 年 10 月 29 日签订 AA18110150XCH 号《融资租赁合同》及 AA18110150XCH－1 号

---

① 参见河南省安阳市中级人民法院（2022）豫 05 民终 2343 号。

《买卖合同》，约定上诉人向滑县仁和医院购买价款为118万元的电子鼻咽喉高清摄像设备出租给滑县仁和医院使用，形式上构成售后回租的融资租赁合同关系，但滑县仁和医院向上诉人出具交付与验收证明书是在上诉人给付滑县仁和医院1026600元之后，亦即上诉人在支付款项前未对租赁标的物是否存在、规格形式是否符合合同约定、是否进行测试验收等情况予以核实。融资租赁合同法律关系中，出租人对租赁物享有所有权，上诉人的上述行为不符合交易习惯。上诉人工作人员周某称上诉人在与滑县仁和医院签订合同之前，滑县仁和医院已经与厂家签订了合同并支付部分货款，后上诉人给滑县仁和医院开具支票背书给了设备商，但上诉人未能提交设备购买发票及支票背书情况的相关证据，其提交的发票影印件与案涉设备购买时间不一致。因此，本案中滑县仁和医院与设备商之间的设备买卖事实及上诉人与滑县仁和医院之间转让租赁物所有权的意愿和履行行为均未得到充分证明，同时考虑到案涉《租赁事项确认书》未明确租金的构成是以118万元为基础还是以1026600元为基础，且《融资租赁合同》中约定了高额逾期利息及违约金等事实，上诉人与滑县仁和医院之间不符合融资租赁合同的基本法律特征，上诉人关于双方之间存在融资租赁法律关系的主张，不能成立，本院不予支持。依据上诉人付款时间、实际付款金额及双方关于逾期利息、违约责任等合同约定，可以认定上诉人与滑县仁和医院之间实为民间借贷法律关系。

◆ 第七百三十八条　租赁物经营许可对合同效力影响

依照法律、行政法规的规定，对于租赁物的经营使用应当取得行政许可的，出租人未取得行政许可不影响融资租赁合同的效力。

◆ **第七百三十九条　融资租赁标的物的交付**

出租人根据承租人对出卖人、租赁物的选择订立的买卖合同，出卖人应当按照约定向承租人交付标的物，承租人享有与受领标的物有关的买受人的权利。

实用问答

对于融资租赁公司进行融资租赁交易的租赁物，有哪些要求？

答：根据《融资租赁公司监督管理暂行办法》第7条的规定，适用于融资租赁交易的租赁物为固定资产，另有规定的除外。融资租赁公司开展融资租赁业务应当以权属清晰、真实存在且能够产生收益的租赁物为载体。融资租赁公司不得接受已设置抵押、权属存在争议、已被司法机关查封、扣押的财产或所有权存在瑕疵的财产作为租赁物。

◆ **第七百四十条　承租人的拒绝受领权**

出卖人违反向承租人交付标的物的义务，有下列情形之一的，承租人可以拒绝受领出卖人向其交付的标的物：

（一）标的物严重不符合约定；

（二）未按照约定交付标的物，经承租人或者出租人催告后在合理期限内仍未交付。

承租人拒绝受领标的物的，应当及时通知出租人。

◆ 第七百四十一条　承租人行使索赔权

出租人、出卖人、承租人可以约定，出卖人不履行买卖合同义务的，由承租人行使索赔的权利。承租人行使索赔权利的，出租人应当协助。

名词解释

行使索赔的权利　这是指当义务人不履行义务而给权利人造成损失时，权利人依法享有向义务人索赔因此而造成的损失的权利。

实用问答

在融资租赁合同中，出卖人不履行买卖合同义务的，承租人可以行使哪些索赔权？

答：承租人直接向出卖人行使索赔权的内容主要有两种。

首先，出卖人交付的标的物质量不符合约定时，承租人可以要求：（1）减少价金。如果出卖人交付的标的物虽不符合合同约定，但不影响使用，而承租人也愿意继续使用，则可以按质论价，要求出卖人减少价金。（2）修理、调换。当出卖人交付的标的物不能使用时，根据标的物的具体情况，承租人可以请求出卖人负责修理或者另行交付无瑕疵的标的物，并承担因修理、调换而支付的实际费用。（3）支付违约金。在出卖人交付的标的物不符合质量要求时，承租人可以请求出卖人支付约定的或者法定违约金。在违约金不足以抵偿损失时，承租人还可以要求出卖人支付损害赔偿金。（4）解除合同并赔偿损失。当出卖人交付的标的物由于质量问题无法使用时，承租人不仅可以要求解除合同，而且可以要求赔偿损失。

其次，出卖人未交付或者迟延交付标的物的，承租人可以请求出卖人继续履行交付义务，并请求因迟延履行导致的损害赔偿，构成《民法典》第563条第1款规定的合同法定解除情形之一的，可以解除合同并请求替代履行的损害赔偿。

◆ 第七百四十二条　承租人行使索赔权利时租金支付义务

承租人对出卖人行使索赔权利，不影响其履行支付租金的义务。但是，承租人依赖出租人的技能确定租赁物或者出租人干预选择租赁物的，承租人可以请求减免相应租金。

实用问答

在哪些情形下，租赁物不符合融资租赁合同的约定时，出租人应承担相应的责任？

答：根据《最高人民法院关于审理融资租赁合同纠纷案件适用法律问题的解释》第8条的规定，租赁物不符合融资租赁合同的约定且出租人实施了下列行为之一，承租人依照《民法典》第744条、第747条的规定，要求出租人承担相应责任的，人民法院应予支持：（1）出租人在承租人选择出卖人、租赁物时，对租赁物的选定起决定作用的；（2）出租人干预或者要求承租人按照出租人意愿选择出卖人或者租赁物的；（3）出租人擅自变更承租人已经选定的出卖人或者租赁物的。承租人主张其系依赖出租人的技能确定租赁物或者出租人干预选择租赁物的，对上述事实承担举证责任。

◆ 第七百四十三条　索赔失败的责任承担

出租人有下列情形之一，致使承租人对出卖人行使索赔权利失败的，承租人有权请求出租人承担相应的责任：

（一）明知租赁物有质量瑕疵而不告知承租人；

（二）承租人行使索赔权利时，未及时提供必要协助。

出租人怠于行使只能由其对出卖人行使的索赔权利，造成承租人损失的，承租人有权请求出租人承担赔偿责任。

名词解释

必要协助　承租人行使索赔权利的，出租人应当提供必要协助。此处的"协助"主要包括以下几个方面的内容：（1）帮助寻找出卖人。在一些融资租赁中，出卖人是承租人指定的，承租人很容易找到；在另一些融资租赁中，承租人只是确定了租赁物而没有确定出卖人，由出租人具体确定出卖人，在发生争议后，出租人就应当帮助承租人寻找出卖人。（2）帮助提供证据。在买卖合同的签约过程中，主要是出租人和出卖人之间磋商谈判，所以，出租人应当提供合同文本、订约资料等证据材料。（3）诉讼过程中的协助义务，如出租人要出庭作证等。

◆ 第七百四十四条　出租人不得擅自变更买卖合同内容

出租人根据承租人对出卖人、租赁物的选择订立的买卖合同，未经承租人同意，出租人不得变更与承租人有关的合同内容。

📝 名词解释

变更与承租人有关的合同内容　与承租人有关的买卖合同的内容的变更主要涉及以下几个方面：(1) 主体的变更。买卖合同的主体是出租人与出卖人。(2) 标的物的变更。买卖合同的标的物是融资租赁合同的租赁物，两者是一致的，它也是由承租人预先选择并在融资租赁合同中约定的，它必须符合承租人指定的条件。(3) 标的物的交付。买卖合同的标的物是由出卖人直接交付给承租人的，如果出租人与出卖人协商变更标的物的交付时间、地点和方式，应当征得承租人的同意。如果因此而增加了承租人的费用，应由出租人和出卖人协商分担。

◆ 第七百四十五条　出租人对租赁物享有所有权

出租人对租赁物享有的所有权，未经登记，不得对抗善意第三人。

📄 实用问答

若同一标的物上存在多个融资租赁，或者出现融资租赁与抵押权的竞存，清偿顺序如何确定？

答：基于实现优化营商环境、消灭隐形担保的总目标，法律规定出租人对租赁物享有的所有权未经登记不得对抗善意第三人，明确了出租人对租赁物享有的所有权必须登记才能对抗第三人。此外，由于《民法典》已经确立了融资租赁中出租人的所有权本质上起到了担保的作用，事实上是担保的具体形式之一，故对于融资租赁而言，无论是同一标的物上存在多个融资租赁，还是出现融资租赁与抵押权的竞存，都要适用《民法典》第414条之规定处理清偿顺序问题:"同一财产向两个以上债权人抵押的,拍卖、变卖抵押财产所得的价款依照下列规定清偿:(一)抵押权已经登记的,按照登记的时间先后确定清偿顺序;(二)抵押权已经登记的先于未登记的受偿;(三)抵押权未登记的,按照债权比例清偿。其他可以登记的担保物权,清偿顺序参照适用前款规定。"

◆ **第七百四十六条　融资租赁合同租金构成**

融资租赁合同的租金,除当事人另有约定外,应当根据购买租赁物的大部分或者全部成本以及出租人的合理利润确定。

名词解释

租赁物的成本　租赁物成本是构成租金的主要部分。出租人购买租赁物所支付的资金,将在租赁业务成交后,从租金中得以补偿。同时,在购置过程中,出租人所支付的运输费、保险费、调试安装费等也要计入租赁物成本中,一起从租金中分期收回。所以,租赁物成本包括租赁物购买价金及其运输费、保险费等,也称租赁物总成本。

◆ **第七百四十七条　租赁物质量瑕疵担保责任**

租赁物不符合约定或者不符合使用目的的,出租人不承担责任。但是,承租人依赖出租人的技能确定租赁物或者出租人干预选择租赁物的除外。

实用问答

在哪些情况下，出租人要承担租赁物不符合约定或者不符合使用目的的担保责任？

答：在以下情况下，出租人不能免除其质量瑕疵担保责任：（1）当承租人完全依赖出租人的技能和判断选择租赁物，或者出租人干预选择租赁物时，如出租人为承租人确定租赁物或者擅自变更承租人已选定的租赁物的，出租人应承担全部或者部分租赁物的质量瑕疵担保责任。（2）出租人明知租赁物有瑕疵而未告知或者因重大过失不知有瑕疵的。（3）出租人与出卖人有密切关系的。（4）承租人无法或者不能直接向出卖人索赔的。

典型案例

田昌勋、卡特彼勒（中国）融资租赁有限公司融资租赁合同纠纷案[①]

要旨：田昌勋对尚欠卡特彼勒（中国）融资租赁有限公司租赁费567132.23元及留购费500元并无异议。上诉人主张应由供货商易初明通公司承担部分租金的责任及被上诉人承担修理责任。根据《民法典》第747条"租赁物不符合约定或者不符合使用目的的，出租人不承担责任。但是，承租人依赖出租人的技能确定租赁物或者出租人干预选择租赁物的除外"之规定，及双方合同之约定，卡特彼勒（中国）融资租赁有限公司并无承担案涉租赁物瑕疵担保责任，上诉人并未

[①] 参见贵州省铜仁市中级人民法院（2021）黔06民终760号。

提供证据证实被上诉人干预了上诉人选择租赁物，应当承担举证不能的法律后果，其要求被上诉人和易初明通公司同时承担瑕疵担保责任并减少租金没有事实和法律依据。如案涉租赁物确有质量问题，可向易初明通公司另行诉讼主张。

◆ **第七百四十八条　出租人保证承租人占有和使用租赁物**

出租人应当保证承租人对租赁物的占有和使用。
出租人有下列情形之一的，承租人有权请求其赔偿损失：
（一）无正当理由收回租赁物；
（二）无正当理由妨碍、干扰承租人对租赁物的占有和使用；
（三）因出租人的原因致使第三人对租赁物主张权利；
（四）不当影响承租人对租赁物占有和使用的其他情形。

◆ **第七百四十九条　租赁物致人损害的责任承担**

承租人占有租赁物期间，租赁物造成第三人人身损害或者财产损失的，出租人不承担责任。

◆ **第七百五十条　承租人对租赁物所负保管、使用、维修义务**

承租人应当妥善保管、使用租赁物。
承租人应当履行占有租赁物期间的维修义务。

名词解释

妥善保管　这是指应当根据善良管理人的标准来进行保管，它要求比处理自己的事务更为谨慎。例如，承租人没有按照惯例将其租赁的船舶停靠在港口进行必要的维护，就是没有尽到其妥善保管的义务。

> ◆ **第七百五十一条　融资租赁中的风险负担规则**
>
> 承租人占有租赁物期间，租赁物毁损、灭失的，出租人有权请求承租人继续支付租金，但是法律另有规定或者当事人另有约定的除外。

> ◆ **第七百五十二条　承租人支付租金义务**
>
> 承租人应当按照约定支付租金。承租人经催告后在合理期限内仍不支付租金的，出租人可以请求支付全部租金；也可以解除合同，收回租赁物。

实用问答

在什么情形下，承租人欠付租金，出租人可以解除融资租赁合同？

答：根据《最高人民法院关于审理融资租赁合同纠纷案件适用法律问题的解释》第5条、第11条的规定，有下列情形之一，出租人请求解除融资租赁合同的，人民法院应予支持：（1）承租人未按照合同约定的期限和数额支付租金，符合合同约定的解除条件，经出租人催告后在合理期限内仍不支付的；（2）合同对于欠付租金解除合同的情形没有明确约定，但承租人欠付租金达到两期以上，或者数额达到全部租金15%以上，经出租人催告后在合理期限内仍不支付的……在上述情形下，出租人同时请求收回租赁物并赔偿损失的，人民法院应予支持。此处的"损失赔偿"范围为承租人全部未付租金及其他费用与收回租赁物价值的差额。合同约定租赁期间届满后租赁物归出租人所有的，损失赔偿范围还应包括融资租赁合同到期后租赁物的残值。另外，根据《最高人民法院关于审理融资租赁合同纠纷案件适用法律问题的解释》第 10 条第 2 款的规定，出租人请求承租人支付合同约定的全部未付租金，人民法院判决后承租人未予履行，出租人再行起诉请求解除融资租赁合同、收回租赁物的，人民法院应予受理。

◆ **第七百五十三条　承租人违约出租人可以解除融资租赁合同**

承租人未经出租人同意，将租赁物转让、抵押、质押、投资入股或者以其他方式处分的，出租人可以解除融资租赁合同。

◆ **第七百五十四条　出租人和承租人均可解除融资租赁合同的情形**

有下列情形之一的，出租人或者承租人可以解除融资租赁合同：

（一）出租人与出卖人订立的买卖合同解除、被确认无效或者被撤销，且未能重新订立买卖合同；

（二）租赁物因不可归责于当事人的原因毁损、灭失，且不能修复或者确定替代物；

（三）因出卖人的原因致使融资租赁合同的目的不能实现。

名词解释

不可归责于当事人的原因　这主要有以下几种情况：（1）因不可抗力的原因造成租赁物毁损、灭失的。例如，承租人租赁生产设备的，由于发生洪水，大水冲进设备致使设备损坏，这种损坏是当事人双方难以克服的。(2) 因意外事件造成租赁物毁损灭失的。例如，承租人租赁飞机正常航行，被一只飞鸟撞毁，经过认定承租人本人无过错，飞机的损害是由飞鸟撞击的意外事件造成的。

◆ **第七百五十五条　融资租赁合同因买卖合同解除、被确认无效或者被撤销而解除后的损失赔偿问题**

融资租赁合同因买卖合同解除、被确认无效或者被撤销而解除，出卖人、租赁物系由承租人选择的，出租人有权请求承租人赔偿相应损失；但是，因出租人原因致使买卖合同解除、被确认无效或者被撤销的除外。

出租人的损失已经在买卖合同解除、被确认无效或者被撤销时获得赔偿的，承租人不再承担相应的赔偿责任。

◆ **第七百五十六条　租赁物意外毁损、灭失导致融资租赁合同解除的法律后果**

融资租赁合同因租赁物交付承租人后意外毁损、灭失等不可归责于当事人的原因解除的，出租人可以请求承租人按照租赁物折旧情况给予补偿。

◆ **第七百五十七条　租赁期限届满租赁物归属**

出租人和承租人可以约定租赁期限届满租赁物的归属；对租赁物的归属没有约定或者约定不明确，依据本法第五百一十条的规定仍不能确定的，租赁物的所有权归出租人。

实用问答

在融资租赁中，租赁期限届满，对于租赁物的归属，承租人有哪些选择？

答：在融资租赁中，租赁期限届满，承租人一般可以有三种选择权：留购、续租或退租。(1) 留购是指租期届满，承租人支付给出租人一笔双方商定的设备残值（名义货价），取得租赁物的所有权。(2) 续租是指租期届满，承租人与出租人更新合同，继续承租租赁物，承租人按新合同支付租金；或者承租人未退回租赁物，出租人同意合同继续有效至承租人退回租赁物或者留购租赁物，承租人按原合同支付租金，直至合同终止。(3) 退租是指租期届满，承租人负责将处于良好工作状态的租赁物按出租人要求的运输方式运至出租人指定的地点。由此而产生的一切支出，如包装、运输、途中保险等费用均由承租人承担。在这三种租赁物的处理方式中，出租人更愿意选择留购这一处理方式。实践中，出租人关心的是如何收回其投入以及盈利，而对租赁物的使用价值没有多大兴趣，大多数融资租赁交易均把承租人留购租赁物作为交易的必要条件。如果选择另外两种方式处理租赁物，仍面临着租赁物的最终处理问题，出租人并不希望保留租赁设备。

◆ 第七百五十八条 承租人请求部分返还租赁物价值

当事人约定租赁期限届满租赁物归承租人所有，承租人已经支付大部分租金，但是无力支付剩余租金，出租人因此解除合同收回租赁物，收回的租赁物的价值超过承租人欠付的租金以及其他费用的，承租人可以请求相应返还。

当事人约定租赁期限届满租赁物归出租人所有，因租赁物毁损、灭失或者附合、混合于他物致使承租人不能返还的，出租人有权请求承租人给予合理补偿。

实用问答

诉讼期间承租人与出租人对租赁物的价值有争议的，如何认定租赁物的价值？

答：根据《最高人民法院关于审理融资租赁合同纠纷案件适用法律问题的解释》第12条的规定，诉讼期间承租人与出租人对租赁物的价值有争议的，人民法院可以按照融资租赁合同的约定确定租赁物价值；融资租赁合同未约定或者约定不明的，可以参照融资租赁合同约定的租赁物折旧以及合同到期后租赁物的残值确定租赁物价值。承租人或者出租人认为依上述标准确定的价值严重偏离租赁物实际价值的，可以请求人民法院委托有资质的机构评估或者拍卖确定。

◆ 第七百五十九条　支付象征性价款后租赁物归属

当事人约定租赁期限届满，承租人仅需向出租人支付象征性价款的，视为约定的租金义务履行完毕后租赁物的所有权归承租人。

◆ 第七百六十条　融资租赁合同无效时租赁物归属

融资租赁合同无效，当事人就该情形下租赁物的归属有约定的，按照其约定；没有约定或者约定不明确的，租赁物应当返还出租人。但是，因承租人原因致使合同无效，出租人不请求返还或者返还后会显著降低租赁物效用的，租赁物的所有权归承租人，由承租人给予出租人合理补偿。

第十六章　保 理 合 同

◆ **第七百六十一条　保理合同概念**

保理合同是应收账款债权人将现有的或者将有的应收账款转让给保理人，保理人提供资金融通、应收账款管理或者催收、应收账款债务人付款担保等服务的合同。

名词解释

保理法律关系　保理法律关系涉及保理商与债权人、保理商与债务人之间不同的法律关系，债权人与债务人之间的基础交易合同是成立保理的前提，而债权人与保理商之间的应收账款债权转让则是保理关系的核心。

应收账款　保理合同必须具备的要素是应收账款债权的转让，没有应收账款的转让就不能构成保理合同。所谓应收账款，是指权利人因提供一定的货物、服务或设施而获得的要求债务人付款的权利以及依法享有的其他付款请求权，包括现有的和未来的金钱债权，但不包括因票据或其他有价证券而产生的付款请求权，以及法律、行政法规禁止转让的付款请求权。

资金融通　资金融通是指保理人应债权人的申请，在债权人将应收账款转让给保理人后，为债权人提供的贷款或者应收账款转让预付款。

应收账款管理 应收账款管理又称销售分户账管理，是指保理人根据债权人的要求，定期或不定期向其提供关于应收账款的回收情况、逾期账款情况、对账单等财务和统计报表，协助其进行应收账款管理。

应收账款催收 这是指保理人根据应收账款账期，主动或应债权人要求，采取电话、函件、上门等方式直至运用法律手段等对债务人进行催收。

付款担保 付款担保是指保理人与债权人签订保理合同后，为债务人核定信用额度，并在核准额度内，对债权人无商业纠纷的应收账款，提供约定的付款担保。

典型案例

中铁飞豹（深圳）商业保理有限公司、鹿金辉等保理合同纠纷案[1]

要旨：《民法典》施行前的法律事实引起的民事纠纷案件，当时的法律、司法解释没有规定而《民法典》有规定的，可以适用《民法典》的规定，但是明显减损当事人合法权益、增加当事人法定义务或者背离当事人合理预期的除外。本案原告中铁飞豹（深圳）商业保理有限公司主张其与被告鹿金辉之间为保理合同，双方所涉法律事实引发的纠纷发生于《民法典》实施前，当时的《合同法》及相关司法解释对保理合同并无明确规定，而《民法典》对保理合同进行了相应的规定，且适用《民法典》的相关规定不存在明显减损当事人合法权益、

---

[1] 参见江苏省南通经济技术开发区人民法院（2022）苏0691民初2184号。

增加当事人法定义务或者背离当事人合理预期的情形，故本案应适用《民法典》关于保理合同的规定予以评判案涉合同是否符合保理合同的构成要件。《民法典》第761条规定："保理合同是应收账款债权人将现有的或者将有的应收账款转让给保理人，保理人提供资金融通、应收账款管理或者催收、应收账款债务人付款担保等服务的合同。"由此可知，保理合同法律关系涉及应收账款债权人、债务人及保理人三方主体，保理合同成立与否应以债权的转让为前提，且该债权应是合法有效、客观存在的债权，保理人之所以介入应收账款债权人和债务人之间的法律关系是为了向应收账款债权人提供融资服务、协助账款催收以及提供其他服务。具体分析到本案，涉及主体包括保理人即原告中铁飞豹（深圳）商业保理有限公司，应收账款债权人即被告鹿金辉，债务人即被告百成大达，各方主体适格。被告鹿金辉将其现有的或将有的对被告百成大达的应收账款转让给原告中铁飞豹（深圳）商业保理有限公司，由原告中铁飞豹（深圳）商业保理有限公司向其提供融资服务、协助账款催收以及提供其他服务，三方之间构成保理合同关系。

◆ **第七百六十二条　保理合同内容和形式**

保理合同的内容一般包括业务类型、服务范围、服务期限、基础交易合同情况、应收账款信息、保理融资款或者服务报酬及其支付方式等条款。

保理合同应当采用书面形式。

名词解释

保理的业务类型　按照保理人在债务人破产、无理拖欠或无法偿付应收账款时，是否可以向债权人反转让应收账款，或者要求债权人回购应收账款、归还融资，保理的业务类型可以分为有追索权保理和无追索权保理。

基础交易合同　基础交易合同是应收账款债权人与债务人签订的据以产生应收账款的有关销售货物、提供服务或出租资产等的交易合同及其全部补充或者修改文件。基础交易合同的存在是保理合同订立的前提，虽然两者有关权利义务关系的约定存有牵连，但两者并非主从合同关系，而是相对独立的两个合同。

◆ **第七百六十三条　虚构应收账款**

应收账款债权人与债务人虚构应收账款作为转让标的，与保理人订立保理合同的，应收账款债务人不得以应收账款不存在为由对抗保理人，但是保理人明知虚构的除外。

名词解释

应收账款虚假　这是保理实践中的突出问题。典型的场景是，在尽职调查过程中，保理人通常会向债务人核实应收账款的真实性，债务人在征询函或其他文书上确认该应收账款真实存在，保理人因而与债权人签订保理合同，事后保理人向债务人主张权利时，债务人以基础交易合同不实或应收账款虚假为由抗辩。

应收账款不存在　作为转让标的的应收账款不存在，既包括应收账款全部不存在，也包括应收账款存在但与真实债权数额不实，因而部分不存在。

实用问答

应收账款债权人与债务人虚构应收账款的方式主要有哪些？

答：虚构应收账款的方式是多样的，主要有以下两种方式：

（1）应收账款债权人与债务人通谋以虚假的意思表示制造了虚假应收账款的外观。这属于《民法典》第 146 条第 1 款所规定的通谋虚假行为，即行为人与相对人以虚假的意思表示实施的民事法律行为无效；但是，该无效仅是在应收账款债权人和债务人之间无效，不得对抗据此产生信赖的保理人。（2）债务人向保理人确认应收账款的真实性，制造了虚假应收账款的外观。虽然债权一般不具有权利外观，原则上不适用善意取得，但是，债权在例外情况下具有一定的权利外观，对据此产生信赖的债权受让人（保理人）应当予以保护。

典型案例

北京首铁置业有限公司与北京华弘兴业科贸有限公司等合同纠纷案[①]

要旨：《民法典》第 763 条规定："应收账款债权人与债务人虚构应收账款作为转让标的，与保理人订立保理合同的，应收账款债务人不得以应收账款不存在为由对抗保理人，但是保理人明知虚构的除外。"双方当事人通谋所为的虚伪意思表示，在当事人之间发生绝对无效的法律后果，但在虚伪表示的当事人与第三人之间，则应视该第三人是否知道或应当知道该虚伪意思表示而发生不同的法律后果。根据法律规定，只有在保理人明知存在虚构应收账款的情形时，债务人方可对抗保理人。本案中，北京首铁置业有限公司虽然未主张其与盛德公司之间存在通谋行为，但主张应收账款不存在。对此，出于对保理人的信赖保护，亦应当限定在善意无过失的情形下，即要求保理

---

① 参见北京市高级人民法院（2021）京民终 325 号。

人就基础债权的真实性进行了必要的调查和核实，尽到了审慎的注意义务，有理由相信应收账款债权真实存在。在保理人善意无过失的情况下，应收账款债务人应当依其承诺的向保理人承担责任，而不得以应收账款不存在的理由对抗保理人。

◆ **第七百六十四条　保理人发出转让通知表明身份义务**

保理人向应收账款债务人发出应收账款转让通知的，应当表明保理人身份并附有必要凭证。

◆ **第七百六十五条　基础交易合同协商变更或者终止对保理人的效力**

应收账款债务人接到应收账款转让通知后，应收账款债权人与债务人无正当理由协商变更或者终止基础交易合同，对保理人产生不利影响的，对保理人不发生效力。

◆ **第七百六十六条　有追索权保理**

当事人约定有追索权保理的，保理人可以向应收账款债权人主张返还保理融资款本息或者回购应收账款债权，也可以向应收账款债务人主张应收账款债权。保理人向应收账款债务人主张应收账款债权，在扣除保理融资款本息和相关费用后有剩余的，剩余部分应当返还给应收账款债权人。

名词解释

有追索权保理　这是指保理人不承担为债务人核定信用额度和提供坏账担保的义务，仅提供包括融资在内的其他金融服务，有追索权保理在应收账款到期无法从债务人处收回时,保理人可以向债权人反转让应收账款,或要求债权人回购应收账款或归还融资,又称回购型保理。

典型案例

中铁飞豹(深圳)商业保理有限公司、鹿金辉等保理合同纠纷案[1]

要旨：根据法律规定,当事人约定有追索权保理的,保理人可以向应收账款债权人主张返还保理融资款本息或者回购应收账款债权,也可以向应收账款债务人主张应收账款债权。本案原告中铁飞豹(深圳)商业保理有限公司与被告鹿金辉签订的是《公开型有追索权国内保理合同》,双方对于回购事宜有明确约定,现保理融资期限已届满,债务人百成大达未能足额向保理人中铁飞豹(深圳)商业保理有限公司支付应收账款,应收账款债权人鹿金辉也未履行回购义务,在此情况下,中铁飞豹(深圳)商业保理有限公司选择向鹿金辉行使追索权,要求其返还保理融资款本息符合合同约定及法律规定,应予以支持。对于被告鹿金辉陈述其届时系百成大达职员,系基于公司要求才签署案涉合同,其实际未使用案涉款项,并在收到款项后已汇给公司聂强,故应由被告百成大达承担还款责任的意见。本院认为,应收账款债权人与债务人虚构应收账款作为转让标的,与保理人订立保理合同的,应收账款债务人不得以应收账款不存在为由对抗保理人,但是保理人明知虚构的除外。由此可知,除非保理人对应收

---

[1] 参见江苏省南通经济技术开发区人民法院(2022)苏0691民初2184号。

账款系虚构属明知，否则应收账款债务人无权以应收账款不存在为由对抗保理人；同理，应收账款债权人亦无权据此对抗保理人。就本案而言，即便被告鹿金辉所述事实属实，其也未能提供证据证明原告对此属明知，故无权据此对抗原告，本院对其抗辩意见不予采纳。

◆ **第七百六十七条　无追索权保理**

当事人约定无追索权保理的，保理人应当向应收账款债务人主张应收账款债权，保理人取得超过保理融资款本息和相关费用的部分，无需向应收账款债权人返还。

名词解释

无追索权保理　这是指保理人根据债权人提供的债务人核准信用额度，在信用额度内承购债权人对债务人的应收账款并提供坏账担保责任，债务人因发生信用风险未按基础合同约定按时足额支付应收账款时，保理人不能向债权人追索，又称买断型保理。无追索权保理在性质上属于应收账款债权买卖，保理人受让债权并享有债权的全部清偿利益，负担债权不能受偿的风险，作为债权转让对价的融资款实际上是通过买卖取得债权的价款。

◆ **第七百六十八条　保理中应收账款债权重复转让**

应收账款债权人就同一应收账款订立多个保理合同，致使多个保理人主张权利的，已经登记的先于未登记的取得应收账款；均已经登记的，按照登记时间的先后顺序取得应收账款；均未登记的，由最先到达应收账款债务人的转让通知中载明的保理人取得应收账款；既未登记也未通知的，按照保理融资款或者服务报酬的比例取得应收账款。

◆ **第七百六十九条　保理适用债权转让规则**

本章没有规定的，适用本编第六章债权转让的有关规定。

第十七章　承 揽 合 同

> ◆ **第七百七十条　承揽合同的定义和承揽的主要种类**
>
> 　　承揽合同是承揽人按照定作人的要求完成工作，交付工作成果，定作人支付报酬的合同。
> 　　承揽包括加工、定作、修理、复制、测试、检验等工作。

名词解释

　　加工　此处所谓的加工是指承揽人以自己的技能、设备和劳力，按照定作人的要求，将定作人提供的原材料加工为成品，定作人接受该成品并支付报酬。

　　定作　此处所谓的定作是指承揽人根据定作人的要求，以自己的技能、设备和劳力，用自己的材料为定作人制作成品，定作人接受该特别制作的成品并支付报酬。定作与加工的区别在于定作中承揽人需自备材料，而不是由定作人提供。

　　修理　此处所谓的修理既包括承揽人为定作人修复损坏的动产，如修理汽车、手表、电器、自行车、鞋等；也包括对不动产的修缮，如检修房屋屋顶的防水层。

　　复制　此处所谓的复制是指承揽人按照定作人的要求，根据定作人提供的样品，重新制作类似的成品，定作人接受复制品并支付报酬。复制既包括复印文稿，也包括复制其他物品，如文物部门要求承揽人复制一件文物用以展览。

测试 此处所谓的测试是指承揽人根据定作人的要求，利用自己的技术和设备为定作人完成某一项目的性能测试，定作人接受测试成果并支付报酬。

检验 此处所谓的检验是指承揽人以自己的技术和仪器、设备等为定作人提供的特定事物的性能、问题、质量等进行检查化验，定作人接受检验成果，并支付报酬。

典型案例

飞越广告印刷中心、王忠等定作合同纠纷案[①]

要旨：《民法典》第770条规定："承揽合同是承揽人按照定作人的要求完成工作，交付工作成果，定作人支付报酬的合同。承揽包括加工、定作、修理、复制、测试、检验等工作。"定作合同是指承揽人按照定作人的要求，以自己的技能、设备和劳力，用自己的材料为定作人制作成品，定作人接受该成品并给付报酬的合同。承揽合同包含定作合同。本案中，飞越广告印刷中心将其承揽的彭阳县医药有限公司阴凉区改造项目交由王忠完成。王忠称其是包工又包料。飞越广告印刷中心称王忠只提供劳务，每个500元。但王忠提交的与轩美金斯玻璃门窗、建鑫玻璃之间的微信聊天记录及转账记录，能够证明改造材料由王忠购买的事实。王忠按飞越广告印刷中心要求完成了彭阳县医药有限公司阴凉区改造项目的定作及安装，双方形成事实上的定作合同关系。王忠向飞越广告印刷中心交付了工作成果，

---

① 参见宁夏回族自治区固原市中级人民法院（2023）宁04民终466号。

王忠与唐小琴通过微信聊天进行了核算，能够证明报酬为39028.13元。飞越广告印刷中心上诉称唐小琴微信中所写39028.13元是工程量而非工程款。但从一审庭审中，飞越广告印刷中心在对该微信聊天记录质证中认可39028.13元是工程价款。飞越广告印刷中心的陈述构成法律上的自认。故王忠向飞越广告印刷中心交付了工作成果报酬39028.13元。

◆ **第七百七十一条　承揽合同的内容**

承揽合同的内容一般包括承揽的标的、数量、质量、报酬，承揽方式，材料的提供，履行期限，验收标准和方法等条款。

◆ **第七百七十二条　承揽人独立完成主要工作**

承揽人应当以自己的设备、技术和劳力，完成主要工作，但是当事人另有约定的除外。

承揽人将其承揽的主要工作交由第三人完成的，应当就该第三人完成的工作成果向定作人负责；未经定作人同意的，定作人也可以解除合同。

名词解释

主要工作　此处的"主要工作"一般是指对工作成果的质量起决定性作用的工作，也可以说是技术要求高的那部分工作。例如，订制服装中，量体裁剪和整体裁制是其主要工作。主要工作的质量、数量将决定工作成果是否符合定作人的要求，因此承揽人作为定作人选择的对象，应当以自己的设备、技术和劳力完成主要工作，否则会影响定作人订立合同的目的。

◆ **第七百七十三条　承揽人对辅助性工作的责任**

承揽人可以将其承揽的辅助工作交由第三人完成。承揽人将其承揽的辅助工作交由第三人完成的，应当就该第三人完成的工作成果向定作人负责。

典型案例

王立江、赫英锁等承揽合同纠纷案[①]

要旨：王太福与王立江、赫英锁在 2021 年 6 月 16 日签订的《承包合同》无论是从合同内容来看，还是从实际履行的方式分析，该合同是由王太福提供材料，王立江、赫英锁按照王太福的要求为其兴建一处猪舍，工程完工经王太福验收合格后支付价款的合同。其形式要件符合承揽合同的规定，因此本院认定双方之间存在承揽合同关系。承揽合同是承揽人按照定作人的要求完成工作，交付工作成果，定作人支付报酬的合同。承揽人可以将其承揽的辅助工作交由第三人完成，就第三人完成的工作成果向定作人负责。在交由第三人完成工作时所需费用由承揽人垫付，定作人自愿负担的除外。本案中，王立江、赫英锁与王太福签订《承包合同》后并非由二人自行施工，而是由第三人参与建设。王立江、赫英锁自称与王太福口头约定每日由王太福支付 2000 元人工费，剩余不够的人工费由王立江、赫英锁垫付。并称王太福支付 5 日后不再支付，双方因此产生纠纷，工程停

[①] 参见黑龙江省鸡西市梨树区人民法院（2022）黑 0305 民初 28 号。

工。首先，双方签订的《承包合同》没有此项约定。其次，王立江、赫英锁自称是口头约定，在庭审中并未出具证据予以证实。另外，该约定也不符合承揽合同的构成要件。即便王立江、赫英锁将承揽的工程交付给第三人施工，第三人产生的人工费依法也应由王立江、赫英锁垫付，王太福只需在工程完工后验收合格，向王立江、赫英锁支付合同约定的价款。故王立江、赫英锁诉讼请求中，要求停工期间人工费损失6000元于法无据，本院不予支持。

◆ **第七百七十四条　由承揽人提供材料时的主要义务**

承揽人提供材料的，应当按照约定选用材料，并接受定作人检验。

◆ **第七百七十五条　由定作人提供材料时双方当事人的义务**

定作人提供材料的，应当按照约定提供材料。承揽人对定作人提供的材料应当及时检验，发现不符合约定时，应当及时通知定作人更换、补齐或者采取其他补救措施。

承揽人不得擅自更换定作人提供的材料，不得更换不需要修理的零部件。

典型案例

李明义与李百福承揽合同纠纷案[①]

要旨：本案应属承揽合同纠纷。李百福承揽李明义定作的瓷砖铺贴工程，应对其交付的工程负有瑕疵担保的义务。根据司法鉴定意见书能够确认，李百福铺贴的瓷砖，不满足国家工程质量验收规范的标准要求，李百福应对此承担违约责任。本案中涉及的瓷砖是否存在质量问题，举证责任应由李百福承担，其明确表示不申请司法鉴定，应承担不利的法律后果。根据《民法典》第775条第1款的规定，定作人提供材料的，应当按照约定提供材料。承揽人对定作人提供的材料应当及时检验，发现不符合约定时，应当及时通知定作人更换、补齐或者采取其他补救措施。如果因瓷砖本身质量问题导致的空鼓、不平整，李百福应在铺贴前及时通知李明义要求更换。故李百福关于系瓷砖本身存在质量问题导致的空鼓、不平整的抗辩意见，于法无据，本院不予采纳。根据中衡保险公估股份有限公司出具的评估报告确认，该房屋受损财产损失价值为16620元，原告自认其支出修复费用合计5710元，应以实际支出的数额为准。本案属承揽合同纠纷，原告主张的误工费、饮食费、精神损失费，未提供有效证据，且不在本案的审理范围，本院不予支持。

[①] 参见黑龙江省齐齐哈尔市龙沙区人民法院（2020）黑0202民初1270号。

◆ 第七百七十六条　定作人要求不合理时双方当事人的义务

承揽人发现定作人提供的图纸或者技术要求不合理的,应当及时通知定作人。因定作人怠于答复等原因造成承揽人损失的,应当赔偿损失。

📝 名词解释

定作人提供的图纸或者技术要求不合理　这既包括按照所提交图纸或者技术要求根本无法实现承揽目的的情形,也包括图纸或者技术要求本身明显不合理,不符合一般意义上同类工作的标准或要求。

◆ 第七百七十七条　定作人中途变更工作要求的法律责任

定作人中途变更承揽工作的要求,造成承揽人损失的,应当赔偿损失。

◆ 第七百七十八条　定作人协助义务

承揽工作需要定作人协助的,定作人有协助的义务。定作人不履行协助义务致使承揽工作不能完成的,承揽人可以催告定作人在合理期限内履行义务,并可以顺延履行期限;定作人逾期不履行的,承揽人可以解除合同。

◆ 第七百七十九条　定作人监督检验承揽工作

承揽人在工作期间,应当接受定作人必要的监督检验。定作人不得因监督检验妨碍承揽人的正常工作。

名词解释

必要的监督检验 这是指如果合同中已经约定定作人监督检验的范围，定作人应当按照约定的内容按时进行检验；如果合同中未约定检验范围，定作人应当根据承揽工作的性质，对承揽工作质量进行检验，如承揽人是否使用符合约定的材料、是否按照定作人提供的图纸或者技术要求工作等。

◆ 第七百八十条　工作成果交付

承揽人完成工作的，应当向定作人交付工作成果，并提交必要的技术资料和有关质量证明。定作人应当验收该工作成果。

名词解释

技术资料 这主要包括使用说明书、结构图纸、有关技术数据等。

质量证明 这包括有关部门出具的质量合格证书以及其他能够证明工作成果质量的数据、鉴定证明等。

◆ 第七百八十一条　承揽人工作成果不符合质量要求将承担违约责任

承揽人交付的工作成果不符合质量要求的，定作人可以合理选择请求承揽人承担修理、重作、减少报酬、赔偿损失等违约责任。

典型案例

田龙树、王维忠承揽合同纠纷案[①]

要旨：王维忠让田龙树以包工包料包草死的方式对呼邓林区 700 亩桉树林地喷洒草甘膦进行除草工作，田龙树已按照王维忠交代的除草要求开展除草，双方成立承揽合同关系。田龙树首次对呼邓林区 700 亩桉树林地喷洒草甘膦进行除草后，双方于 2022 年 10 月 7 日对呼邓林区除草情况进行验收，证人吴某也在场，验收过程中因林区内的杂草太多，增加了搬运肥料以及施肥难度，吴某要求王维忠增加 6000 元工钱，王维忠同意吴某增加工钱的要求，并要求田龙树重新补喷农药，且约定扣减田龙树 6000 元工钱补偿给施肥工人，田龙树表示同意，由此可以认定田龙树首次喷药除草并未达到王维忠的要求。承揽人交付的工作成果不符合质量要求的，定作人可以合理选择请求承揽人承担修理、重作、减少报酬、赔偿损失等违约责任。田龙树的工作成果不符合质量要求，王维忠作为定作人有权要求其另行喷药除草。2022 年 10 月 15 日，田龙树在第二次喷药除草之前，与王维忠通过电话沟通，田龙树在电话中说价钱也和之前那个一样，田龙树因此主张的第二次喷药除草与第一次喷药除草的价格一样。因田龙树第一次喷药除草不符合质量要求，田龙树在电话中说价钱也和之前那个一样，应理解为重新喷药除草不另行计算费用；若第二次喷药除草需要另行收费，有违公平，并且王维忠与田龙树已于 2022 年 12 月 21 日对除草工钱进行结算并支付完毕。故田龙树主张王维忠支付

[①] 参见广西壮族自治区扶绥县人民法院（2023）桂 1421 民初 594 号。

除草费用42000元，没有事实和法律依据，本院不予支持。

◆ 第七百八十二条 定作人支付报酬的期限

定作人应当按照约定的期限支付报酬。对支付报酬的期限没有约定或者约定不明确，依据本法第五百一十条的规定仍不能确定的，定作人应当在承揽人交付工作成果时支付；工作成果部分交付的，定作人应当相应支付。

典型案例

宁夏钻通管道铺设服务有限公司、蔺玉平等承揽合同纠纷案[1]

要旨：关于是否应当承担利息的问题。双方当事人未对利息进行约定。双方当事人对涉案承揽工程款的履行期限未作约定。《民法典》第782条规定："定作人应当按照约定的期限支付报酬。对支付报酬的期限没有约定或者约定不明确，依据本法第五百一十条的规定仍不能确定的，定作人应当在承揽人交付工作成果时支付；工作成果部分交付的，定作人应当相应支付。"本案中，双方当事人对付款期限未作约定，事后也未就付款期限达成补充协议。故应在蔺玉平完成承揽工程交工时支付承揽工程款。各方当事人均承认涉案工程于2016年7月10日完工交付。故宁夏钻通管道铺设服务有限公司（以下简称钻通公司）应于2016年7月10日向蔺玉平支付承揽工程款。因钻通公司

---

[1] 参见宁夏回族自治区固原市中级人民法院（2023）宁04民终372号。

未按期支付，构成违约，并给蔺玉平造成了相应的利息损失。钻通公司应当承担继续履行支付下欠承揽工程款558149.13元的义务，并从2016年7月10日起承担未付承揽工程款的利息。一审法院判决于法有据。钻通公司的上诉请求不能成立，本院不予支持。

> ◆ **第七百八十三条　承揽人留置权及同时履行抗辩权**
>
> 　　定作人未向承揽人支付报酬或者材料费等价款的，承揽人对完成的工作成果享有<u>留置权或者有权拒绝交付</u>，但是当事人另有约定的除外。

典型案例

北京德驿通程汽车销售服务有限公司 与陈佳佳修理合同纠纷案[1]

要旨： 关于北京德驿通程汽车销售服务有限公司（以下简称德驿通程公司）主张车辆保管费的诉讼请求，陈佳佳将涉案车辆送至德驿通程公司处维修，德驿通程公司因陈佳佳未支付维修费行使留置权，不允许陈佳佳取走车辆，是以留置为主要目的，故对德驿通程公司的该项诉讼请求，本院不予支持。

关于陈佳佳主张的反诉请求，陈佳佳未向德驿通程公司支付维修费用，德驿通程公司有权对涉案车辆进行留置，故对陈佳佳要求德驿通程公司返还涉案车辆并赔偿经济损失的诉讼请求，本院不予

---

[1] 参见北京市密云区人民法院（2020）京0118民初4527号。

支持。陈佳佳支付完毕车辆修理费后，可以要求德驿通程公司返还涉案车辆。车辆维修押金 4000 元折抵维修费用，不再予以返还。涉案车辆虽停放于德驿通程公司处，但法律并未免除车辆的保险责任，且缴纳机动车交通事故责任强制保险是进行验车的必需费用，故对陈佳佳要求德驿通程公司支付机动车交强险的请求，本院不予支持。

◆ **第七百八十四条　承揽人对材料和工作成果的保管责任**

承揽人应当妥善保管定作人提供的材料以及完成的工作成果，因保管不善造成毁损、灭失的，应当承担赔偿责任。

◆ **第七百八十五条　承揽人保密义务**

承揽人应当按照定作人的要求保守秘密，未经定作人许可，不得留存复制品或者技术资料。

◆ **第七百八十六条　共同承揽人连带责任**

共同承揽人对定作人承担连带责任，但是当事人另有约定的除外。

名词解释

共同承揽　这是指由两个或者两个以上的人共同完成承揽工作。共同完成承揽工作的人称共同承揽人。共同承揽既可以由共同承揽人与定作人共同订立承揽合同，也可以根据承揽人的约定由其中一个承揽人代表所有共同承揽人与定作人订立承揽合同。

◆ 第七百八十七条 定作人任意解除权

定作人在承揽人完成工作前可以随时解除合同,造成承揽人损失的,应当赔偿损失。

第十八章　建设工程合同

◆ **第七百八十八条　建设工程合同定义和种类**

建设工程合同是承包人进行工程建设，发包人支付价款的合同。

建设工程合同包括工程勘察、设计、施工合同。

名词解释

工程　这里的工程是指土木建筑工程和建筑业范围内的线路、管道、设备安装工程的新建、扩建、改建及大型的建筑装修装饰活动，主要包括房屋、铁路、公路、机场、港口、桥梁、矿井、水库、电站、通讯线路等。

建设工程的发包人　这一般是指建设工程的建设单位，即投资建设该项工程的单位，通常也称"业主"。

建设工程的承包人　这是指实施建设工程的勘察、设计、施工等业务的单位，包括对建设工程实行总承包的单位、勘察承包单位、设计承包单位、施工承包单位和承包分包工程的单位。

◆ **第七百八十九条　建设工程合同的形式**

建设工程合同应当采用书面形式。

◆ **第七百九十条　工程招标投标要求**

建设工程的招标投标活动，应当依照有关法律的规定公开、公平、公正进行。

实用问答

需要进行招标的工程建设项目主要有哪些？

答：依据《招标投标法》第 3 条的规定，在中华人民共和国境内进行下列工程建设项目包括项目的勘察、设计、施工、监理以及与工程建设有关的重要设备、材料等的采购，必须进行招标：（1）大型基础设施、公用事业等关系社会公共利益、公众安全的项目；（2）全部或者部分使用国有资金投资或者国家融资的项目；（3）使用国际组织或者外国政府贷款、援助资金的项目；（4）法律或者国务院规定的其他必须招标的项目。

◆ **第七百九十一条　建设工程合同发包、承包和分包**

发包人可以与总承包人订立建设工程合同，也可以分别与勘察人、设计人、施工人订立勘察、设计、施工承包合同。发包人不得将应当由一个承包人完成的建设工程支解成若干部分发包给数个承包人。

总承包人或者勘察、设计、施工承包人经发包人同意，可以将自己承包的部分工作交由第三人完成。第三人就其完成的工作成果与总承包人或者勘察、设计、施工承包人向发包人承担连带责任。承包人不得将其承包的全部建设工程转包给第三人或者将其承包的全部建设工程支解以后以分包的名义分别转包给第三人。

> 禁止承包人将工程分包给不具备相应资质条件的单位。禁止分包单位将其承包的工程再分包。建设工程<u>主体结构的施工必须由承包人自行完成</u>。

📝 名词解释

总承包 建设工程的总承包又称"交钥匙承包",是指建设工程任务的总承包,即发包人将建设工程的勘察、设计、施工等工程建设的全部任务一并发包给一个具备相应的总承包资质条件的承包人,由该承包人负责工程的全部建设工作,直至工程竣工,向发包人交付经验收合格符合发包人要求的建设工程的发包承包方式。

分包 所谓建设工程的分包是指工程总承包人、勘察承包人、设计承包人、施工承包人承包建设工程后,将其承包的某一部分工程或某几部分工程,再发包给其他承包人,与其签订承包合同项下的分包合同的发包承包方式。总承包人或者勘察、设计、施工承包人在分包合同中即成为分包合同的发包人。

转包 所谓建设工程的转包是指建设工程的承包人将其承包的建设工程倒手转让给第三人,使该第三人实际上成为该建设工程新的承包人的行为。承包人经发包人同意将其部分工程分包给他人的行为是允许的,但承包人的转包行为是禁止的。

📄 实用问答

在房屋建筑和市政基础设施工程施工分包中,哪些行为属于违法分包?

答:根据《房屋建筑和市政基础设施工程施工分包管理办法》第 14 条的规定,禁止将承包的工程进行违法分包。下列行为,属于违法分包：（1）分包工程发包人将专业工程或者劳务作业分包给不具备相应资质条件的分包工程承包人的；（2）施工总承包合同中未有约定，又未经建设单位认可，分包工程发包人将承包工程中的部分专业工程分包给他人的。

◆ **第七百九十二条　订立国家重大建设工程合同**

国家重大建设工程合同，应当按照国家规定的程序和国家批准的投资计划、可行性研究报告等文件订立。

◆ **第七百九十三条　建设工程合同无效时对承包人补偿**

建设工程施工合同无效，但是建设工程经验收合格的，可以参照合同关于工程价款的约定折价补偿承包人。

建设工程施工合同无效，且建设工程经验收不合格的，按照以下情形处理：

（一）修复后的建设工程经验收合格的，发包人可以请求承包人承担修复费用；

（二）修复后的建设工程经验收不合格的，承包人无权请求参照合同关于工程价款的约定折价补偿。

发包人对因建设工程不合格造成的损失有过错的，应当承担相应的责任。

实用问答

1. 建设工程施工合同无效，一方当事人请求对方赔偿损失的，应当就哪些方面承担举证责任？

答：根据《最高人民法院关于审理建设工程施工合同纠纷案件

适用法律问题的解释（一）》第 6 条第 1 款的规定，建设工程施工合同无效，一方当事人请求对方赔偿损失的，应当就对方过错、损失大小、过错与损失之间的因果关系承担举证责任。

2. 建设工程施工合同无效，一方当事人请求对方赔偿损失，就损失大小进行举证时，损失大小无法确定的，应当如何处理？

答：根据《最高人民法院关于审理建设工程施工合同纠纷案件适用法律问题的解释（一）》第 6 条第 2 款的规定，损失大小无法确定，一方当事人请求参照合同约定的质量标准、建设工期、工程价款支付时间等内容确定损失大小的，人民法院可以结合双方过错程度、过错与损失之间的因果关系等因素作出裁判。

3. 发包人的哪些情形造成建设工程质量缺陷，应承担过错责任？

答：根据《最高人民法院关于审理建设工程施工合同纠纷案件适用法律问题的解释（一）》第 13 条的规定，发包人具有下列情形之一，造成建设工程质量缺陷，应当承担过错责任：（1）提供的设计有缺陷；（2）提供或者指定购买的建筑材料、建筑构配件、设备不符合强制性标准；（3）直接指定分包人分包专业工程。承包人有过错的，也应当承担相应的过错责任。

◆ **第七百九十四条　勘察、设计合同的内容**

勘察、设计合同的内容一般包括提交有关基础资料和概预算等文件的期限、质量要求、费用以及其他协作条件等条款。

名词解释

勘察、设计合同　勘察人、设计人完成工程勘察、设计任务，发包人支付其勘察、设计费的合同。

◆ **第七百九十五条　施工合同的内容**

施工合同的内容一般包括工程范围、建设工期、中间交工工程的开工和竣工时间、工程质量、工程造价、技术资料交付时间、材料和设备供应责任、拨款和结算、竣工验收、质量保修范围和质量保证期、相互协作等条款。

名词解释

施工合同　施工人完成工程的建筑、安装工作，发包人验收后，接收该工程并支付价款的合同。

工程范围　施工的界区，是施工人进行施工的工作范围。工程范围是施工合同的必备条款。

建设工期　施工人完成施工任务的期限。每个工程的性质不同，所需要的建设工期也各不相同。建设工期能否合理确定往往会影响工程质量的好坏。

中间交工工程　施工过程中的阶段性工程。为了保证工程各阶段的交接，顺利完成工程建设，当事人应当明确中间交工工程的开工和竣工时间。

工程质量　工程的等级要求，是施工合同中的核心内容。工程质量条款是明确对施工人的施工要求，确定施工人责任的依据，是施工合同的必备条款。

工程造价　施工建设该工程所需的费用，包括材料费、施工成本等。当事人应根据工程质量要求和工程的概预算，合理地确定工程造价。

技术资料　勘察、设计文件以及其他施工人据以施工所必需的基础资料。技术资料的交付是否及时往往会影响施工的进度，因此，当事人应当在施工合同中明确技术资料的交付时间。

◆ **第七百九十六条 建设工程监理**

建设工程实行监理的，发包人应当与监理人采用书面形式订立委托监理合同。发包人与监理人的权利和义务以及法律责任，应当依照本编委托合同以及其他有关法律、行政法规的规定。

实用问答

1. 如何理解《民法典》第 796 条中的建设工程监理？

答：《民法典》第 796 条中的建设工程监理，是指由具有法定资质条件的工程监理单位，根据发包人的委托，依照法律、行政法规以及有关的建设工程技术标准、设计文件和建设工程合同，代表发包人在施工质量、建设工期和建设资金使用等方面对承包人进行监督。

2. 是否对所有的建设工程都要实行监理？

答：建设工程监理是建设项目的发包人为了保证工程质量，控制工程造价和工期，维护自身利益而采取的监督措施，因此，是否对建设工程实行监理，原则上应由发包人自行决定。但是，为了加强对项目建设的监督，保证投资效益，维护国家利益和公共利益，国家对于特定的项目规定了强制监理，明确了强制监理的范围。

3. 哪些建设工程必须实行监理？

答：根据《建设工程质量管理条例》第 12 条第 2 款的规定，下列建设工程必须实行监理：（1）国家重点建设工程；（2）大中型公用事业工程；（3）成片开发建设的住宅小区工程；（4）利用外国政府或者国际组织贷款、援助资金的工程；（5）国家规定必须实行监理的其他工程。

> ◆ **第七百九十七条　发包人的检查权**
>
> 发包人在不妨碍承包人正常作业的情况下，可以随时对作业进度、质量进行检查。

实用问答

发包人一般如何对工程作业进行检查？

答：发包人对工程作业的检查一般有两种方式：一种方式是委派具体管理人员作为工地代表，另一种方式是发包人委托监理人实施对工程建设过程的检查。

工地代表、监理人在检查过程中发现工程设计不符合建设工程质量要求的，应当报告发包人要求设计人改正。如果发现工程施工不符合工程设计要求、施工技术标准和合同约定，工地代表和监理人有权要求承包人改正。承包人应当接受发包人的检查，为工地代表和监理人的工作提供方便和协助，并应发包人的要求，及时向发包人提供月份作业计划、月份施工统计报表、施工进度报告表、工程事故报告等文件。如果承包人的勘察、设计、施工等工作不符合工程质量的要求，发包人或工地代表、监理人提出改正要求时，承包人应当立即改正，不得拒绝。

> ◆ **第七百九十八条　隐蔽工程**
>
> 隐蔽工程在隐蔽以前，承包人应当通知发包人检查。发包人没有及时检查的，承包人可以顺延工程日期，并有权请求赔偿停工、窝工等损失。

名词解释

隐蔽工程 地基、电气管线、供水与供热管线等需要覆盖、掩盖的工程。

实用问答

施工单位如何确保隐蔽工程的质量？

答：根据《建设工程质量管理条例》第30条的规定，施工单位必须建立、健全施工质量的检验制度，严格工序管理，作好隐蔽工程的质量检查和记录。隐蔽工程在隐蔽前，施工单位应当通知建设单位和建设工程质量监督机构。

◆ **第七百九十九条　建设工程的竣工验收**

建设工程竣工后，发包人应当根据施工图纸及说明书、国家颁发的施工验收规范和质量检验标准及时进行验收。验收合格的，发包人应当按照约定支付价款，并接收该建设工程。

建设工程竣工经验收合格后，方可交付使用；未经验收或者验收不合格的，不得交付使用。

实用问答

1. 当事人对建设工程实际竣工日期有争议的，人民法院应如何认定？

答：根据《最高人民法院关于审理建设工程施工合同纠纷案件适用法律问题的解释（一）》第9条的规定，当事人对建设工程实际竣工日期有争议的，人民法院应当分别按照以下情形予以认定：（1）建设工程经竣工验收合格的，以竣工验收合格之日为竣工日期；

(2)承包人已经提交竣工验收报告,发包人拖延验收的,以承包人提交验收报告之日为竣工日期;(3)建设工程未经竣工验收,发包人擅自使用的,以转移占有建设工程之日为竣工日期。

2. 建设工程未经竣工验收,发包人擅自使用后,其是否可以以使用部分质量不符合约定为由主张权利?

答:根据《最高人民法院关于审理建设工程施工合同纠纷案件适用法律问题的解释(一)》第14条的规定,建设工程未经竣工验收,发包人擅自使用后,又以使用部分质量不符合约定为由主张权利的,人民法院不予支持;但是承包人应当在建设工程的合理使用寿命内对地基基础工程和主体结构质量承担民事责任。

3. 在建设工程的竣工验收阶段,建设单位的哪些行为会受到惩罚?

答:根据《建设工程质量管理条例》第58条的规定,违反该条例规定,建设单位有下列行为之一的,责令改正,处工程合同价款2%以上4%以下的罚款;造成损失的,依法承担赔偿责任:(1)未组织竣工验收,擅自交付使用的;(2)验收不合格,擅自交付使用的;(3)对不合格的建设工程按照合格工程验收的。

◆ **第八百条　勘察人、设计人对勘察、设计的责任**

勘察、设计的质量不符合要求或者未按照期限提交勘察、设计文件拖延工期,造成发包人损失的,勘察人、设计人应当继续完善勘察、设计,减收或者免收勘察、设计费并赔偿损失。

◆ 实用问答

勘察、设计单位如何确保工程质量符合要求?

答:根据《建设工程质量管理条例》第18~24条的规定,从事建设工程勘察、设计的单位应当依法取得相应等级的资质证书,并在其资质等级许可的范围内承揽工程。禁止勘察、设计单位超越其资质等级许可的范围或者以其他勘察、设计单位的名义承揽工程。禁止勘察、设计单位允许其他单位或者个人以本单位的名义承揽工程。勘察、设计单位不得转包或者违法分包所承揽的工程。勘察、设计单位必须按照工程建设强制性标准进行勘察、设计,并对其勘察、设计的质量负责。注册建筑师、注册结构工程师等注册执业人员应当在设计文件上签字,对设计文件负责。勘察单位提供的地质、测量、水文等勘察成果必须真实、准确。

设计单位应当根据勘察成果文件进行建设工程设计。设计文件应当符合国家规定的设计深度要求,注明工程合理使用年限。设计单位在设计文件中选用的建筑材料、建筑构配件和设备,应当注明规格、型号、性能等技术指标,其质量要求必须符合国家规定的标准。除有特殊要求的建筑材料、专用设备、工艺生产线等外,设计单位不得指定生产厂、供应商。设计单位应当就审查合格的施工图设计文件向施工单位作出详细说明。设计单位应当参与建设工程质量事故分析,并对因设计造成的质量事故,提出相应的技术处理方案。

◆ **第八百零一条　施工人建设工程质量责任**

因施工人的原因致使建设工程质量不符合约定的,发包人有权请求施工人在合理期限内无偿修理或者返工、改建。经过修理或者返工、改建后,造成逾期交付的,施工人应当承担违约责任。

> **实用问答**

因承包人的原因造成建设工程质量不符合约定，承包人拒绝修理、返工或者改建，发包人是否可以请求减少支付工程价款？

答：根据《最高人民法院关于审理建设工程施工合同纠纷案件适用法律问题的解释（一）》第 12 条的规定，因承包人的原因造成建设工程质量不符合约定，承包人拒绝修理、返工或者改建，发包人请求减少支付工程价款的，人民法院应予支持。

> **典型案例**

江苏南通二建集团有限公司与吴江恒森房地产开发有限公司建设工程施工合同纠纷案[①]

要旨：承包人交付的建设工程应符合合同约定的交付条件及相关工程验收标准。工程实际存在明显的质量问题，承包人以工程竣工验收合格证明等主张工程质量合格的，人民法院不予支持。在双方当事人已失去合作信任的情况下，为解决双方矛盾，人民法院可以判决由发包人自行委托第三方参照修复设计方案对工程质量予以整改，所需费用由承包人承担。

◆ **第八百零二条　合理使用期限内质量保证责任**

因承包人的原因致使建设工程在合理使用期限内造成人身损害和财产损失的，承包人应当承担赔偿责任。

---

① 参见《最高人民法院公报》2014 年第 8 期。

◆ **第八百零三条　发包人未按约定的时间和要求提供相关物资的违约责任**

发包人未按照约定的时间和要求提供原材料、设备、场地、资金、技术资料的，承包人可以顺延工程日期，并有权请求赔偿停工、窝工等损失。

◆ **第八百零四条　因发包人原因造成工程停建、缓建所应承担责任**

因发包人的原因致使工程中途停建、缓建的，发包人应当采取措施弥补或者减少损失，赔偿承包人因此造成的停工、窝工、倒运、机械设备调迁、材料和构件积压等损失和实际费用。

实用问答

《民法典》第804条所称的"因发包人的原因"在实践中一般指哪些情况？

答：《民法典》第804条所称的"因发包人的原因"在实践中一般指下列情况：（1）发包人变更工程量；（2）发包人提供的设计文件等技术资料有错误或者因发包人原因变更设计文件；（3）发包人未能按照约定及时提供材料、设备或者工程进度款；（4）发包人未能及时进行中间工程和隐蔽工程条件的验收并办理有关交工手续；（5）发包人不能按照合同的约定保障建设工作所需的工作条件使建设工作无法正常进行。

◆ **第八百零五条　因发包人原因造成勘察、设计的返工、停工或者修改设计所应承担责任**

因发包人变更计划，提供的资料不准确，或者未按照期限提供必需的勘察、设计工作条件而造成勘察、设计的返工、停工或者修改设计，发包人应当按照勘察人、设计人实际消耗的工作量增付费用。

◆ **第八百零六条　合同解除及后果处理的规定**

承包人将建设工程转包、违法分包的，发包人可以解除合同。

发包人提供的主要建筑材料、建筑构配件和设备不符合强制性标准或者不履行协助义务，致使承包人无法施工，经催告后在合理期限内仍未履行相应义务的，承包人可以解除合同。

合同解除后，已经完成的建设工程质量合格的，发包人应当按照约定支付相应的工程价款；已经完成的建设工程质量不合格的，参照本法第七百九十三条的规定处理。

◆ **第八百零七条　发包人未支付工程价款的责任**

发包人未按照约定支付价款的，承包人可以催告发包人在合理期限内支付价款。发包人逾期不支付的，除根据建设工程的性质不宜折价、拍卖外，承包人可以与发包人协议将该工程折价，也可以请求人民法院将该工程依法拍卖。建设工程的价款就该工程折价或者拍卖的价款优先受偿。

实用问答

1. 与发包人订立建设工程施工合同的承包人，可否请求其承建工程的价款就工程折价或者拍卖的价款优先受偿？

答：根据《最高人民法院关于审理建设工程施工合同纠纷案件适用法律问题的解释（一）》第 35 条的规定，与发包人订立建设工程施工合同的承包人，依据《民法典》第 807 条的规定请求其承建工程的价款就工程折价或者拍卖的价款优先受偿的，人民法院应予支持。

2. 承包人根据《民法典》第 807 条规定享有的建设工程价款优先受偿权与抵押权和其他债权相比何者优先？

答：根据《最高人民法院关于审理建设工程施工合同纠纷案件适用法律问题的解释（一）》第 36 条的规定，承包人根据《民法典》第 807 条规定享有的建设工程价款优先受偿权优于抵押权和其他债权。

典型案例

中天建设集团有限公司诉河南恒和置业有限公司建设工程施工合同纠纷案[①]

要旨： 执行法院依其他债权人的申请，对发包人的建设工程强制执行，承包人向执行法院主张其享有建设工程价款优先受偿权且未超过除斥期间的，视为承包人依法行使了建设工程价款优先受偿权。发包人以承包人

[①] 参见最高人民法院指导案例 171 号，最高人民法院审判委员会讨论通过，2021 年 11 月 9 日发布。最高人民法院（2019）最高法民终 255 号。

起诉时行使建设工程价款优先受偿权超过除斥期间为由进行抗辩的,人民法院不予支持。

◆ **第八百零八条　适用承揽合同**

本章没有规定的,适用承揽合同的有关规定。

第十九章 运 输 合 同

第一节 一 般 规 定

◆ **第八百零九条　运输合同定义**

运输合同是承运人将旅客或者货物从起运地点运输到约定地点，旅客、托运人或者收货人支付票款或者运输费用的合同。

实用问答

运输合同可以分为哪些种类？

答：（1）以运输合同的标的划分，运输合同可以分为客运合同和货运合同。客运合同，是指将旅客送达目的地，旅客支付票款的合同。货运合同，是指将特定的货物运送至约定地点，由托运人或者收货人支付费用的合同。

（2）以承运人人数划分，运输合同可以分为单一承运人的运输合同和联运合同。单一承运人的运输合同，是指仅由单一的承运人负担运输义务的合同。联运合同，是指两个以上的承运人采用相同或者不同的运输工具进行运输的合同，其又可以划分为单式联运合同和多式联运合同。单式联运合同，是指有多个承运人，托运人与第一承运人订立运输合同后，由第一承运人与其他承运人以相同运输方式完成同一货物运输的合同。多式联运合同,是指由两个或者两个以上不同运输方式的承运人结为承运人一方,与托运人订立的合同。

(3)以运输工具划分,运输合同可以分为铁路运输合同、公路运输合同、水上运输合同和航空运输合同。

◆ **第八百一十条　承运人强制缔约义务**

从事公共运输的承运人不得拒绝旅客、托运人通常、合理的运输要求。

📝 **名词解释**

公共运输　面向社会公众的,由取得营运资格的营运人所从事的商业运输的行为,主要包括班轮、班机和班车运输,以及其他以对外公布的固定路线、固定时间、固定价格进行的商业性运输。

◆ **第八百一十一条　承运人安全运输义务**

承运人应当在约定期限或者合理期限内将旅客、货物安全运输到约定地点。

◆ **第八百一十二条　承运人合理运输义务**

承运人应当按照约定的或者通常的运输路线将旅客、货物运输到约定地点。

实用问答

在运输中，承运人是否必须按照合同约定的运输路线进行运输？

答：在运输中，承运人首先应当按照合同约定的运输路线进行运输。约定的运输路线，是指运输合同当事人在合同中明确约定的运输路线。在有的情况下，承运人不按通常的运输路线运输，进行合理的绕行也是准许的，一般不按违约处理。这主要包括以下几种情况：（1）由于运输合同中列明的一些具体的事由出现而发生的绕行；（2）法律规定的情形下，承运人可以绕行；（3）在运输中遇到危险，为了运输工具、旅客或者货物的安全，承运人可以不按通常的运输路线进行运输而进行绕行。

◆ **第八百一十三条　支付票款或者运输费用**

旅客、托运人或者收货人应当支付票款或者运输费用。承运人未按照约定路线或者通常路线运输增加票款或者运输费用的，旅客、托运人或者收货人可以拒绝支付增加部分的票款或者运输费用。

第二节　客运合同

◆ **第八百一十四条　客运合同成立时间**

客运合同自承运人向旅客出具客票时成立，但是当事人另有约定或者另有交易习惯的除外。

名词解释

客运合同　将旅客送达目的地，旅客支付票款的合同。

◆ **第八百一十五条　旅客乘运义务的一般规定**

旅客应当按照有效客票记载的时间、班次和座位号乘坐。旅客无票乘坐、超程乘坐、越级乘坐或者持不符合减价条件的优惠客票乘坐的，应当补交票款，承运人可以按照规定加收票款；旅客不支付票款的，承运人可以拒绝运输。

实名制客运合同的旅客丢失客票的，可以请求承运人挂失补办，承运人不得再次收取票款和其他不合理费用。

名词解释

越级乘坐　旅客自行乘坐超过客票指定的等级席位。
超程乘坐　旅客自行乘运的到达地超过了客票指定的目的地。

实用问答

如何理解《民法典》第815条所称的"持不符合减价条件的优惠客票乘坐"？

答：《民法典》第815条所称的"持不符合减价条件的优惠客票乘坐"，是指旅客不符合国家规定或者承运人确定的可以以优惠价格购买客票的减价条件，仍持该客票乘运。

◆ **第八百一十六条　旅客办理退票或者变更乘运手续**

　　旅客因自己的原因不能按照客票记载的时间乘坐的，应当在约定的期限内办理退票或者变更手续；逾期办理的，承运人可以不退票款，并不再承担运输义务。

◆ **第八百一十七条　行李携带及托运要求**

　　旅客随身携带行李应当符合约定的限量和品类要求；超过限量或者违反品类要求携带行李的，应当办理托运手续。

◆ **第八百一十八条　禁止旅客携带危险物品、违禁物品**

　　旅客不得随身携带或者在行李中夹带易燃、易爆、有毒、有腐蚀性、有放射性以及可能危及运输工具上人身和财产安全的危险物品或者违禁物品。

　　旅客违反前款规定的，承运人可以将危险物品或者违禁物品卸下、销毁或者送交有关部门。旅客坚持携带或者夹带危险物品或者违禁物品的，承运人应当拒绝运输。

◆ **第八百一十九条　承运人的告知义务和旅客的协助义务**

　　承运人应当严格履行安全运输义务，及时告知旅客安全运输应当注意的事项。旅客对承运人为安全运输所作的合理安排应当积极协助和配合。

◆ **第八百二十条　承运人按照约定运输的义务**

　　承运人应当按照有效客票记载的时间、班次和座位号运输旅客。承运人迟延运输或者有其他不能正常运输情形的，应当及时告知和提醒旅客，采取必要的安置措施，并根据旅客的要求安排改乘其他班次或者退票；由此造成旅客损失的，承运人应当承担赔偿责任，但是不可归责于承运人的除外。

典型案例

杨某辉诉南方航空公司、民惠公司客运合同纠纷案[1]

要旨： 本案中，原告杨某辉持机场名称标识不明的机票，未能如期履行。参照迟延运输的处理办法，被告南方航空公司应负责全额退票，并对旅客为抵达目的地而增加的支出进行赔偿。被告民惠公司不是客运合同的主体，原告杨某辉要求民惠公司承担退票、赔偿的民事责任，不予支持。

◆ 第八百二十一条　承运人变更服务标准的后果

承运人擅自降低服务标准的，应当根据旅客的请求退票或者减收票款；提高服务标准的，不得加收票款。

◆ 第八百二十二条　承运人救助义务

承运人在运输过程中，应当尽力救助患有急病、分娩、遇险的旅客。

---

[1] 参见《最高人民法院公报》2003年第5期。

> **实用问答**

<u>如何理解《民法典》第 822 条中的"尽力"?</u>

答:《民法典》第 822 条中的"尽力",是指承运人尽到自己最大的努力,采取各种合理措施,以帮助照顾旅客或者对旅客进行救援等。承运人的救助义务并不是无限的,而是在其最大能力范围内来救助旅客,超出其能力范围的,其可以免责。

◆ **第八百二十三条　旅客人身伤亡责任**

承运人应当对运输过程中旅客的伤亡承担赔偿责任;但是,伤亡是旅客自身健康原因造成的或者承运人证明伤亡是旅客故意、重大过失造成的除外。

前款规定适用于按照规定免票、持优待票或者经承运人许可搭乘的无票旅客。

◆ **第八百二十四条　旅客随身携带物品毁损、灭失的责任承担**

在运输过程中旅客随身携带物品毁损、灭失,承运人有过错的,应当承担赔偿责任。

旅客托运的行李毁损、灭失的,适用货物运输的有关规定。

第三节　货运合同

◆ **第八百二十五条　托运人如实申报义务**

托运人办理货物运输,应当向承运人准确表明收货人的姓名、名称或者凭指示的收货人,货物的名称、性质、重量、数量,收货地点等有关货物运输的必要情况。

因托运人申报不实或者遗漏重要情况，造成承运人损失的，托运人应当承担赔偿责任。

实用问答

对于托运人的如实申报义务，其他专门法有哪些具体规定？

答：根据《民用航空法》第117条的规定，托运人应当对航空货运单上所填关于货物的说明和声明的正确性负责。因航空货运单上所填的说明和声明不符合规定、不正确或者不完全，给承运人或者承运人对之负责的其他人造成损失的，托运人应当承担赔偿责任。

根据《铁路法》第19条的规定，托运人应当如实填报托运单，铁路运输企业有权对填报的货物和包裹的品名、重量、数量进行检查。经检查，申报与实际不符的，检查费用由托运人承担；申报与实际相符的，检查费用由铁路运输企业承担，因检查对货物和包裹中的物品造成的损坏由铁路运输企业赔偿。托运人因申报不实而少交的运费和其他费用应当补交，铁路运输企业按照国务院铁路主管部门的规定加收运费和其他费用。

根据《海商法》第66条第1款的规定，托运人托运货物，应当妥善包装，并向承运人保证，货物装船时所提供的货物的品名、标志、包数或者件数、重量或者体积的正确性；由于包装不良或者上述资料不正确，对承运人造成损失的，托运人应当负赔偿责任。

◆ **第八百二十六条　托运人办理审批、检验等手续的义务**

货物运输需要办理审批、检验等手续的，托运人应当将办理完有关手续的文件提交承运人。

实用问答

对于托运人办理审批、检验等手续的义务，其他专门法有哪些具体规定？

答：根据《民用航空法》第 123 条的规定，托运人应当提供必需的资料和文件，以便在货物交付收货人前完成法律、行政法规定的有关手续；因没有此种资料、文件，或者此种资料、文件不充足或者不符合规定造成的损失，除由于承运人或者其受雇人、代理人的过错造成的外，托运人应当对承运人承担责任。除法律、行政法规另有规定外，承运人没有对前述规定的资料或者文件进行检查的义务。

根据《海商法》第 67 条的规定，托运人应当及时向港口、海关、检疫、检验和其他主管机关办理货物运输所需要的各项手续，并将已办理各项手续的单证送交承运人；因办理各项手续的有关单证送交不及时、不完备或者不正确，使承运人的利益受到损害的，托运人应当负赔偿责任。

◆ **第八百二十七条　托运人包装货物义务**

托运人应当按照约定的方式包装货物。对包装方式没有约定或者约定不明确的，适用本法第六百一十九条的规定。

托运人违反前款规定的，承运人可以拒绝运输。

◆ 第八百二十八条　运输危险货物

托运人托运易燃、易爆、有毒、有腐蚀性、有放射性等危险物品的，应当按照国家有关危险物品运输的规定对危险物品妥善包装，做出危险物品标志和标签，并将有关危险物品的名称、性质和防范措施的书面材料提交承运人。

托运人违反前款规定的，承运人可以拒绝运输，也可以采取相应措施以避免损失的发生，因此产生的费用由托运人负担。

实用问答

其他专门法对危险物品的运输有哪些规定？

答：《海商法》第 68 条规定："托运人托运危险货物，应当依照有关海上危险货物运输的规定，妥善包装，作出危险品标志和标签，并将其正式名称和性质以及应当采取的预防危害措施书面通知承运人；托运人未通知或者通知有误的，承运人可以在任何时间、任何地点根据情况需要将货物卸下、销毁或者使之不能为害，而不负赔偿责任。托运人对承运人因运输此类货物所受到的损害，应当负赔偿责任。承运人知道危险货物的性质并已同意装运的，仍然可以在该项货物对于船舶、人员或者其他货物构成实际危险时，将货物卸下、销毁或者使之不能为害，而不负赔偿责任。但是，本款规定不影响共同海损的分摊。"

《铁路法》第 28 条规定："托运、承运货物、包裹、行李，必须遵守国家关于禁止或者限制运输物品的规定。"

《民用航空法》第 101 条规定："公共航空运输企业运输危险品，应当遵守国家有关规定。禁止以非危险品品名托运危险品。禁止旅客随身携带危险品乘坐民用航空器。除因执行公务并按照国家规定经过批准外，禁止旅客携带枪支、管制刀具乘坐民用航空器。禁止违反国务院民用航空主管部门的规定将危险品作为行李托运。危险品品名由国务院民用航空主管部门规定并公布。"

◆ **第八百二十九条　托运人变更或者解除运输合同的权利**

<u>在承运人将货物交付收货人之前，托运人可以要求承运人中止运输、返还货物、变更到达地或者将货物交给其他收货人，但是应当赔偿承运人因此受到的损失。</u>

实用问答

对于托运人变更或者解除运输合同的权利，其他专门法中有哪些具体规定？

答：根据《海商法》第89条的规定，船舶在装货港开航前，托运人可以要求解除合同。但是，除合同另有约定外，托运人应当向承运人支付约定运费的一半；货物已经装船的，并应当负担装货、卸货和其他与此有关的费用。

根据《民用航空法》第119条的规定，托运人在履行航空货物运输合同规定的义务的条件下，有权在出发地机场或者目的地机场将货物提回，或者在途中经停时中止运输，或者在目的地点或者途中要求将货物交给非航空货运单上指定的收货人，或者要求将货物运回出发地机场；但是，托运人不得因行使此种权利而使承运人或者其他托运人遭受损失，并应当偿付由此产生的费用。托运人的指示不能执行的，承运人应当立即通知托运人。承运人按照托运人的指示处理货物，没有要求托运人出示其所收执的航空货运单，给该航空货运单的合法持有人造成损失的，承运人应当承担责任，但是不妨碍承运人向托运人追偿。收货人的权利依照该法第120条规定开始时，托运人的权利即告终止；但是，收货人拒绝接受航空货运单或者货物，或者承运人无法同收货人联系的，托运人恢复其对货物的处置权。

典型案例

浙江隆达不锈钢有限公司诉 A.P. 穆勒－马士基有限公司海上货物运输合同纠纷案[①]

要旨：在海上货物运输合同中，依据《合同法》第 308 条的规定，承运人将货物交付收货人之前，托运人享有要求变更运输合同的权利，但双方当事人仍要遵循《合同法》第 5 条规定的公平原则确定各方的权利和义务。托运人行使此项权利时，承运人也可相应行使一定的抗辩权。如果变更海上货物运输合同难以实现或者将严重影响承运人正常营运，承运人可以拒绝托运人改港或者退运的请求，但应当及时通知托运人不能变更的原因。

◆ **第八百三十条　提货**

货物运输到达后，承运人知道收货人的，应当及时通知收货人，收货人应当及时提货。收货人逾期提货的，应当向承运人支付保管费等费用。

[①] 参见最高人民法院指导案例 108 号，最高人民法院审判委员会讨论通过，2019 年 2 月 25 日发布。最高人民法院（2017）最高法民再 412 号。

◆ **第八百三十一条　收货人检验货物**

收货人提货时应当按照约定的期限检验货物。对检验货物的期限没有约定或者约定不明确，依据本法第五百一十条的规定仍不能确定的，应当在合理期限内检验货物。收货人在约定的期限或者合理期限内对货物的数量、毁损等未提出异议的，视为承运人已经按照运输单证的记载交付的初步证据。

实用问答

其他专门法对收货人未在约定的期限或者合理的期限内对货物的数量、毁损等提出异议的法律后果是如何规定的?

答：《海商法》第81条规定："承运人向收货人交付货物时，收货人未将货物灭失或者损坏的情况书面通知承运人的，此项交付视为承运人已经按照运输单证的记载交付以及货物状况良好的初步证据。货物灭失或者损坏的情况非显而易见的，在货物交付的次日起连续七日内，集装箱货物交付的次日起连续十五日内，收货人未提交书面通知的，适用前款规定。货物交付时，收货人已经会同承运人对货物进行联合检查或者检验的，无需就所查明的灭失或者损坏的情况提交书面通知。"

《民用航空法》第134条规定："旅客或者收货人收受托运行李或者货物而未提出异议，为托运行李或者货物已经完好交付并与运输凭证相符的初步证据。托运行李或者货物发生损失的，旅客或者收货人应当在发现损失后向承运人提出异议。托运行李发生损失的，至迟应当自收到托运行李之日起七日内提出；货物发生损失的，至迟应当自收到货物之日起十四日内提出。托运行李或者货物发生延误的，至迟应当自托运行李或者货物交付旅客或者收货人处置之日起二十一日内提出。任何异议均应当在前款规定的期间内写在运输凭证上或者另以书面提出。除承运人有欺诈行为外，旅客或者收货人未在本条第二款规定的期间内提出异议的，不能向承运人提出索赔诉讼。"

◆ **第八百三十二条　承运人对货损的赔偿责任**

承运人对运输过程中货物的毁损、灭失承担赔偿责任。但是，承运人证明货物的毁损、灭失是因不可抗力、货物本身的自然性质或者合理损耗以及托运人、收货人的过错造成的，不承担赔偿责任。

实用问答

海上运输关系中，责任期间货物发生灭失或者损坏的，承运人在哪些情形下不负赔偿责任？

答：根据《海商法》第51条第1款的规定，在责任期间货物发生的灭失或者损坏是由于下列原因之一造成的，承运人不负赔偿责任：（1）船长、船员、引航员或者承运人的其他受雇人在驾驶船舶或者管理船舶中的过失；（2）火灾，但是由于承运人本人的过失所造成的除外；（3）天灾，海上或者其他可航水域的危险或者意外事故；（4）战争或者武装冲突；（5）政府或者主管部门的行为、检疫限制或者司法扣押；（6）罢工、停工或者劳动受到限制；（7）在海上救助或者企图救助人命或者财产；（8）托运人、货物所有人或者他们的代理人的行为；（9）货物的自然特性或者固有缺陷；（10）货物包装不良或者标志欠缺、不清；（11）经谨慎处理仍未发现的船舶潜在缺陷；（12）非由于承运人或者承运人的受雇人、代理人的过失造成的其他原因。

◆ **第八百三十三条　确定货物赔偿额**

货物的毁损、灭失的赔偿额，当事人有约定的，按照其约定；没有约定或者约定不明确，依据本法第五百一十条的规定仍不能确定的，按照交付或者应当交付时货物到达地的市场价格计算。法律、行政法规对赔偿额的计算方法和赔偿限额另有规定的，依照其规定。

实用问答

1. 铁路运输过程中承运的货物、包裹、行李发生灭失、短少、变质、污染或者损坏的，如何赔偿？

答：根据《铁路法》第17条第1款、第2款的规定，铁路运输企业应当对承运的货物、包裹、行李自接受承运时起到交付时止发生的灭失、短少、变质、污染或者损坏，承担赔偿责任：（1）托运人或者旅客根据自愿申请办理保价运输的，按照实际损失赔偿，但最高不超过保价额。（2）未按保价运输承运的，按照实际损失赔偿，但最高不超过国务院铁路主管部门规定的赔偿限额；如果损失是由于铁路运输企业的故意或者重大过失造成的，不适用赔偿限额的规定，按照实际损失赔偿。托运人或者旅客根据自愿可以向保险公司办理货物运输保险，保险公司按照保险合同的约定承担赔偿责任。

2. 航空运输承运人的赔偿责任限额如何确定？

答：根据《民用航空法》第128条第1款的规定，国内航空运输承运人的赔偿责任限额由国务院民用航空主管部门制定，报国务院批准后公布执行。

根据《民用航空法》第129条的规定，国际航空运输承运人的赔偿责任限额按照下列规定执行：（1）对每名旅客的赔偿责任限额为 16600 计算单位；但是，旅客可以同承运人书面约定高于前述规定的赔偿责任限额。（2）对托运行李或者货物的赔偿责任限额，每公斤为 17 计算单位。旅客或者托运人在交运托运行李或者货物时，特别声明在目的地点交付时的利益，并在必要时支付附加费的，除承运人证明旅客或者托运人声明的金额高于托运行李或者货物在目的地点交付时的实际利益外，承运人应当在声明金额范围内承担责任。托运行李或者货物的一部分或者托运行李、货物中的任何物件毁灭、遗失、损坏或者延误的，用以确定承运人赔偿责任限额的重量，仅为该一包件或者数包件的总重量；但是，因托运行李或者货物的一部分或者托运行李、货物中的任何物件的毁灭、遗失、损坏或者延误，影响同一份行李票或者同一份航空货运单所列其他包件的价值的，确定承运人的赔偿责任限额时，此种包件的总重量也应当考虑在内。（3）对每名旅客随身携带的物品的赔偿责任限额为 332 计算单位。

3. 海上运输中，承运人对货物的灭失或者损坏的赔偿限额如何确定？

答：根据《海商法》第 56 条的规定，承运人对货物的灭失或者损坏的赔偿限额，按照货物件数或者其他货运单位数计算，每件或者每个其他货运单位为 666.67 计算单位，或者按照货物毛重计算，每公斤为 2 计算单位，以二者中赔偿限额较高的为准。但是，托运人在货物装运前已经申报其性质和价值，并在提单中载明的，或者承运人与托运人已经另行约定高于前述规定的赔偿限额的除外。货物用集装箱、货盘或者类似装运器具集装的，提单中载明装在此类装运器具中的货物件数或者其他货运单位数，视为前述所指的货物件数或者其他货运单位数；未载明的，每一装运器具视为一件或者一个单位。装运器具不属于承运人所有或者非由承运人提供的，装运器具本身应当视为一件或者一个单位。

◆ **第八百三十四条　相继运输责任承担**

两个以上承运人以同一运输方式联运的，与托运人订立合同的承运人应当对全程运输承担责任；损失发生在某一运输区段的，与托运人订立合同的承运人和该区段的承运人承担连带责任。

实用问答

《民用航空法》中对相继运输责任的承担是如何规定的？

答：根据《民用航空法》第 136 条的规定，由几个航空承运人办理的连续运输，接受旅客、行李或者货物的每一个承运人应当受该法规定的约束，并就其根据合同办理的运输区段作为运输合同的订约一方。对前述规定的连续运输，除合同明文约定第一承运人应当对全程运输承担责任外，旅客或者其继承人只能对发生事故或者延误的运输区段的承运人提起诉讼。托运行李或者货物的毁灭、遗失、损坏或者延误，旅客或者托运人有权对第一承运人提起诉讼，旅客或者收货人有权对最后承运人提起诉讼，旅客、托运人和收货人均可以对发生毁灭、遗失、损坏或者延误的运输区段的承运人提起诉讼。上述承运人应当对旅客、托运人或者收货人承担连带责任。

◆ **第八百三十五条　货物因不可抗力灭失的运费处理**

货物在运输过程中因不可抗力灭失，未收取运费的，承运人不得请求支付运费；已经收取运费的，托运人可以请求返还。法律另有规定的，依照其规定。

> 实用问答

对于货物因不可抗力灭失的运费处理,《海商法》是如何规定的?

答:根据《海商法》第 90 条的规定,船舶在装货港开航前,因不可抗力或者其他不能归责于承运人和托运人的原因致使合同不能履行的,双方均可以解除合同,且互相不负赔偿责任。除合同另有约定外,运费已经支付的,承运人应当将运费退还给托运人;货物已经装船的,托运人应当承担装卸费用;已经签发提单的,托运人应当将提单退还承运人。

◆ **第八百三十六条 承运人留置权**

托运人或者收货人不支付运费、保管费或者其他费用的,承运人对相应的运输货物享有留置权,但是当事人另有约定的除外。

◆ **第八百三十七条 承运人提存货物**

收货人不明或者收货人无正当理由拒绝受领货物的,承运人依法可以提存货物。

> 实用问答

1. 铁路运输中,铁路运输企业发出领取货物通知期满后无人领取货物或者收货人书面通知铁路运输企业拒绝领取货物的,应如何处理?

答:根据《铁路法》第 22 条的规定,自铁路运输企业发出领取货物通知之日起满 30 日仍无人领取的货物，或者收货人书面通知铁路运输企业拒绝领取的货物，铁路运输企业应当通知托运人，托运人自接到通知之日起满 30 日未作答复的，由铁路运输企业变卖；所得价款在扣除保管等费用后尚有余款的，应当退还托运人，无法退还、自变卖之日起 180 日内托运人又未领回的，上缴国库。

自铁路运输企业发出领取通知之日起满 90 日仍无人领取的包裹或者到站后满 90 日仍无人领取的行李，铁路运输企业应当公告，公告满 90 日仍无人领取的，可以变卖；所得价款在扣除保管等费用后尚有余款的，托运人、收货人或者旅客可以自变卖之日起 180 日内领回，逾期不领回的，上缴国库。

对危险物品和规定限制运输的物品，应当移交公安机关或者有关部门处理，不得自行变卖。对不宜长期保存的物品，可以按照国务院铁路主管部门的规定缩短处理期限。

2. 海上运输关系中，在卸货港无人提取货物或者收货人迟延、拒绝提取货物的，应当如何处理？

答：《海商法》第 86 条规定："在卸货港无人提取货物或者收货人迟延、拒绝提取货物的，船长可以将货物卸在仓库或者其他适当场所，由此产生的费用和风险由收货人承担。"

第四节　多式联运合同

◆ **第八百三十八条　多式联运经营人应当负责履行或者组织履行合同**

多式联运经营人负责履行或者组织履行多式联运合同，对全程运输享有承运人的权利，承担承运人的义务。

📝 名词解释

多式联运合同 多式联运经营人以两种以上的不同运输方式,负责将货物从接收地运至目的地交付收货人,并收取全程运费的合同。

◆ 第八百三十九条　多式联运经营人责任承担

多式联运经营人可以与参加多式联运的各区段承运人就多式联运合同的各区段运输约定相互之间的责任;但是,该约定不影响多式联运经营人对全程运输承担的义务。

◆ 第八百四十条　多式联运单据

多式联运经营人收到托运人交付的货物时,应当签发多式联运单据。按照托运人的要求,多式联运单据可以是可转让单据,也可以是不可转让单据。

📝 名词解释

多式联运单据 证明多式联运合同存在及多式联运经营人接管货物并按合同条款提交货物的证据。

📋 实用问答

1. 多式联运单据一般包括哪些内容?

答:多式联运单据一般包括以下 14 项内容:(1)货物品类、标志、危险特征的声明、包数或者件数、重量;(2)货物的外表状况;(3)多式联运经营人的名称与主要营业地;(4)托运人名称;(5)收货人的名称；(6)多式联运经营人接管货物的时间、地点；(7)交货地点；(8)交货日期或者期间；(9)多式联运单据可转让或者不可转让的声明；(10)多式联运单据签发的时间、地点；(11)多式联运经营人或其授权人的签字；(12)每种运输方式的运费、用于支付的货币、运费由收货人支付的声明等；(13)航线、运输方式和转运地点；(14)双方商定的其他事项。但是，以上一项或者多项内容的缺乏，不影响单据作为多式联运单据的性质。

2. 多式联运经营人知道或者有合理的根据怀疑多式联运单据所列的内容没有准确地表明实际接管货物的状况的，或者无适当方法进行核对的，应当如何做？

答：多式联运经营人知道或者有合理的根据怀疑多式联运单据所列的货物品类、标志、包数或者数量、重量等没有准确地表明实际接管货物的状况的，或者无适当方法进行核对的，应在多式联运单据上作出保留，注明不符合之处及怀疑根据或无适当核对方法；如果不加批注，则应视为已在多式联运单据上注明货物外表状况良好。

◆ **第八百四十一条　托运人承担过错责任**

因托运人托运货物时的过错造成多式联运经营人损失的，即使托运人已经转让多式联运单据，托运人仍然应当承担赔偿责任。

实用问答

在多式联运中，托运人一般应当承担哪些责任？

答：在多式联运中，托运人一般应当承担以下三个方面的责任：(1)保证责任。在多式联运经营人接管货物时，托运人应视为已经向多式联运经营人保证其在多式联运单据中所提供的货物品类、标志、件数、重量、数量及危险特性的陈述准确无误，并应对违反这项保证造成的损失负赔偿责任。

（2）对于凡是因为托运人或者其受雇人或者代理人在受雇范围内行事时的过失或者大意而给多式联运经营人造成的损失，托运人应当向多式联运经营人赔偿责任。

（3）运送危险物品的特殊责任。托运人将危险物品交付多式联运经营人时，应当告知多式联运经营人危险物品的危险特性，必要时应告知应采取的预防措施，否则其要对多式联运经营人因运送这类货物所遭受的损失负赔偿责任。

◆ **第八百四十二条　多式联运经营人赔偿责任的法律适用**

货物的毁损、灭失发生于多式联运的某一运输区段的，多式联运经营人的赔偿责任和责任限额，适用调整该区段运输方式的有关法律规定；货物毁损、灭失发生的运输区段不能确定的，依照本章规定承担赔偿责任。

第二十章 技术合同

第一节 一般规定

◆ **第八百四十三条 技术合同定义**

技术合同是当事人就技术开发、转让、许可、咨询或者服务订立的确立相互之间权利和义务的合同。

◆ **第八百四十四条 订立技术合同的原则**

订立技术合同,应当有利于知识产权的保护和科学技术的进步,促进科学技术成果的研发、转化、应用和推广。

名词解释

知识产权 人们就其智力劳动成果所依法享有的专有权利。国家赋予创造者对其智力成果在一定时期内享有专有权或独占权。

科学技术成果 通过科学研究与技术开发所产生的具有实用价值的成果。

科学技术成果转化 为提高生产力水平而对科技成果所进行的后续试验、开发、应用、推广直至形成新技术、新工艺、新材料、新产品,发展新产业等活动。

第八百四十五条　技术合同主要条款

技术合同的内容一般包括项目的名称，标的的内容、范围和要求，履行的计划、地点和方式，技术信息和资料的保密，技术成果的归属和收益的分配办法，验收标准和方法，名词和术语的解释等条款。

与履行合同有关的技术背景资料、可行性论证和技术评价报告、项目任务书和计划书、技术标准、技术规范、原始设计和工艺文件，以及其他技术文档，按照当事人的约定可以作为合同的组成部分。

技术合同涉及专利的，应当注明发明创造的名称、专利申请人和专利权人、申请日期、申请号、专利号以及专利权的有效期限。

实用问答

如何理解《民法典》第845条第2款所称的"技术文档"？

答：《民法典》第845条第2款所称"技术文档"，是指用与履行技术合同相关的自然语言或者形式化语言所编写的文字资料和图表、照片，来描述程序的内容、组成、设计、功能规格、开发情况、测试结果及使用方法，如程序设计说明书、流程图、用户手册等。

第八百四十六条　技术合同价款、报酬及使用费

技术合同价款、报酬或者使用费的支付方式由当事人约定，可以采取一次总算、一次总付或者一次总算、分期支付，也可以

采取提成支付或者提成支付附加预付入门费的方式。

约定提成支付的,可以按照产品价格、实施专利和使用技术秘密后新增的产值、利润或者产品销售额的一定比例提成,也可以按照约定的其他方式计算。提成支付的比例可以采取固定比例、逐年递增比例或者逐年递减比例。

约定提成支付的,当事人可以约定查阅有关会计账目的办法。

实用问答

对技术合同的价款、报酬和使用费,当事人没有约定或者约定不明确的,人民法院可以按照什么原则处理?

答:根据《最高人民法院关于审理技术合同纠纷案件适用法律若干问题的解释》第14条的规定,对技术合同的价款、报酬和使用费,当事人没有约定或者约定不明确的,人民法院可以按照以下原则处理:(1)对于技术开发合同和技术转让合同、技术许可合同,根据有关技术成果的研究开发成本、先进性、实施转化和应用的程度,当事人享有的权益和承担的责任,以及技术成果的经济效益等合理确定;(2)对于技术咨询合同和技术服务合同,根据有关咨询服务工作的技术含量、质量和数量,以及已经产生和预期产生的经济效益等合理确定。技术合同价款、报酬、使用费中包含非技术性款项的,应当分项计算。

◆ 第八百四十七条 职务技术成果的财产权权属

职务技术成果的使用权、转让权属于法人或者非法人组织的,法人或者非法人组织可以就该项职务技术成果订立技术合同。法人或者非法人组织订立技术合同转让职务技术成果时,职务技术成果的完成人享有以同等条件优先受让的权利。

职务技术成果是执行法人或者非法人组织的工作任务,或者主要是利用法人或者非法人组织的物质技术条件所完成的技术成果。

名词解释

技术成果　利用科学技术知识、信息和经验作出的产品、工艺、材料及其改进等技术方案,包括专利、专利申请、技术秘密、计算机软件、集成电路布图设计、植物新品种等。

实用问答

1. 如何理解《民法典》第 847 条第 2 款所称的"执行法人或者非法人组织的工作任务"?

答:根据《最高人民法院关于审理技术合同纠纷案件适用法律若干问题的解释》第 2 条的规定,《民法典》第 847 条第 2 款所称"执行法人或者非法人组织的工作任务",包括:(1)履行法人或者非法人组织的岗位职责或者承担其交付的其他技术开发任务;(2)离职后 1 年内继续从事与其原所在法人或者非法人组织的岗位职责或者交付的任务有关的技术开发工作,但法律、行政法规另有规定的除外。法人或者非法人组织与其职工就职工在职期间或者离职以后所完成的技术成果的权益有约定的,人民法院应当依约定确认。

2. 如何理解《民法典》第 847 条第 2 款所称的"物质技术条件"?

答:根据《最高人民法院关于审理技术合同纠纷案件适用法律

若干问题的解释》第 3 条的规定，《民法典》第 847 条第 2 款所称"物质技术条件"，包括资金、设备、器材、原材料、未公开的技术信息和资料等。

3. 如何理解《民法典》第 847 条第 2 款所称的"主要是利用法人或者非法人组织的物质技术条件"？

答：根据《最高人民法院关于审理技术合同纠纷案件适用法律若干问题的解释》第 4 条的规定，《民法典》第 847 条第 2 款所称"主要是利用法人或者非法人组织的物质技术条件"，包括职工在技术成果的研究开发过程中，全部或者大部分利用了法人或者非法人组织的资金、设备、器材或者原材料等物质条件，并且这些物质条件对形成该技术成果具有实质性的影响；还包括该技术成果实质性内容是在法人或者非法人组织尚未公开的技术成果、阶段性技术成果基础上完成的情形。但下列情况除外：（1）对利用法人或者非法人组织提供的物质技术条件，约定返还资金或者交纳使用费的；（2）在技术成果完成后利用法人或者非法人组织的物质技术条件对技术方案进行验证、测试的。

4. 当事人以技术成果向企业出资但未明确约定权属，接受出资的企业是否可以主张该技术成果归其享有？

答：根据《最高人民法院关于审理技术合同纠纷案件适用法律若干问题的解释》第 16 条第 1 款的规定，当事人以技术成果向企业出资但未明确约定权属，接受出资的企业主张该技术成果归其享有的，人民法院一般应当予以支持，但是该技术成果价值与该技术成果所占出资额比例明显不合理损害出资人利益的除外。

5. 在当事人以技术成果向企业出资的情形下，当事人对技术成果的权属约定有比例的，其权利使用和利益分配如何处理？

答：根据《最高人民法院关于审理技术合同纠纷案件适用法律

若干问题的解释》第16条第2款的规定，当事人对技术成果的权属约定有比例的，视为共同所有，其权利使用和利益分配，按共有技术成果的有关规定处理，但当事人另有约定的，从其约定。

6. 在当事人以技术成果向企业出资的情形下，当事人对技术成果的使用权约定有比例的，当事人对实施该项技术成果所获的收益如何分配？

答：根据《最高人民法院关于审理技术合同纠纷案件适用法律若干问题的解释》第16条第3款的规定，当事人对技术成果的使用权约定有比例的，人民法院可以视为当事人对实施该项技术成果所获收益的分配比例，但当事人另有约定的，从其约定。

7. 个人完成的技术成果，属于执行原所在法人或者非法人组织的工作任务，又主要利用了现所在法人或者非法人组织的物质技术条件的，如何确认权益归属？

答：根据《最高人民法院关于审理技术合同纠纷案件适用法律若干问题的解释》第5条的规定，个人完成的技术成果，属于执行原所在法人或者非法人组织的工作任务，又主要利用了现所在法人或者非法人组织的物质技术条件的，应当按照该自然人原所在和现所在法人或者非法人组织达成的协议确认权益。不能达成协议的，根据对完成该项技术成果的贡献大小由双方合理分享。

◆ **第八百四十八条　非职务技术成果的财产权权属**

非职务技术成果的使用权、转让权属于<u>完成技术成果的个人</u>，完成技术成果的个人可以就该项非职务技术成果订立技术合同。

实用问答

如何理解《民法典》第848条所称的"完成技术成果的个人"？

答：根据《最高人民法院关于审理技术合同纠纷案件适用法律若干问题的解释》第6条的规定，《民法典》第848条所称"完成技术成果的个人"，包括对技术成果单独或者共同作出创造性贡献的人，也即技术成果的发明人或者设计人。人民法院在对创造性贡献进行认定时，应当分解所涉及技术成果的实质性技术构成。提出实质性技术构成并由此实现技术方案的人，是作出创造性贡献的人。提供资金、设备、材料、试验条件，进行组织管理，协助绘制图纸、整理资料、翻译文献等人员，不属于职务技术成果的完成人、完成技术成果的个人。

◆ **第八百四十九条　技术成果的人身权归属**

完成技术成果的个人享有在有关技术成果文件上写明自己是技术成果完成者的权利和取得荣誉证书、奖励的权利。

实用问答

如何理解《民法典》第849条所称的"技术成果文件"？

答：《民法典》第849条所称"技术成果文件"，是指专利申请书、科学技术奖励申报书、科技成果登记书等确认技术成果完成者身份和授予荣誉的证书和文件。

◆ **第八百五十条　技术合同无效情形**

非法垄断技术或者侵害他人技术成果的技术合同无效。

实用问答

1. 哪些情形属于《民法典》第850条所称的"非法垄断技术"?

答:根据《最高人民法院关于审理技术合同纠纷案件适用法律若干问题的解释》第10条的规定,下列情形,属于《民法典》第850条所称的"非法垄断技术":(1)限制当事人一方在合同标的技术基础上进行新的研究开发或者限制其使用所改进的技术,或者双方交换改进技术的条件不对等,包括要求一方将其自行改进的技术无偿提供给对方、非互惠性转让给对方、无偿独占或者共享该改进技术的知识产权;(2)限制当事人一方从其他来源获得与技术提供方类似技术或者与其竞争的技术;(3)阻碍当事人一方根据市场需求,按照合理方式充分实施合同标的技术,包括明显不合理地限制技术接受方实施合同标的技术生产产品或者提供服务的数量、品种、价格、销售渠道和出口市场;(4)要求技术接受方接受并非实施技术必不可少的附带条件,包括购买非必需的技术、原材料、产品、设备、服务以及接收非必需的人员等;(5)不合理地限制技术接受方购买原材料、零部件、产品或者设备等的渠道或者来源;(6)禁止技术接受方对合同标的技术知识产权的有效性提出异议或者对提出异议附加条件。

2. 如何理解《民法典》第850条所称的"侵害他人技术成果"?

答:《民法典》第850条所称的"侵害他人技术成果",是指侵害另一方或者第三方的专利权、专利申请权、专利实施权、技术秘密使用权和转让权或者发明权、发现权以及其他科技成果权的行为。

3. 根据《民法典》第850条的规定,侵害他人技术秘密的技术合同被确认无效后,取得该技术秘密的一方当事人是否可以继续使用该技术秘密?

答:《最高人民法院关于审理技术合同纠纷案件适用法律若干问

题的解释》第12条规定："根据民法典第八百五十条的规定，侵害他人技术秘密的技术合同被确认无效后，除法律、行政法规另有规定的以外，善意取得该技术秘密的一方当事人可以在其取得时的范围内继续使用该技术秘密，但应当向权利人支付合理的使用费并承担保密义务。当事人双方恶意串通或者一方知道或者应当知道另一方侵权仍与其订立或者履行合同的，属于共同侵权，人民法院应当判令侵权人承担连带赔偿责任和保密义务，因此取得技术秘密的当事人不得继续使用该技术秘密。"

4. 申请认定登记的技术合同，其合同条款含有哪些不合理限制条款的，不予登记？

答： 根据《技术合同认定规则》第18条的规定，申请认定登记的技术合同，其合同条款含有下列非法垄断技术、妨碍技术进步等不合理限制条款的，不予登记：（1）一方限制另一方在合同标的技术的基础上进行新的研究开发的；（2）一方强制性要求另一方在合同标的基础上研究开发所取得的科技成果及其知识产权独占回授的；（3）一方限制另一方从其他渠道吸收竞争技术的；（4）一方限制另一方根据市场需求实施专利和使用技术秘密的。

第二节 技术开发合同

◆ **第八百五十一条 技术开发合同概念及合同形式**

技术开发合同是当事人之间就新技术、新产品、新工艺、新品种或者新材料及其系统的研究开发所订立的合同。

技术开发合同包括委托开发合同和合作开发合同。

技术开发合同应当采用书面形式。

> 当事人之间就具有实用价值的科技成果实施转化订立的合同，参照适用技术开发合同的有关规定。

📝 名词解释

  委托开发合同 当事人一方委托另一方进行研究开发所订立的合同。委托人向研究开发人提供研究开发经费和报酬，研究开发人完成研究开发工作并向委托人交付研究成果。

  合作开发合同 当事人各方就共同进行研究开发所订立的合同。当事人各方共同投资、共同参与研究开发活动，共同承担研究开发风险，共享研究开发成果。

📄 实用问答

1. 如何理解《民法典》第851条第1款所称的"新技术、新产品、新工艺、新品种或者新材料及其系统"？

  答：根据《最高人民法院关于审理技术合同纠纷案件适用法律若干问题的解释》第17条的规定，《民法典》第851条第1款所称"新技术、新产品、新工艺、新品种或者新材料及其系统"，包括当事人在订立技术合同时尚未掌握的产品、工艺、材料及其系统等技术方案，但对技术上没有创新的现有产品的改型、工艺变更、材料配方调整以及对技术成果的验证、测试和使用除外。

2. 如何理解《民法典》第851条第4款所称的"当事人之间就具有实用价值的科技成果实施转化订立的"技术转化合同？

  答：根据《最高人民法院关于审理技术合同纠纷案件适用法律若干问题的解释》第18条的规定，《民法典》第851条第4款规定的"当事人之间就具有实用价值的科技成果实施转化订立的"技术转化合同，是指当事人之间就具有实用价值但尚未实现工业化应用的科技成果包括阶段性技术成果，以实现该科技成果工业化应用为目标，约定后续试验、开发和应用等内容的合同。

3. 哪些合同不属于技术开发合同？

答：根据《技术合同认定规则》第24条的规定，下列合同不属于技术开发合同：（1）合同标的为当事人已经掌握的技术方案，包括已完成产业化开发的产品、工艺、材料及其系统；（2）合同标的为通过简单改变尺寸、参数、排列，或者通过类似技术手段的变换实现的产品改型、工艺变更以及材料配方调整；（3）合同标的为一般检验、测试、鉴定、仿制和应用。

◆ **第八百五十二条　委托开发合同的委托人义务**

委托开发合同的委托人应当按照约定支付研究开发经费和报酬，提供技术资料，提出研究开发要求，完成协作事项，接受研究开发成果。

名词解释

委托开发合同　委托人有研发新技术、新产品、新工艺、新品种、新材料的要求，委托给开发人进行研究开发的合同。

实用问答

1. 如何理解研究开发经费？

答：研究开发经费，是指完成研究开发工作所需要的成本。除合同另有约定，委托人应当提供全部研究开发工作所需要的经费，包括购买研究必需的设备仪器、研究资料、试验材料、能源以及信息资料等项费用。

2. 如何理解委托人向研究开发人支付的报酬？

答：委托人向研究开发人支付的报酬，是指研究开发成果的使用费和研究开发人员的科研补贴。与研究开发经费不同，它是研究开发人获得的劳动收入。

◆ **第八百五十三条　委托开发合同的研究开发人义务**

委托开发合同的研究开发人应当按照约定制定和实施研究开发计划，合理使用研究开发经费，按期完成研究开发工作，交付研究开发成果，提供有关的技术资料和必要的技术指导，帮助委托人掌握研究开发成果。

◆ **第八百五十四条　委托开发合同的违约责任**

委托开发合同的当事人违反约定造成研究开发工作停滞、延误或者失败的，应当承担违约责任。

◆ **第八百五十五条　合作开发合同的当事人主要义务**

合作开发合同的当事人应当按照约定进行投资，包括以技术进行投资，分工参与研究开发工作，协作配合研究开发工作。

实用问答

1. 如何理解《民法典》第 855 条所称的"分工参与研究开发工作"？

答：根据《最高人民法院关于审理技术合同纠纷案件适用法律若干问题的解释》第 19 条第 1 款的规定，《民法典》第 855 条所称

"分工参与研究开发工作",包括当事人按照约定的计划和分工,共同或者分别承担设计、工艺、试验、试制等工作。

2. 技术开发合同何时为委托开发合同?

答: 根据《最高人民法院关于审理技术合同纠纷案件适用法律若干问题的解释》第19条第2款的规定,技术开发合同当事人一方仅提供资金、设备、材料等物质条件或者承担辅助协作事项,另一方进行研究开发工作的,属于委托开发合同。

◆ 第八百五十六条 合作开发合同的违约责任

合作开发合同的当事人违反约定造成研究开发工作停滞、延误或者失败的,应当承担违约责任。

◆ 第八百五十七条 技术开发合同解除

作为技术开发合同标的的技术已经由他人公开,致使技术开发合同的履行没有意义的,当事人可以解除合同。

◆ 第八百五十八条 技术开发合同风险负担及通知义务

技术开发合同履行过程中,因出现无法克服的技术困难,致使研究开发失败或者部分失败的,该风险由当事人约定;没有约定或者约定不明确,依据本法第五百一十条的规定仍不能确定的,风险由当事人合理分担。

当事人一方发现前款规定的可能致使研究开发失败或者部分失败的情形时,应当及时通知另一方并采取适当措施减少损失;没有及时通知并采取适当措施,致使损失扩大的,应当就扩大的损失承担责任。

◆ **第八百五十九条　委托开发合同的技术成果归属**

委托开发完成的发明创造，除法律另有规定或者当事人另有约定外，申请专利的权利属于研究开发人。研究开发人取得专利权的，委托人可以依法实施该专利。

研究开发人转让专利申请权的，委托人享有以同等条件优先受让的权利。

实用问答

什么是发明创造？

答：根据《专利法》第2条的规定，发明创造是指发明、实用新型和外观设计。发明，是指对产品、方法或者其改进所提出的新的技术方案。实用新型，是指对产品的形状、构造或者其结合所提出的适于实用的新的技术方案。外观设计，是指对产品的整体或者局部的形状、图案或者其结合以及色彩与形状、图案的结合所作出的富有美感并适于工业应用的新设计。

◆ **第八百六十条　合作开发合同的技术成果归属**

合作开发完成的发明创造，申请专利的权利属于合作开发的当事人共有；当事人一方转让其共有的专利申请权的，其他各方享有以同等条件优先受让的权利。但是，当事人另有约定的除外。

合作开发的当事人一方声明放弃其共有的专利申请权的，除当事人另有约定外，可以由另一方单独申请或者由其他各方共同申请。申请人取得专利权的，放弃专利申请权的一方可以免费实施该专利。

合作开发的当事人一方不同意申请专利的，另一方或者其他各方不得申请专利。

◆ **第八百六十一条　技术秘密成果归属与分享**

委托开发或者合作开发完成的技术秘密成果的使用权、转让权以及收益的分配办法，由当事人约定；没有约定或者约定不明确，依据本法第五百一十条的规定仍不能确定的，在没有相同技术方案被授予专利权前，当事人均有使用和转让的权利。但是，委托开发的研究开发人不得在向委托人交付研究开发成果之前，将研究开发成果转让给第三人。

实用问答

1. 如何理解《民法典》第 861 条所称的"当事人均有使用和转让的权利"？

答：根据《最高人民法院关于审理技术合同纠纷案件适用法律若干问题的解释》第 20 条的规定，《民法典》第 861 条所称"当事人均有使用和转让的权利"，包括当事人均有不经对方同意而自己使用或者以普通使用许可的方式许可他人使用技术秘密，并独占由此所获利益的权利。当事人一方将技术秘密成果的转让权让与他人，或者以独占或者排他使用许可的方式许可他人使用技术秘密，未经对方当事人同意或者追认的，应当认定该让与或者许可行为无效。

2. 技术开发合同当事人依照《民法典》的规定或者约定自行实施专利或使用技术秘密时，其是否可以许可他人实施或者使用？

答：根据《最高人民法院关于审理技术合同纠纷案件适用法律若干问题的解释》第 21 条的规定，技术开发合同当事人依照《民法典》的规定或者约定自行实施专利或使用技术秘密，但因其不具备独立实施专利或者使用技术秘密的条件，以一个普通许可方式许可他人实施或者使用的，可以准许。

第三节　技术转让合同和技术许可合同

◆ 第八百六十二条　技术转让合同和技术许可合同定义

技术转让合同是合法拥有技术的权利人，将现有特定的专利、专利申请、技术秘密的相关权利让与他人所订立的合同。

技术许可合同是合法拥有技术的权利人，将现有特定的专利、技术秘密的相关权利许可他人实施、使用所订立的合同。

技术转让合同和技术许可合同中关于提供实施技术的专用设备、原材料或者提供有关的技术咨询、技术服务的约定，属于合同的组成部分。

实用问答

1. 就哪些内容订立的合同，不属于《民法典》第 862 条规定的技术转让合同或者技术许可合同？

答：根据《最高人民法院关于审理技术合同纠纷案件适用法律若干问题的解释》第 22 条第 1 款的规定，就尚待研究开发的技术成果或者不涉及专利、专利申请或者技术秘密的知识、技术、经验和信息所订立的合同，不属于《民法典》第 862 条规定的技术转让合同或者技术许可合同。

2. 技术转让合同中让与人向受让人提供实施技术的专用设备、原材料或者提供有关的技术咨询、技术服务的约定的性质是什么？

答：根据《最高人民法院关于审理技术合同纠纷案件适用法律若干问题的解释》第 22 条第 2 款的规定，技术转让合同中关于让与人向受让人提供实施技术的专用设备、原材料或者提供有关的技术咨询、技术服务的约定，属于技术转让合同的组成部分。因此发生的纠纷，按照技术转让合同处理。

3. 当事人以技术入股方式订立联营合同的，在什么情况下该合同为技术转让合同或者技术许可合同？

答：根据《最高人民法院关于审理技术合同纠纷案件适用法律若干问题的解释》第 22 条第 3 款的规定，当事人以技术入股方式订立联营合同，但技术入股人不参与联营体的经营管理，并且以保底条款形式约定联营体或者联营对方支付其技术价款或者使用费的，视为技术转让合同或者技术许可合同。

◆ **第八百六十三条　技术转让合同和技术许可合同类型和形式**

技术转让合同包括专利权转让、专利申请权转让、技术秘密转让等合同。

技术许可合同包括专利实施许可、技术秘密使用许可等合同。

技术转让合同和技术许可合同应当采用书面形式。

名词解释

专利权转让合同 专利权人作为让与人将其发明创造专利的所有权或者持有权移交受让人，受让人支付约定价款所订立的合同。

专利申请权转让合同 让与人将其就特定的发明创造申请专利的权利移交给受让人，受让人支付约定价款所订立的合同。

技术秘密 不为公众所知悉的技术，即专利技术以外的技术，包括未申请专利的技术、未授予专利权的技术以及不受专利法保护的技术。

技术秘密转让合同 让与人将拥有的技术秘密成果转让给受让人，明确相互之间技术秘密成果使用权、转让权，受让人支付约定转让费所订立的合同。

专利实施许可合同 专利权人或者其授权的人作为让与人，许可受让人在约定的范围内实施专利，受让人支付约定使用费所订立的合同。

技术秘密使用许可合同 让与人将拥有的技术秘密成果提供给受让人，明确相互之间技术秘密成果使用权、转让权，受让人支付约定使用费所订立的合同。

实用问答

1. 专利实施许可有哪些方式？

答：根据《最高人民法院关于审理技术合同纠纷案件适用法律若干问题的解释》第25条第1款的规定，专利实施许可包括以下方式：（1）独占实施许可，是指许可人在约定许可实施专利的范围内，将该专利仅许可一个被许可人实施，许可人依约定不得实施该专利；（2）排他实施许可，是指许可人在约定许可实施专利的范围内，将该专利仅许可一个被许可人实施，但许可人依约定可以自行实施该专利；(3) 普通实施许可，是指许可人在约定许可实施专利的范围内许可他人实施该专利，并且可以自行实施该专利。

2. 当事人对专利实施许可方式没有约定或者约定不明确的，该专利实施许可的性质是什么？

答：根据《最高人民法院关于审理技术合同纠纷案件适用法律若干问题的解释》第 25 条第 2 款的规定，当事人对专利实施许可方式没有约定或者约定不明确的，认定为普通实施许可。

3. 专利实施许可合同约定被许可人可以再许可他人实施专利的，该再许可的性质是什么？

答：根据《最高人民法院关于审理技术合同纠纷案件适用法律若干问题的解释》第 25 条第 2 款的规定，专利实施许可合同约定被许可人可以再许可他人实施专利的，认定该再许可为普通实施许可，但当事人另有约定的除外。

◆ **第八百六十四条　技术转让合同和技术许可合同的限制性条款**

技术转让合同和技术许可合同可以约定实施专利或者使用技术秘密的范围，但是不得限制技术竞争和技术发展。

实用问答

如何理解《民法典》第 864 条所称"实施专利或者使用技术秘密的范围"？

答：根据《最高人民法院关于审理技术合同纠纷案件适用法律若干问题的解释》第 28 条的规定，《民法典》第 864 条所称"实施专利或者使用技术秘密的范围"，包括实施专利或者使用技术秘密的期限、地域、方式以及接触技术秘密的人员等。当事人对实施专利或者使用技术秘密的期限没有约定或者约定不明确的，受让人、被许可人实施专利或者使用技术秘密不受期限限制。

◆ **第八百六十五条　专利实施许可合同限制**

专利实施许可合同仅在该专利权的存续期限内有效。专利权有效期限届满或者专利权被宣告无效的，专利权人不得就该专利与他人订立专利实施许可合同。

◆ **第八百六十六条　专利实施许可合同许可人主要义务**

专利实施许可合同的许可人应当按照约定许可被许可人实施专利，交付实施专利有关的技术资料，提供必要的技术指导。

实用问答

专利实施许可合同许可人在合同有效期内是否必须维持专利权有效？

答：根据《最高人民法院关于审理技术合同纠纷案件适用法律若干问题的解释》第 26 条的规定，专利实施许可合同许可人负有在合同有效期内维持专利权有效的义务，包括依法缴纳专利年费和积极应对他人提出宣告专利权无效的请求，但当事人另有约定的除外。

◆ **第八百六十七条　专利实施许可合同被许可人主要义务**

专利实施许可合同的被许可人应当按照约定实施专利，不得许可约定以外的第三人实施该专利，并按照约定支付使用费。

第八百六十八条　技术秘密让与人和许可人主要义务

技术秘密转让合同的让与人和技术秘密使用许可合同的许可人应当按照约定提供技术资料，进行技术指导，保证技术的实用性、可靠性，承担保密义务。

前款规定的保密义务，不限制许可人申请专利，但是当事人另有约定的除外。

第八百六十九条　技术秘密受让人和被许可人主要义务

技术秘密转让合同的受让人和技术秘密使用许可合同的被许可人应当按照约定使用技术，支付转让费、使用费，承担保密义务。

第八百七十条　技术转让合同让与人和技术许可合同许可人保证义务

技术转让合同的让与人和技术许可合同的许可人应当保证自己是所提供的技术的合法拥有者，并保证所提供的技术完整、无误、有效，能够达到约定的目标。

第八百七十一条　技术转让合同受让人和技术许可合同被许可人保密义务

技术转让合同的受让人和技术许可合同的被许可人应当按照约定的范围和期限，对让与人、许可人提供的技术中尚未公开的秘密部分，承担保密义务。

◆ **第八百七十二条　许可人和让与人违约责任**

许可人未按照约定许可技术的，应当返还部分或者全部使用费，并应当承担违约责任；实施专利或者使用技术秘密超越约定的范围的，违反约定擅自许可第三人实施该项专利或者使用该项技术秘密的，应当停止违约行为，承担违约责任；违反约定的保密义务的，应当承担违约责任。

让与人承担违约责任，参照适用前款规定。

◆ **第八百七十三条　被许可人和受让人违约责任**

被许可人未按照约定支付使用费的，应当补交使用费并按照约定支付违约金；不补交使用费或者支付违约金的，应当停止实施专利或者使用技术秘密，交还技术资料，承担违约责任；实施专利或者使用技术秘密超越约定的范围的，未经许可人同意擅自许可第三人实施该专利或者使用该技术秘密的，应当停止违约行为，承担违约责任；违反约定的保密义务的，应当承担违约责任。

受让人承担违约责任，参照适用前款规定。

◆ **第八百七十四条　受让人和被许可人侵权责任**

受让人或者被许可人按照约定实施专利、使用技术秘密侵害他人合法权益的，由让与人或者许可人承担责任，但是当事人另有约定的除外。

◆ **第八百七十五条　后续技术成果的归属与分享**

当事人可以按照互利的原则，在合同中约定实施专利、使用技术秘密后续改进的技术成果的分享办法；没有约定或者约定不明确，依据本法第五百一十条的规定仍不能确定的，一方后续改进的技术成果，其他各方无权分享。

实用问答

1. 如何理解《民法典》第875条所称的"后续改进"？

答：《民法典》第875条所称的"后续改进"，是指在技术转让合同、技术许可合同的有效期内，一方或双方对作为合同标的的专利或者技术秘密成果所作的革新和改良。

2. 后续改进的技术成果的分享原则是什么？

答：后续改进的技术成果的分享原则为互利的原则，这一原则表明当事人可以在合同中约定实施专利、使用技术秘密后续改进的技术成果的分享办法及其归属，但是这一约定应当对双方当事人是有利的，一方利益的取得不得以损害对方利益为代价，双方当事人在约定中必须注意这一原则。

◆ **第八百七十六条　其他知识产权的转让和许可**

集成电路布图设计专有权、植物新品种权、计算机软件著作权等其他知识产权的转让和许可，参照适用本节的有关规定。

◆ **第八百七十七条　技术进出口合同或者专利、专利申请合同法律适用**

法律、行政法规对技术进出口合同或者专利、专利申请合同另有规定的，依照其规定。

📝 **名词解释**

技术进出口合同 我国境内的自然人、法人或者非法人组织从境外引进或者向境外输出技术，与技术输出国、地区或者技术引进国、地区的当事人订立的合同。

第四节 技术咨询合同和技术服务合同

◆ **第八百七十八条 技术咨询合同和技术服务合同定义**

技术咨询合同是当事人一方以技术知识为对方就特定技术项目提供可行性论证、技术预测、专题技术调查、分析评价报告等所订立的合同。

技术服务合同是当事人一方以技术知识为对方解决特定技术问题所订立的合同，不包括承揽合同和建设工程合同。

📄 **实用问答**

1. 如何理解《民法典》第 878 条第 1 款所称的"特定技术项目"？

答：根据《最高人民法院关于审理技术合同纠纷案件适用法律若干问题的解释》第 30 条的规定，《民法典》第 878 条第 1 款所称"特定技术项目"，包括有关科学技术与经济社会协调发展的软科学研究项目，促进科技进步和管理现代化、提高经济效益和社会效益等运用科学知识和技术手段进行调查、分析、论证、评价、预测的专业性技术项目。

2. 技术咨询合同中，当事人对合同履行过程中所涉及的资料等未约定保密义务，当事人一方引用、发表或者向第三人提供的，是否认定为违约行为？

答：根据《最高人民法院关于审理技术合同纠纷案件适用法律若干问题的解释》第31条的规定，当事人对技术咨询合同委托人提供的技术资料和数据或者受托人提出的咨询报告和意见未约定保密义务，当事人一方引用、发表或者向第三人提供的，不认定为违约行为，但侵害对方当事人对此享有的合法权益的，应当依法承担民事责任。

3. 如何理解《民法典》第878条第2款所称的"特定技术问题"？

答：根据《最高人民法院关于审理技术合同纠纷案件适用法律若干问题的解释》第33条的规定，《民法典》第878条第2款所称"特定技术问题"，包括需要运用专业技术知识、经验和信息解决的有关改进产品结构、改良工艺流程、提高产品质量、降低产品成本、节约资源能耗、保护资源环境、实现安全操作、提高经济效益和社会效益等专业技术问题。

◆ **第八百七十九条　技术咨询合同委托人义务**

技术咨询合同的委托人应当按照约定阐明咨询的问题，提供技术背景材料及有关技术资料，接受受托人的工作成果，支付报酬。

◆ **第八百八十条　技术咨询合同受托人义务**

技术咨询合同的受托人应当按照约定的期限完成咨询报告或者解答问题，提出的咨询报告应当达到约定的要求。

◆ 第八百八十一条　技术咨询合同的违约责任和决策风险责任

技术咨询合同的委托人未按照约定提供必要的资料，影响工作进度和质量，不接受或者逾期接受工作成果的，支付的报酬不得追回，未支付的报酬应当支付。

技术咨询合同的受托人未按期提出咨询报告或者提出的咨询报告不符合约定的，应当承担减收或者免收报酬等违约责任。

技术咨询合同的委托人按照受托人符合约定要求的咨询报告和意见作出决策所造成的损失，由委托人承担，但是当事人另有约定的除外。

◆ 第八百八十二条　技术服务合同委托人义务

技术服务合同的委托人应当按照约定提供工作条件，完成配合事项，接受工作成果并支付报酬。

实用问答

如何理解《民法典》第 882 条所称的"提供工作条件"？

答：《民法典》第 882 条所称的"提供工作条件"，不仅仅是通常、大众所理解的物质条件，还应当包括提供下述具体条件或者具体事项：相关数据、图纸、资料、样品、场地等，以及技术进展或者已经完成的情况。这些条件都应当根据履行合同的需要在合同中约定清楚。合同一经约定，委托人就应当积极配合受托人完成。

◆ 第八百八十三条　技术服务合同受托人义务

技术服务合同的受托人应当按照约定完成服务项目，解决技术问题，保证工作质量，并传授解决技术问题的知识。

实用问答

技术服务合同受托人发现委托人提供的工作条件不符合约定，未在合理期限内通知委托人的，如何认定其行为？

答：根据《最高人民法院关于审理技术合同纠纷案件适用法律若干问题的解释》第35条的规定，技术服务合同受托人发现委托人提供的资料、数据、样品、材料、场地等工作条件不符合约定，未在合理期限内通知委托人的，视为其对委托人提供的工作条件予以认可。委托人在接到受托人的补正通知后未在合理期限内答复并予补正的，发生的损失由委托人承担。

◆ 第八百八十四条　技术服务合同的违约责任

技术服务合同的委托人不履行合同义务或者履行合同义务不符合约定，影响工作进度和质量，不接受或者逾期接受工作成果的，支付的报酬不得追回，未支付的报酬应当支付。

技术服务合同的受托人未按照约定完成服务工作的，应当承担免收报酬等违约责任。

◆ 第八百八十五条　创新技术成果归属

技术咨询合同、技术服务合同履行过程中，受托人利用委托人提供的技术资料和工作条件完成的新的技术成果，属于受托人。委托人利用受托人的工作成果完成的新的技术成果，属于委托人。当事人另有约定的，按照其约定。

实用问答

如何理解《民法典》第 885 条所称的"新的技术成果"？

答：《民法典》第 885 条所称的"新的技术成果"，是指技术咨询合同或者技术服务合同的当事人在履行合同义务之外派生完成的或者后续发展的技术成果。

◆ 第八百八十六条　工作费用的负担

技术咨询合同和技术服务合同对受托人正常开展工作所需费用的负担没有约定或者约定不明确的，由受托人负担。

◆ 第八百八十七条　技术中介合同和技术培训合同法律适用

法律、行政法规对技术中介合同、技术培训合同另有规定的，依照其规定。

名词解释

技术中介合同　当事人一方以知识、技术、经验和信息为另一方与第三方订立技术合同进行联系、介绍、组织工业化开发并为履行合同提供服务所订立的合同。

技术培训合同　当事人一方委托另一方对指定的专业技术人员进行特定项目的技术指导和专业训练所订立的合同，不包括职业培训、文化学习和按照行业、单位的计划进行的职工业余教育。

实用问答

1. 当事人对技术培训必需的工作条件的提供和管理责任没有约定或者约定不明确的，由谁负责提供和管理？

答：根据《最高人民法院关于审理技术合同纠纷案件适用法律若干问题的解释》第 37 条第 1 款的规定，当事人对技术培训必需的场地、设施和试验条件等工作条件的提供和管理责任没有约定或者约定不明确的，由委托人负责提供和管理。

2. 技术培训合同委托人派出的学员不符合约定条件，影响培训质量的，由谁支付报酬？

答：根据《最高人民法院关于审理技术合同纠纷案件适用法律若干问题的解释》第 37 条第 2 款的规定，技术培训合同委托人派出的学员不符合约定条件，影响培训质量的，由委托人按照约定支付报酬。

3. 技术培训合同履行过程中，受托人有哪些情况时应当减收或者免收报酬？

答：根据《最高人民法院关于审理技术合同纠纷案件适用法律若干问题的解释》第 37 条第 3 款的规定，受托人配备的教员不符合约定条件，影响培训质量，或者受托人未按照计划和项目进行培训，导致不能实现约定培训目标的，应当减收或者免收报酬。

4. 受托人发现学员不符合约定条件或者委托人发现教员不符合约定条件，未在合理期限内通知对方，或者接到通知的一方未在合理期限内按约定改派的，民事责任应当由谁承担？

答：根据《最高人民法院关于审理技术合同纠纷案件适用法律若干问题的解释》第 37 条第 4 款的规定，受托人发现学员不符合约定条件或者委托人发现教员不符合约定条件，未在合理期限内通知对方，或者接到通知的一方未在合理期限内按约定改派的，应当由负有履行义务的当事人承担相应的民事责任。

第二十一章　保管合同

◆ 第八百八十八条　保管合同定义

保管合同是保管人保管寄存人交付的保管物，并返还该物的合同。

寄存人到保管人处从事购物、就餐、住宿等活动，将物品存放在指定场所的，视为保管，但是当事人另有约定或者另有交易习惯的除外。

◆ 第八百八十九条　保管费

寄存人应当按照约定向保管人支付保管费。

当事人对保管费没有约定或者约定不明确，依据本法第五百一十条的规定仍不能确定的，视为无偿保管。

◆ 第八百九十条　保管合同成立时间

保管合同自保管物交付时成立，但是当事人另有约定的除外。

实用问答

保管合同是实践合同还是诺成合同？

答：根据合同的成立是否以交付标的物为要件，合同可以分为诺成合同与实践合同。诺成合同，是指当事人一方的意思表示一旦经对方同意就能产生法律上约束力的合同。实践合同，又称要物合同，是指除当事人意思表示一致外，还需交付标的物才能成立的合同。保管合同原则上为要物合同，即实践合同。保管合同的成立，不仅须有当事人双方意思表示一致，而且须有寄存人将保管物交付给保管人，即寄存人交付保管物是保管合同成立的要件。因此，保管合同是实践合同而非诺成合同。

◆ **第八百九十一条　保管人出具保管凭证义务**

寄存人向保管人交付保管物的，保管人应当出具保管凭证，但是另有交易习惯的除外。

◆ **第八百九十二条　保管人妥善保管义务**

保管人应当妥善保管保管物。

当事人可以约定保管场所或者方法。除紧急情况或者为维护寄存人利益外，不得擅自改变保管场所或者方法。

名词解释

妥善保管　保管人应当按照法律规定和当事人约定，并根据保管物的性质，提供适当的保管场所，采取适当的保管方法，使保管物处于完好状态。

◆ **第八百九十三条　寄存人告知义务**

寄存人交付的保管物有瑕疵或者根据保管物的性质需要采取特殊保管措施的，寄存人应当将有关情况告知保管人。寄存人未告知，致使保管物受损失的，保管人不承担赔偿责任；保管人因此受损失的，除保管人知道或者应当知道且未采取补救措施外，寄存人应当承担赔偿责任。

实用问答

如何理解《民法典》第893条所称的"知道或者应当知道"？

答：《民法典》第893条所称的"知道或者应当知道"，是指对保管物存在瑕疵或者需要采取特殊保管措施的情况，寄存人已事先明确告知，或者寄存人虽未明确告知，但在保管物上以明显的警示标识等显著方式提示了保管人，又或者保管人根据双方的交易惯例以及以往的经验应当知道，等等。

◆ 第八百九十四条 保管人亲自保管保管物义务

保管人不得将保管物转交第三人保管，但是当事人另有约定的除外。

保管人违反前款规定，将保管物转交第三人保管，造成保管物损失的，应当承担赔偿责任。

◆ 第八百九十五条 保管人不得使用或者许可第三人使用保管物的义务

保管人不得使用或者许可第三人使用保管物，但是当事人另有约定的除外。

◆ 第八百九十六条 保管人返还保管物及通知寄存人的义务

第三人对保管物主张权利的，除依法对保管物采取保全或者执行措施外，保管人应当履行向寄存人返还保管物的义务。

第三人对保管人提起诉讼或者对保管物申请扣押的,保管人应当及时通知寄存人。

◆ **第八百九十七条　保管人赔偿责任**

保管期内,因保管人保管不善造成保管物毁损、灭失的,保管人应当承担赔偿责任。但是,无偿保管人证明自己没有故意或者重大过失的,不承担赔偿责任。

◆ **第八百九十八条　寄存人声明义务**

寄存人寄存货币、有价证券或者其他贵重物品的,应当向保管人声明,由保管人验收或者封存;寄存人未声明的,该物品毁损、灭失后,保管人可以按照一般物品予以赔偿。

◆ **第八百九十九条　领取保管物**

寄存人可以随时领取保管物。

当事人对保管期限没有约定或者约定不明确的,保管人可以随时请求寄存人领取保管物;约定保管期限的,保管人无特别事由,不得请求寄存人提前领取保管物。

◆ **第九百条　返还保管物及其孳息**

保管期限届满或者寄存人提前领取保管物的,保管人应当将原物及其孳息归还寄存人。

📝 名词解释

孳息 原物产生的额外利益，包括天然孳息和法定孳息。天然孳息是原物根据自然规律产生的物，如幼畜。法定孳息是原物根据法律规定产生的物，如存款利息、股利、租金等。根据物权的一般原则，除法律另有规定或合同另有约定外，孳息归原物所有人所有。

◆ 第九百零一条 消费保管合同

保管人保管货币的，可以返还相同种类、数量的货币；保管其他可替代物的，可以按照约定返还相同种类、品质、数量的物品。

◆ 第九百零二条 保管费支付期限

有偿的保管合同，寄存人应当按照约定的期限向保管人支付保管费。

当事人对支付期限没有约定或者约定不明确，依据本法第五百一十条的规定仍不能确定的，应当在领取保管物的同时支付。

◆ 第九百零三条 保管人留置权

寄存人未按照约定支付保管费或者其他费用的，保管人对保管物享有留置权，但是当事人另有约定的除外。

第二十二章　仓　储　合　同

◆ **第九百零四条　仓储合同定义**

仓储合同是保管人储存存货人交付的仓储物，存货人支付仓储费的合同。

实用问答

仓储合同与保管合同相比，有哪些联系与区别？

答： 第一，保管人必须是具有仓库营业资质的人，即有仓储设施、仓储设备、专事仓储保管业务的人。这是仓储合同主体上的重要特征。其主要是考虑到仓储往往涉及特种标的物的保管，如易燃易爆物、具有腐蚀性或者放射性的物、需要进行冷藏或者冷冻保存的物等，这对保管人的资质具有特殊的要求，一般的民事主体不能完成这种仓储工作。保管合同的主体可以为一般民事主体，法律对保管合同的保管人没有资质上的特别要求。

第二，仓储合同的对象仅为动产，不动产不可能成为仓储合同的对象。因为仓储人主要是利用自己的仓库为存货人储存货物，不动产无法储存到仓库中。保管合同的标的物包括动产和不动产。与保管合同相比，存货人储存的仓储物一般为大宗商品，储存量比较大，而保管物则可大可小。

第三，仓储合同为诺成合同。仓储合同自保管人和存货人意思表示一致时成立。保管合同是实践合同，也称要物合同。保管合同的成立除双方当事人达成合意外，还必须有寄存人交付保管物，该合同从保管物交付时起成立。这是仓储合同与保管合同的重要区别之一。

第四，仓储合同为不要式合同，合同可以是书面形式，也可以是口头形式。保管合同对合同订立的形式也没有特别要求，同样是不要式合同。

第五，仓储合同为双务、有偿合同。保管人承担储存、保管的义务，存货人承担支付仓储费的义务。保管合同可以为双务、有偿合同，也可以是单务、无偿合同。

第六，仓单是仓储合同的重要特征。

◆ **第九百零五条　仓储合同成立时间**

仓储合同自保管人和存货人意思表示一致时成立。

◆ **第九百零六条　危险物品和易变质物品的储存**

储存易燃、易爆、有毒、有腐蚀性、有放射性等危险物品或者易变质物品的，存货人应当说明该物品的性质，提供有关资料。

存货人违反前款规定的，保管人可以拒收仓储物，也可以采取相应措施以避免损失的发生，因此产生的费用由存货人负担。

保管人储存易燃、易爆、有毒、有腐蚀性、有放射性等危险物品的，应当具备相应的保管条件。

◆ 第九百零七条 保管人验收义务以及损害赔偿

保管人应当按照约定对入库仓储物进行验收。保管人验收时发现入库仓储物与约定不符合的，应当及时通知存货人。保管人验收后，发生仓储物的品种、数量、质量不符合约定的，保管人应当承担赔偿责任。

◆ 第九百零八条 保管人出具仓单、入库单义务

存货人交付仓储物的，保管人应当出具仓单、入库单等凭证。

实用问答

仓单是否可以代替仓储合同？

答：在仓单与仓储合同的关系上，仓单不能代替仓储合同。无论采用书面形式还是采用口头形式，当事人订立仓储合同后即受合同约束。存货人交付仓储物是履行合同，而保管人出具仓单也是履行合同。尽管仓单中记载了仓储合同中的主要内容，但仓单不是仓储合同，只是仓储合同的凭证。

◆ 第九百零九条 仓单应记载事项

保管人应当在仓单上签名或者盖章。仓单包括下列事项：

（一）存货人的姓名或者名称和住所；
（二）仓储物的品种、数量、质量、包装及其件数和标记；
（三）仓储物的损耗标准；
（四）储存场所；

（五）储存期限；

（六）仓储费；

（七）仓储物已经办理保险的，其保险金额、期间以及保险人的名称；

（八）填发人、填发地和填发日期。

◆ **第九百一十条　仓单性质和转让**

仓单是提取仓储物的凭证。存货人或者仓单持有人在仓单上背书并经保管人签名或者盖章的，可以转让提取仓储物的权利。

◆ **第九百一十一条　存货人或者仓单持有人有权检查仓储物或者提取样品**

保管人根据存货人或者仓单持有人的要求，应当同意其检查仓储物或者提取样品。

◆ **第九百一十二条　保管人的通知义务**

保管人发现入库仓储物有变质或者其他损坏的，应当及时通知存货人或者仓单持有人。

◆ **第九百一十三条　保管人的催告义务和紧急处置权**

保管人发现入库仓储物有变质或者其他损坏，危及其他仓储物的安全和正常保管的，应当催告存货人或者仓单持有人作出必要的处置。因情况紧急，保管人可以作出必要的处置；但是，事后应当将该情况及时通知存货人或者仓单持有人。

> **实用问答**

如何理解《民法典》第913条所称的"情况紧急"？

答：《民法典》第913条所称"情况紧急"，一般是指保管人无法通知存货人或者仓单持有人，或者必须立即采取措施，以避免其他仓储物受到损害的情形。

◆ **第九百一十四条 储存期限不明确时仓储物提取**

当事人对储存期限没有约定或者约定不明确的，存货人或者仓单持有人可以随时提取仓储物，保管人也可以随时请求存货人或者仓单持有人提取仓储物，但是应当给予必要的准备时间。

> **实用问答**

如何理解《民法典》第914条所称的"给予必要的准备时间"？

答：《民法典》第914条所称"给予必要的准备时间"，是指保管人预先通知提货，然后确定一个合理的期限，以给存货人或者仓单持有人留出必要的准备时间，在期限届至前提货即可，而并不是在通知的当时就必须提取仓储物。

◆ **第九百一十五条 储存期限届满仓储物提取**

储存期限届满，存货人或者仓单持有人应当凭仓单、入库单等提取仓储物。存货人或者仓单持有人逾期提取的，应当加收仓储费；提前提取的，不减收仓储费。

◆ 第九百一十六条　逾期提取仓储物

储存期限届满，存货人或者仓单持有人不提取仓储物的，保管人可以催告其在合理期限内提取；逾期不提取的，保管人可以提存仓储物。

◆ 第九百一十七条　保管人的损害赔偿责任

储存期内，因保管不善造成仓储物毁损、灭失的，保管人应当承担赔偿责任。因仓储物本身的自然性质、包装不符合约定或者超过有效储存期造成仓储物变质、损坏的，保管人不承担赔偿责任。

实用问答

如何理解《民法典》第 917 条所称的"保管不善"？

答：《民法典》第 917 条所称"保管不善"，是指保管人没有尽到妥善保管义务，没有按照有关规定和当事人约定提供相应的保管条件和设备，没有采取相应的保管措施，没有尽到善良管理人的义务。对于保管人保管不善的行为导致了仓储物的毁损、灭失的情形，二者之间存在因果关系时，保管人才应承担赔偿责任。如果保管人能够证明仓储物的毁损、灭失是因仓储物本身的自然性质、包装不符合约定或者仓储物超过有效储存期而造成的，不承担赔偿责任。

◆ 第九百一十八条　适用保管合同

本章没有规定的，适用保管合同的有关规定。

第二十三章　委托合同

◆ **第九百一十九条　委托合同概念**

委托合同是委托人和受托人约定，由受托人处理委托人事务的合同。

实用问答

委托合同是诺成合同还是实践合同？

答：委托合同是诺成合同。委托人与受托人在订立委托合同时不仅要有委托人的委托意思表示，而且还要有受托人接受委托的承诺，即承诺与否决定着委托合同是否成立。委托合同自承诺之时起成立，无须以履行合同的行为或者物的交付作为成立的条件。换言之，委托合同自当事人意思表示一致时成立。

◆ **第九百二十条　委托权限**

委托人可以特别委托受托人处理一项或者数项事务，也可以概括委托受托人处理一切事务。

名词解释

特别委托 双方当事人约定受托人为委托人处理一项或者数项事务的委托。

概括委托 双方当事人约定受托人为委托人处理某个方面或者范围内的一切事务的委托。

> ◆ **第九百二十一条 委托费用的预付和垫付**
>
> 委托人应当预付处理委托事务的费用。受托人为处理委托事务垫付的必要费用,委托人应当偿还该费用并支付利息。

> ◆ **第九百二十二条 受托人应当按照委托人的指示处理委托事务**
>
> 受托人应当按照委托人的指示处理委托事务。需要变更委托人指示的,应当经委托人同意;因情况紧急,难以和委托人取得联系的,受托人应当妥善处理委托事务,但是事后应当将该情况及时报告委托人。

> ◆ **第九百二十三条 受托人亲自处理委托事务**
>
> 受托人应当亲自处理委托事务。经委托人同意,受托人可以转委托。转委托经同意或者追认的,委托人可以就委托事务直接指示转委托的第三人,受托人仅就第三人的选任及其对第三人的指示承担责任。转委托未经同意或者追认的,受托人应当对转委托的第三人的行为承担责任;但是,在紧急情况下受托人为了维护委托人的利益需要转委托第三人的除外。

◆ **第九百二十四条　受托人的报告义务**

受托人应当按照委托人的要求，报告委托事务的处理情况。委托合同终止时，受托人应当报告委托事务的结果。

◆ **第九百二十五条　受托人以自己名义从事受托事务的法律效果**

受托人以自己的名义，在委托人的授权范围内与第三人订立的合同，第三人在订立合同时知道受托人与委托人之间的代理关系的，该合同直接约束委托人和第三人；但是，有确切证据证明该合同只约束受托人和第三人的除外。

实用问答

如何理解《民法典》第925条所称的"直接约束委托人和第三人"？

答：《民法典》第925条所称"直接约束委托人和第三人"，主要是指委托人介入受托人与第三人的合同关系，取代受托人在该合同中的地位，委托人可以直接向第三人行使（受托人对第三人的）权利，第三人也可以直接向委托人行使（第三人对受托人的）权利。

◆ **第九百二十六条　委托人介入权和第三人选择权**

受托人以自己的名义与第三人订立合同时，第三人不知道受托人与委托人之间的代理关系的，受托人因第三人的原因对委托人不履行义务，受托人应当向委托人披露第三人，委托人因此可以行使受托人对第三人的权利。但是，第三人与受托人订立合同时如果知道该委托人就不会订立合同的除外。

受托人因委托人的原因对第三人不履行义务，受托人应当向第三人披露委托人，第三人因此可以选择受托人或者委托人作为相对人主张其权利，但是第三人不得变更选定的相对人。

委托人行使受托人对第三人的权利的，第三人可以向委托人主张其对受托人的抗辩。第三人选定委托人作为其相对人的，委托人可以向第三人主张其对受托人的抗辩以及受托人对第三人的抗辩。

◆ **第九百二十七条　受托人转移利益**

受托人处理委托事务取得的财产，应当转交给委托人。

实用问答

《民法典》第 927 条所称的"取得的财产"具体包括什么？

答：《民法典》第 927 条所称"取得的财产"，包括取得的金钱、实物、金钱与实物所生的孳息，以及其他财产权利。

◆ **第九百二十八条　委托人支付报酬**

受托人完成委托事务的，委托人应当按照约定向其支付报酬。

因不可归责于受托人的事由，委托合同解除或者委托事务不能完成的，委托人应当向受托人支付相应的报酬。当事人另有约定的，按照其约定。

◆ 第九百二十九条　受托人的赔偿责任

有偿的委托合同，因受托人的过错造成委托人损失的，委托人可以请求赔偿损失。无偿的委托合同，因受托人的故意或者重大过失造成委托人损失的，委托人可以请求赔偿损失。

受托人超越权限造成委托人损失的，应当赔偿损失。

◆ 第九百三十条　委托人的赔偿责任

受托人处理委托事务时，因不可归责于自己的事由受到损失的，可以向委托人请求赔偿损失。

◆ 第九百三十一条　委托人另行委托他人处理事务

委托人经受托人同意，可以在受托人之外委托第三人处理委托事务。因此造成受托人损失的，受托人可以向委托人请求赔偿损失。

◆ 第九百三十二条　共同委托

两个以上的受托人共同处理委托事务的，对委托人承担连带责任。

◆ 第九百三十三条　委托合同解除

委托人或者受托人可以随时解除委托合同。因解除合同造成对方损失的，除不可归责于该当事人的事由外，无偿委托合同的解除方应当赔偿因解除时间不当造成的直接损失，有偿委托合同的解除方应当赔偿对方的直接损失和合同履行后可以获得的利益。

◆ **第九百三十四条　委托合同终止**

委托人死亡、终止或者受托人死亡、丧失民事行为能力、终止的，委托合同终止；但是，当事人另有约定或者根据委托事务的性质不宜终止的除外。

◆ **第九百三十五条　受托人继续处理委托事务**

因委托人死亡或者被宣告破产、解散，致使委托合同终止将损害委托人利益的，在委托人的继承人、遗产管理人或者清算人承受委托事务之前，受托人应当继续处理委托事务。

◆ **第九百三十六条　受托人的继承人等的义务**

因受托人死亡、丧失民事行为能力或者被宣告破产、解散，致使委托合同终止的，受托人的继承人、遗产管理人、法定代理人或者清算人应当及时通知委托人。因委托合同终止将损害委托人利益的，在委托人作出善后处理之前，受托人的继承人、遗产管理人、法定代理人或者清算人应当采取必要措施。

第二十四章　物业服务合同

◆ **第九百三十七条　物业服务合同定义**

物业服务合同是物业服务人在物业服务区域内，为业主提供建筑物及其附属设施的维修养护、环境卫生和相关秩序的管理维护等物业服务，业主支付物业费的合同。

物业服务人包括物业服务企业和其他管理人。

实用问答

物业服务合同的性质是什么？

答：物业服务合同属于双务、有偿、要式、继续性合同。

第一，物业服务人的主要义务是按照物业服务合同之约定向全体业主提供物业服务，而全体业主的主要义务是向物业服务人支付报酬，双方所负义务属于给付与对待给付的关系，因此，物业服务合同是一种双务合同。

第二，根据物业服务合同的定义，业主负有向物业服务人支付报酬的义务。物业服务人一般都是专门从事物业服务的物业服务企业，是为了获取报酬才为业主提供专业的服务的，因此物业服务合同是有偿合同。

第三，物业服务合同是要式合同。《民法典》第 938 条第 3 款规定，物业服务合同应当采用书面形式。之所以规定物业服务合同应当采用书面形式，主要是因为物业服务合同的内容往往十分复杂，为了明确物业服务人与业主之间的具体权利义务关系，同时为了避免纠纷的发生，需要以书面的形式来确定当事人的权利义务。

第四，物业服务人应当按照物业服务合同的要求，向全体业主提供物业服务。通常情况下，物业服务并不是一次性完成的，而需要持续一定的时间，物业服务人应当在合同约定的期间内不间断地提供物业服务。因此，物业服务合同是继续性合同。

◆ **第九百三十八条　物业服务合同内容和形式**

物业服务合同的内容一般包括服务事项、服务质量、服务费用的标准和收取办法、维修资金的使用、服务用房的管理和使用、服务期限、服务交接等条款。

物业服务人公开作出的有利于业主的服务承诺，为物业服务合同的组成部分。

物业服务合同应当采用书面形式。

名词解释

服务费用　也称物业费，是业主对物业服务人提供服务所支付的报酬。物业费一般由物业服务的成本和利润两部分构成。物业服务的成本一般包括管理服务人员的工资、社会保险，物业服务区域内的建筑物及其附属设施日常运行、维护费用，物业服务区域的清洁卫生费用、绿化养护费用、秩序维护费用等。

实用问答

1. 如何理解《民法典》第 938 条第 1 款所称的"维修资金"？

答：《民法典》第 938 条第 1 款所称的"维修资金"，也可称为

"公共维修资金"或者"专项维修资金",是指由业主交纳的,专项用于物业服务区域内建筑物的共用部分、共用设施设备保修期满后的维修和更新、改造的资金,如电梯、单元门等共有部分的维修费用。

2. 物业服务合同的双方当事人是谁?

答：根据《物业管理条例》第 34 条第 1 款的规定,业主委员会应当与业主大会选聘的物业服务企业订立书面的物业服务合同。

◆ **第九百三十九条　物业服务合同的约束力**

建设单位依法与物业服务人订立的前期物业服务合同,以及业主委员会与业主大会依法选聘的物业服务人订立的物业服务合同,对业主具有法律约束力。

◆ **第九百四十条　前期物业服务合同法定终止条件**

建设单位依法与物业服务人订立的前期物业服务合同约定的服务期限届满前,业主委员会或者业主与新物业服务人订立的物业服务合同生效的,前期物业服务合同终止。

◆ **第九百四十一条　物业服务转委托的条件和限制性条款**

物业服务人将物业服务区域内的部分专项服务事项委托给专业性服务组织或者其他第三人的,应当就该部分专项服务事项向业主负责。

物业服务人不得将其应当提供的全部物业服务转委托给第三人,或者将全部物业服务支解后分别转委托给第三人。

第九百四十二条 物业服务人的主要义务

物业服务人应当按照约定和物业的使用性质，妥善维修、养护、清洁、绿化和经营管理物业服务区域内的业主共有部分，维护物业服务区域内的基本秩序，采取合理措施保护业主的人身、财产安全。

对物业服务区域内违反有关治安、环保、消防等法律法规的行为，物业服务人应当及时采取合理措施制止、向有关行政主管部门报告并协助处理。

实用问答

物业存在安全隐患，危及公共利益及他人合法权益时，应当如何处理？

答：根据《物业管理条例》第55条的规定，物业存在安全隐患，危及公共利益及他人合法权益时，责任人应当及时维修养护，有关业主应当给予配合。责任人不履行维修养护义务的，经业主大会同意，可以由物业服务企业维修养护，费用由责任人承担。

第九百四十三条 物业服务人信息公开义务

物业服务人应当定期将服务的事项、负责人员、质量要求、收费项目、收费标准、履行情况，以及维修资金使用情况、业主共有部分的经营与收益情况等以合理方式向业主公开并向业主大会、业主委员会报告。

实用问答

物业服务收费应当遵循什么原则？

答：根据《物业管理条例》第 40 条的规定，物业服务收费应当遵循合理、公开以及费用与服务水平相适应的原则，区别不同物业的性质和特点，由业主和物业服务企业按照国务院价格主管部门会同国务院住房和城乡建设主管部门制定的物业服务收费办法，在物业服务合同中约定。

◆ 第九百四十四条　业主支付物业费义务

业主应当按照约定向物业服务人支付物业费。物业服务人已经按照约定和有关规定提供服务的，业主不得以未接受或者无需接受相关物业服务为由拒绝支付物业费。

业主违反约定逾期不支付物业费的，物业服务人可以催告其在合理期限内支付；合理期限届满仍不支付的，物业服务人可以提起诉讼或者申请仲裁。

物业服务人不得采取停止供电、供水、供热、供燃气等方式催交物业费。

实用问答

物业服务费用的交纳主体是否仅限于业主？

答：根据《物业管理条例》第 41 条的规定，业主应当根据物业服务合同的约定交纳物业服务费用。业主与物业使用人约定由物业使用人交纳物业服务费用的，从其约定，业主负连带交纳责任。已竣工但尚未出售或者尚未交给物业买受人的物业，物业服务费用由建设单位交纳。

◆ **第九百四十五条　业主告知、协助义务**

业主装饰装修房屋的，应当事先告知物业服务人，遵守物业服务人提示的合理注意事项，并配合其进行必要的现场检查。

业主转让、出租物业专有部分、设立居住权或者依法改变共有部分用途的，应当及时将相关情况告知物业服务人。

◆ **第九百四十六条　业主合同任意解除权**

业主依照法定程序共同决定解聘物业服务人的，可以解除物业服务合同。决定解聘的，应当提前六十日书面通知物业服务人，但是合同对通知期限另有约定的除外。

依据前款规定解除合同造成物业服务人损失的，除不可归责于业主的事由外，业主应当赔偿损失。

◆ **第九百四十七条　物业服务人的续聘**

物业服务期限届满前，业主依法共同决定续聘的，应当与原物业服务人在合同期限届满前续订物业服务合同。

物业服务期限届满前，物业服务人不同意续聘的，应当在合同期限届满前九十日书面通知业主或者业主委员会，但是合同对通知期限另有约定的除外。

◆ **第九百四十八条　不定期物业服务合同**

物业服务期限届满后，业主没有依法作出续聘或者另聘物业服务人的决定，物业服务人继续提供物业服务的，原物业服务合同继续有效，但是服务期限为不定期。

当事人可以随时解除不定期物业服务合同，但是应当提前六十日书面通知对方。

◆ **第九百四十九条　物业服务人的移交义务及法律责任**

物业服务合同终止的，原物业服务人应当在约定期限或者合理期限内退出物业服务区域，将物业服务用房、相关设施、物业服务所必需的相关资料等交还给业主委员会、决定自行管理的业主或者其指定的人，配合新物业服务人做好交接工作，并如实告知物业的使用和管理状况。

原物业服务人违反前款规定的，不得请求业主支付物业服务合同终止后的物业费；造成业主损失的，应当赔偿损失。

实用问答

1. 物业服务合同终止时，物业服务企业应当将哪些物件和资料交还给业主委员会？

答：根据《物业管理条例》第38条第1款的规定，物业服务合同终止时，物业服务企业应当将物业管理用房和下列资料交还给业主委员会：（1）竣工总平面图，单体建筑、结构、设备竣工图，配套设施、地下管网工程竣工图等竣工验收资料；（2）设施设备的安装、使用和维护保养等技术资料；（3）物业质量保修文件和物业使用说明文件；（4）物业管理所必需的其他资料。

2. 物业服务合同的权利义务终止后，业主是否可以请求物业服务人退还已经预收的物业费？

答：根据《最高人民法院关于审理物业服务纠纷案件适用法律若干问题的解释》第3条的规定，物业服务合同的权利义务终止后，业主请求物业服务人退还已经预收，但尚未提供物业服务期间的物业费的，人民法院应予支持。

◆ **第九百五十条　物业服务合同终止后继续提供服务的相关规定**

物业服务合同终止后,在业主或者业主大会选聘的新物业服务人或者决定自行管理的业主接管之前,原物业服务人应当继续处理物业服务事项,并可以请求业主支付该期间的物业费。

第二十五章　行纪合同

◆ **第九百五十一条　行纪合同定义**

行纪合同是行纪人以<u>自己的名义</u>为委托人从事贸易活动，委托人支付报酬的合同。

实用问答

1. 行纪合同的性质是什么？

答：（1）行纪合同是诺成合同。只要委托人和行纪人意思表示一致，合同即可成立。（2）行纪合同是不要式合同。当事人可以采用口头形式、书面形式或者其他形式订立。（3）行纪合同是有偿合同。委托人负有向行纪人支付报酬的义务。（4）行纪合同是双务合同。行纪人受委托人之委托从事贸易行为，委托人需要向行纪人支付相应的报酬。

2. 行纪合同与委托合同的区别有哪些？

答：（1）适用范围不同。行纪合同适用范围较窄，仅限于代销等贸易行为；委托合同的适用范围宽，可以适用于除法律规定禁止委托或者依性质不得委托以外的各种事务。

（2）行纪合同的受托人只能以自己的名义处理委托事务；委托合同的受托人处理事务时既可以以委托人名义，也可以以自己的名义。行纪人以自己的名义与第三人订立合同，该合同与行纪合同是相互独立的两个合同，委托人与第三人之间不发生直接的法律关系。在委托合同中，受托人以委托人的名义处理委托事务的，该行为对委托人直接发生效力，以委托人的名义与第三人订立的合同，合同当事人为委托人与第三人。受托人以自己的名义与第三人订立合同，如果第三人在订立合同时知道受托人和委托人之间的代理关系，则该合同直接对委托人发生效力，即可以直接约束委托人和第三人。

（3）行纪人一般是专门为他人从事贸易活动的人，应当取得从事某种行纪行为的特定资质，其开业和经营需要经过国家有关部门的审批或者登记；委托合同的当事人不必专门从事贸易活动，既可以是一般的自然人，也可以是法人或者非法人组织。

（4）行纪合同是双务、有偿合同；委托合同既可以是双务、有偿合同，也可以是单务、无偿合同，是否有偿由当事人自行约定。

（5）处理委托事务的费用负担不同。行纪合同中，如无特别约定，行纪人处理委托事务支出的费用由行纪人负担；在委托合同中，受托人处理委托事务的费用由委托人负担，委托人还应当预付受托人处理委托事务的费用。

◆ **第九百五十二条　行纪人承担费用的义务**

行纪人处理委托事务支出的费用，由行纪人负担，但是当事人另有约定的除外。

◆ **第九百五十三条　行纪人的保管义务**

行纪人占有委托物的，应当妥善保管委托物。

◆ 第九百五十四条　行纪人处置委托物的义务

委托物交付给行纪人时有瑕疵或者容易腐烂、变质的，经委托人同意，行纪人可以处分该物；不能与委托人及时取得联系的，行纪人可以合理处分。

◆ 第九百五十五条　行纪人依照委托人指定价格买卖的义务

行纪人低于委托人指定的价格卖出或者高于委托人指定的价格买入的，应当经委托人同意；未经委托人同意，行纪人补偿其差额的，该买卖对委托人发生效力。

行纪人高于委托人指定的价格卖出或者低于委托人指定的价格买入的，可以按照约定增加报酬；没有约定或者约定不明确，依据本法第五百一十条的规定仍不能确定的，该利益属于委托人。

委托人对价格有特别指示的，行纪人不得违背该指示卖出或者买入。

◆ 第九百五十六条　行纪人的介入权

行纪人卖出或者买入具有市场定价的商品，除委托人有相反的意思表示外，行纪人自己可以作为买受人或者出卖人。

行纪人有前款规定情形的，仍然可以请求委托人支付报酬。

◆ 第九百五十七条　委托人及时受领、取回和处分委托物及行纪人提存委托物

行纪人按照约定买入委托物，委托人应当及时受领。经行纪人催告，委托人无正当理由拒绝受领的，行纪人依法可以提存委托物。

委托物不能卖出或者委托人撤回出卖，经行纪人催告，委托人不取回或者不处分该物的，行纪人依法可以提存委托物。

◆ **第九百五十八条　行纪人的直接履行义务**

行纪人与第三人订立合同的，行纪人对该合同直接享有权利、承担义务。

第三人不履行义务致使委托人受到损害的，行纪人应当承担赔偿责任，但是行纪人与委托人另有约定的除外。

◆ **第九百五十九条　行纪人的报酬请求权及留置权**

行纪人完成或者部分完成委托事务的，委托人应当向其支付相应的报酬。委托人逾期不支付报酬的，行纪人对委托物享有留置权，但是当事人另有约定的除外。

实用问答

1. 行纪人向委托人请求支付报酬时，报酬的数额如何确定？

答：行纪人就自己处理委托事务的不同情况，可以按照合同的约定请求委托人支付报酬。一般而言，有以下几种情况：（1）行纪人按照委托人的指示和要求履行了全部合同的义务，有权请求全部报酬；（2）因委托人的过错使合同义务部分或者全部不能履行而使委托合同提前终止的，行纪人可以请求支付全部报酬；（3）行纪人部分完成委托事务的，可以按已履行的部分的比例请求给付报酬。委托人和行纪人也可以另行约定，比如双方约定，只要因非可归责于行纪人的原因导致委托事务不能完成的，委托人就应当支付全部报酬。

2. 行纪人留置委托物需具备哪些条件？

答：行纪人留置委托物需具备以下几个条件：（1）已合法占有委托物。行纪人行使留置权，必须是行纪人已经合法占有委托物，非法占有委托物的不得行使留置权。（2）委托人无正当理由拒绝支付报酬。行纪人行使留置权，必须具有委托人不能按照约定支付报酬的事实存在。（3）行纪合同中没有事先约定不得留置的条款。如果委托人与行纪人在行纪合同订立时已经约定不得将委托物进行留置，行纪人就不得留置委托物，但是，行纪人可以要求委托人提供其他担保。

◆ **第九百六十条　参照适用委托合同**

本章没有规定的，参照适用委托合同的有关规定。

第二十六章　中 介 合 同

◆ **第九百六十一条　中介合同定义**

中介合同是中介人向委托人报告订立合同的机会或者提供订立合同的媒介服务，委托人支付报酬的合同。

名词解释

报告订约机会　中介人接受一方委托人的委托，寻觅、搜索信息报告委托人，从而提供订立合同的机会的行为。

实用问答

中介合同的性质是什么？

答：（1）中介合同是诺成合同。只要委托人与中介人意思表示一致，中介人就负有依委托人的指示进行中介服务的义务，而一旦中介人的活动取得结果，委托人就应支付报酬。

（2）中介合同是双务合同。中介合同一经成立，当事人双方均须承担一定的义务，而且双方承担的义务具有对待给付性。就中介人而言，中介人有提供中介服务以促成委托人和第三人订立合同的义务，包括提供订约信息、据实报告等；对委托人而言，合同因中介而成立后，其有支付报酬的义务。

（3）中介合同是不要式合同。当事人可以采取口头或者书面等合同形式订立，无须采用特定的形式。如果约定不明确，应当遵循交易惯例。以提供中介服务为业的中介服务机构或者人员，往往会有相应的格式合同，为委托人提供更加专业、高效、便捷的服务。

（4）中介合同是有偿合同。中介人以收取报酬为目的，中介人促成合同成立后，委托人当然要向中介人支付报酬，作为对中介人活动的报偿。不要报酬促进他人订立合同的行为，不是中介行为，而是一种服务性活动，行为人不承担中介合同中的权利义务。

典型案例

上海中原物业顾问有限公司诉陶某华居间合同纠纷案[①]

要旨： 房屋买卖居间合同中关于禁止买方利用中介公司提供的房源信息却绕开该中介公司与卖方签订房屋买卖合同的约定合法有效。但是，当卖方将同一房屋通过多个中介公司挂牌出售时，买方通过其他公众可以获知的正当途径获得相同房源信息的，买方有权选择报价低、服务好的中介公司促成房屋买卖合同成立，其行为并没有利用先前与之签约中介公司的房源信息，故不构成违约。

◆ **第九百六十二条　中介人报告义务**

中介人应当就有关订立合同的事项向委托人如实报告。

中介人故意隐瞒与订立合同有关的重要事实或者<u>提供虚假情况</u>，损害委托人利益的，<u>不得请求支付报酬并应当承担赔偿责任</u>。

[①] 参见最高人民法院指导案例1号，最高人民法院审判委员会讨论通过，2011年12月20日发布。上海市第二中级人民法院（2009）沪二中民二（民）终字第1508号。

典型案例

李某东诉上海汉宇房地产顾问有限公司居间合同纠纷案[①]

要旨： 在房屋买卖居间活动中，中介公司（居间人）对于受托事项及居间服务应承担符合专业主体要求的注意义务，注重审查核实与交易相关的主体身份、房产权属、委托代理、信用资信等证明材料的真实性。中介公司因未尽必要的注意义务而未能发现一方提供的相关材料存在重大瑕疵、缺陷，由此使另一方受欺诈遭受损失的，应根据其过错程度在相应的范围内承担赔偿责任。

◆ 第九百六十三条　中介人报酬请求权

中介人促成合同成立的，委托人应当按照约定支付报酬。对中介人的报酬没有约定或者约定不明确，依据本法第五百一十条的规定仍不能确定的，根据中介人的劳务合理确定。因中介人提供订立合同的媒介服务而促成合同成立的，由该合同的当事人平均负担中介人的报酬。

中介人促成合同成立的，中介活动的费用，由中介人负担。

实用问答

如何理解《民法典》第 963 条第 2 款所称的"中介活动的费用"？

答：《民法典》第 963 条第 2 款所称"中介活动的费用"，主要

[①] 参见《最高人民法院公报》2015 年第 2 期。

是指中介人为从事中介行为而支出的一些费用，如交通费、住宿费等。中介人促成合同成立的，中介活动的费用由中介人负担。中介人促成合同成立的，可以向委托人请求支付报酬，中介人的报酬中就包括了成本和利润。

◆ **第九百六十四条　中介人必要费用请求权**

中介人未促成合同成立的，不得请求支付报酬；但是，可以按照约定请求委托人支付从事中介活动支出的必要费用。

实用问答

如何理解《民法典》第964条所称的"按照约定"？

答：《民法典》第964条所称的"按照约定"，是指在中介人未促成合同成立的情况下，中介人向委托人请求支付从事中介活动的必要费用，须以中介人和委托人之间存在合同未成立中介人亦享有费用请求权的约定为前提。反过来理解，在委托人与中介人没有约定委托人与第三人合同未成立而中介人仍可以主张返还从事中介活动的必要费用的情况下，中介人无权向委托人请求返还该费用，委托人也没有义务向中介人支付该费用。

◆ **第九百六十五条　委托人私下与第三人订立合同后果**

委托人在接受中介人的服务后，利用中介人提供的交易机会或者媒介服务，绕开中介人直接订立合同的，应当向中介人支付报酬。

◆ **第九百六十六条　参照适用委托合同**

本章没有规定的，参照适用委托合同的有关规定。

第二十七章 合 伙 合 同

◆ **第九百六十七条　合伙合同定义**

合伙合同是两个以上合伙人为了共同的事业目的，订立的共享利益、共担风险的协议。

实用问答

1. 合伙合同的性质是什么？

答：（1）合伙合同是不要式合同。《民法典》对合伙合同的订立形式没有作出特别要求，可以是口头形式，也可以是书面形式或者其他形式。

（2）合伙合同是继续性合同。不论合伙合同的共同事业目的是持续性的还是临时性的，都不影响合伙合同为继续性合同。合伙人履行义务的行为不是一次性的，只要共同目的仍未实现，所有合伙人都应持续履行其义务。

2. 合伙协议应当载明哪些事项？

答：根据《合伙企业法》第18条的规定，合伙协议应当载明下列事项：（1）合伙企业的名称和主要经营场所的地点；（2）合伙目的和合伙经营范围；（3）合伙人的姓名或者名称、住所；（4）合伙人的出资方式、数额和缴付期限；（5）利润分配、亏损分担方式；

(6）合伙事务的执行；（7）入伙与退伙；（8）争议解决办法；（9）合伙企业的解散与清算；（10）违约责任。

◆ **第九百六十八条　合伙人履行出资义务**

合伙人应当按照约定的出资方式、数额和缴付期限，履行出资义务。

实用问答

合伙人的出资方式有哪些？有什么需要注意的事项？

答：根据《合伙企业法》第16条的规定，合伙人可以用货币、实物、知识产权、土地使用权或者其他财产权利出资，也可以用劳务出资。合伙人以实物、知识产权、土地使用权或者其他财产权利出资，需要评估作价的，可以由全体合伙人协商确定，也可以由全体合伙人委托法定评估机构评估。合伙人以劳务出资的，其评估办法由全体合伙人协商确定，并在合伙协议中载明。

◆ **第九百六十九条　合伙财产**

合伙人的出资、因合伙事务依法取得的收益和其他财产，属于合伙财产。

合伙合同终止前，合伙人不得请求分割合伙财产。

实用问答

1. 合伙人在合伙企业清算前可否请求分割合伙企业的财产？

答：根据《合伙企业法》第21条第1款的规定，合伙人在合伙企业清算前，不得请求分割合伙企业的财产；但是，该法另有规定的除外。

2. 合伙人在合伙企业清算前私自转移或者处分合伙企业财产的，合伙企业能否以此对抗善意第三人？

答：根据《合伙企业法》第 21 条第 2 款的规定，合伙人在合伙企业清算前私自转移或者处分合伙企业财产的，合伙企业不得以此对抗善意第三人。

◆ **第九百七十条　合伙事务的决定和执行**

合伙人就合伙事务作出决定的，除合伙合同另有约定外，应当经全体合伙人一致同意。

合伙事务由全体合伙人共同执行。按照合伙合同的约定或者全体合伙人的决定，可以委托一个或者数个合伙人执行合伙事务；其他合伙人不再执行合伙事务，但是有权监督执行情况。

合伙人分别执行合伙事务的，执行事务合伙人可以对其他合伙人执行的事务提出异议；提出异议后，其他合伙人应当暂停该项事务的执行。

实用问答

1. 在由一个或者数个合伙人执行合伙事务的情况下，产生的收益、费用和亏损如何分配？在此情况下，合伙人除了有权监督执行情况，还享有什么权利？

答：根据《合伙企业法》第 28 条的规定，由一个或者数个合伙人执行合伙事务的，执行事务合伙人应当定期向其他合伙人报告事务执行情况以及合伙企业的经营和财务状况，其执行合伙事务所产生的收益归合伙企业，所产生的费用和亏损由合伙企业承担。合伙人为了解合伙企业的经营状况和财务状况，有权查阅合伙企业会计账簿等财务资料。

2. 合伙人如何对合伙企业有关事项作出决议？

答：根据《合伙企业法》第 30 条的规定，合伙人对合伙企业有关事项作出决议，按照合伙协议约定的表决办法办理。合伙协议未约定或者约定不明确的，实行合伙人一人一票并经全体合伙人过半数通过的表决办法。该法对合伙企业的表决办法另有规定的，从其规定。

◆ **第九百七十一条　执行合伙事务报酬**

合伙人不得因执行合伙事务而请求支付报酬，但是合伙合同另有约定的除外。

◆ **第九百七十二条　合伙的利润分配与亏损分担**

合伙的利润分配和亏损分担，按照合伙合同的约定办理；合伙合同没有约定或者约定不明确的，由合伙人协商决定；协商不成的，由合伙人按照实缴出资比例分配、分担；无法确定出资比例的，由合伙人平均分配、分担。

实用问答

合伙协议是否可以约定将全部利润分配给部分合伙人或者由部分合伙人承担全部亏损？

答：根据《合伙企业法》第 33 条第 2 款的规定，合伙协议不得约定将全部利润分配给部分合伙人或者由部分合伙人承担全部亏损。

◆ **第九百七十三条　合伙人的连带责任及追偿权**

合伙人对合伙债务承担连带责任。清偿合伙债务超过自己应当承担份额的合伙人，有权向其他合伙人追偿。

◆ **第九百七十四条　合伙人转让其财产份额**

除合伙合同另有约定外，合伙人向合伙人以外的人转让其全部或者部分财产份额的，须经其他合伙人一致同意。

实用问答

1. 合伙人之间转让在合伙企业中的全部或者部分财产份额时，是否须经其他合伙人一致同意？

答：根据《合伙企业法》第22条第2款的规定，合伙人之间转让在合伙企业中的全部或者部分财产份额时，应当通知其他合伙人。由于这种转让属内部关系，只关联到各合伙人财产份额的变化，既没有新的合伙人加入，也不影响合伙财产总额的变化，因此一般来说，无须征得其他合伙人的同意，也没有其他事前程序，只需通知他们知晓即可。当然，合伙合同也可以对合伙人的财产份额在各合伙人之间的转让作出特别约定，例如，当合同约定合伙人对合伙事务的表决权大小取决于合伙财产份额的大小时，可以对财产份额的内部转让作出一定限制，如约定任何合伙人将合伙财产份额转让给其他合伙人，必须经过全体合伙人过半数同意。

2. 合伙人以其在合伙企业中的财产份额出质的，是否须经其他合伙人一致同意？

答：根据《合伙企业法》第25条的规定，合伙人以其在合伙企业中的财产份额出质的，须经其他合伙人一致同意；未经其他合伙人一致同意，其行为无效，由此给善意第三人造成损失的，由行为人依法承担赔偿责任。

◆ **第九百七十五条　合伙人权利代位**

合伙人的债权人不得代位行使合伙人依照本章规定和合伙合同享有的权利，但是合伙人享有的利益分配请求权除外。

实用问答

1. 合伙人发生与合伙企业无关的债务的，其应如何清偿该债务？

答：根据《合伙企业法》第41条和第42条第1款的规定，合伙人发生与合伙企业无关的债务，相关债权人不得以其债权抵销其对合伙企业的债务；也不得代位行使合伙人在合伙企业中的权利。合伙人的自有财产不足清偿其与合伙企业无关的债务的，该合伙人可以以其从合伙企业中分取的收益用于清偿；债权人也可以依法请求人民法院强制执行该合伙人在合伙企业中的财产份额用于清偿。

2. 人民法院强制执行合伙人的财产份额时应当如何处理？

答：根据《合伙企业法》第42条第2款的规定，人民法院强制执行合伙人的财产份额时，应当通知全体合伙人，其他合伙人有优先购买权；其他合伙人未购买，又不同意将该财产份额转让给他人的，依照该法第51条的规定为该合伙人办理退伙结算，或者办理削减该合伙人相应财产份额的结算。

◆ 第九百七十六条 合伙期限

合伙人对合伙期限没有约定或者约定不明确，依据本法第五百一十条的规定仍不能确定的，视为不定期合伙。

合伙期限届满，合伙人继续执行合伙事务，其他合伙人没有提出异议的，原合伙合同继续有效，但是合伙期限为不定期。

合伙人可以随时解除不定期合伙合同，但是应当在合理期限之前通知其他合伙人。

实用问答

合伙协议未约定合伙期限的，合伙人是否可以退伙？

答：根据《合伙企业法》第46条的规定，合伙协议未约定合伙期限的，合伙人在不给合伙企业事务执行造成不利影响的情况下，可以退伙，但应当提前30日通知其他合伙人。

◆ 第九百七十七条 合伙合同终止

合伙人死亡、丧失民事行为能力或者终止的，合伙合同终止；但是，合伙合同另有约定或者根据合伙事务的性质不宜终止的除外。

◆ 第九百七十八条 合伙剩余财产分配顺序

合伙合同终止后，合伙财产在支付因终止而产生的费用以及清偿合伙债务后有剩余的，依据本法第九百七十二条的规定进行分配。

实用问答

合伙企业什么时候才能将合伙企业的剩余财产分配给合伙人？

答：合伙企业在清理合伙企业财产、编制资产负债表和财产清单后，确认合伙企业现有的财产大于合伙企业所欠的债务，并能够清偿全部债务的时候，应当按照以下顺序进行清偿：（1）支付清算费用。（2）支付职工工资、劳动保险费用和法定补偿金。（3）缴纳税款。（4）偿还合伙企业的其他债务。以上各项都清偿完毕之后，才能将合伙企业的剩余财产分配给合伙人。

第三分编 准 合 同

第二十八章 无 因 管 理

◆ **第九百七十九条 无因管理构成要件及管理人主要权利**

管理人没有法定的或者约定的义务,为避免他人利益受损失而管理他人事务的,可以请求受益人偿还因管理事务而支出的必要费用;管理人因管理事务受到损失的,可以请求受益人给予适当补偿。

管理事务不符合受益人真实意思的,管理人不享有前款规定的权利;但是,受益人的真实意思违反法律或者违背公序良俗的除外。

📄 实用问答

无因管理制度与见义勇为制度的区别是什么?

答:见义勇为,是指行为人为了他人利益而实施的保护或者救助他人的行为。从内涵上讲,其符合无因管理的构成要件,应当属于无因管理的一部分,但从法律效果看,见义勇为制度与一般的无因管理制度又有所不同。第一,在一般的无因管理中,管理人享有直接请求本人（受益人）偿还必要费用和对损害给予适当补偿的权利。但根据《民法典》总则编第 183 条的规定，在见义勇为中，因保护他人民事权益使自己受到损害的，由侵权人承担民事责任，受益人可以给予适当补偿。没有侵权人、侵权人逃逸或者无力承担民事责任，受害人请求补偿的，受益人才应当给予适当补偿。第二，见义勇为的行为人因自愿实施紧急救助行为造成受助人损害的，救助人不承担民事责任。但是在一般的无因管理中，管理人在管理过程中因过错行为造成本人损害的，应当承担民事责任。从这个角度讲，见义勇为属于一种特殊的无因管理行为，因在《民法典》中有特别规定，所以应当首先适用《民法典》的特别规定。

◆ **第九百八十条　不适当无因管理制度**

管理人管理事务不属于前条规定的情形，但是受益人享有管理利益的，受益人应当在其获得的利益范围内向管理人承担前条第一款规定的义务。

◆ **第九百八十一条　管理人适当管理义务**

管理人管理他人事务，应当采取有利于受益人的方法。中断管理对受益人不利的，无正当理由不得中断。

实用问答

管理人适当管理义务主要体现在哪些方面？

答：管理人在管理他人事务时，应当履行一定的义务，其中最主要的是按照善良管理人的注意义务管理他人事务，这主要体现在以下方面：一是管理人依本人明示的或者可推知的意思进行管理。

二是管理人应当以利于本人的方法进行管理。三是管理人应当履行继续管理义务。管理人在开始管理后，如其中途停止管理行为较不管理对本人更为不利，则管理人不得中断对事务的管理，应当继续管理事务。管理人违反该义务导致受益人的利益受到损害的，管理人应当承担损害赔偿责任。

◆ **第九百八十二条　管理人通知义务**

管理人管理他人事务，能够通知受益人的，应当及时通知受益人。管理的事务不需要紧急处理的，应当等待受益人的指示。

◆ **第九百八十三条　管理人报告和交付义务**

管理结束后，管理人应当向受益人报告管理事务的情况。管理人管理事务取得的财产，应当及时转交给受益人。

◆ **第九百八十四条　受益人追认的法律效果**

管理人管理事务经受益人事后追认的，从管理事务开始时起，适用委托合同的有关规定，但是管理人另有意思表示的除外。

第二十九章　不　当　得　利

◆ **第九百八十五条　不当得利定义**

得利人没有法律根据取得不当利益的，受损失的人可以请求得利人返还取得的利益，但是有下列情形之一的除外：

（一）为履行道德义务进行的给付；
（二）债务到期之前的清偿；
（三）明知无给付义务而进行的债务清偿。

实用问答

无因管理制度与不当得利制度的区别是什么？

答：无因管理与不当得利虽同属于准合同制度的一部分，但二者的区别是明显的：第一，无因管理是合法行为，而不当得利是非法行为。第二，无因管理中的管理人不仅有将因管理所获利益返还给本人的义务，还要履行适当管理、通知、报告等义务，且本人负有支付管理人因管理所支出的必要费用及补偿给管理人造成的损失等义务；不当得利仅涉及受益人返还不当利益的问题。第三，在无因管理中原则上管理费用的返还不以现存利益为限，而以管理人实际支付的必要费用为准；在不当得利中，如果受益人为善意，则仅仅以返还现存利益为限。

◆ 第九百八十六条　善意得利人返还义务免除

得利人不知道且不应当知道取得的利益没有法律根据，取得的利益已经不存在的，不承担返还该利益的义务。

实用问答

如何判断有无《民法典》第 986 条所称的"取得的利益"？

答：对于《民法典》第 986 条所称"取得的利益"有无的判断，应抽象概括地就受领人整个财产加以判断，将取得利益的过程而产生的现有财产总额与若无此事实应有财产的总额比较，从而判断有无利益的存在。

◆ 第九百八十七条　恶意得利人返还责任

得利人知道或者应当知道取得的利益没有法律根据的，受损失的人可以请求得利人返还其取得的利益并依法赔偿损失。

◆ 第九百八十八条　第三人返还义务

得利人已经将取得的利益无偿转让给第三人的，受损失的人可以请求第三人在相应范围内承担返还义务。